IN HIS STEPS

예수를 믿는다고 믿고 있는 사람들을 위한 개종 소설
예수를 따르는 사람들

예수를 따르는 사람들

초판 1쇄 발행 2012년 2월 1일

지은이_ 찰스 M. 셸던
옮긴이_ 원혜영
디자인_ 이현자
발행인_ 김현길
발행처_ 도서출판 문파랑

등　록_ 제313-2006-000253호
주　소_ 서울시 마포구 망원동 435-42 라이져B/D 2F
전　화_ (02) 3142-3827
팩　스_ (02) 6442-0839
E-mail_ aveva@naver.com
twitter.com/munparang

값　13,000원

이 책 본문에 대한 번역저작권은 도서출판 문파랑에 있으므로
무단으로 내용의 일부를 인용하거나 복사, 발췌를 금합니다.

ISBN 978-89-94575-12-4　03840

IN HIS STEPS

예수를 따르는 사람들

찰스 M. 셸던 지음   원혜영 옮김

IN HIS STEPS

아무든지 나를 따라오려거든 자기를 부인하고
날마다 제 십자가를 지고 나를 따를 것이니라

1장

이를 위하여 너희가 부르심을 입었으니 그리스도도 너희를 위하여 고난을 받으사 너희에게 본을 끼쳐 그 자취를 따라오게 하려 하셨느니라

금요일 아침부터 헨리 맥스웰 목사는 주일 오전 예배에서 설교할 원고를 마무리하려고 애쓰고 있었다. 벌써 몇 번이나 방해를 받았기에 아침나절이 흐를수록 차츰 신경이 더욱더 날카로워졌고, 설교 원고를 만족스럽게 끝내려면 아직 갈 길이 멀었다.

"메리," 그는 막 불청객을 돌려보내고 나서 2층으로 올라가며 아내를 불렀다. "이후론 누가 오더라도, 내가 너무 바빠 아주 중요한 일 아니면 내려올 수 없다고 말해주구려."

"알았어요, 헨리. 그런데 곧 유치원에 가야 해서 당신 혼자 집을 봐야 해요."

목사는 2층 서재로 들어가 문을 닫았다. 잠시 뒤 아내가 외출하는 소리가 들렸고, 이내 집안은 잠잠해졌다. 그는 책상에 앉아 안도의 한숨을 내쉬고 원고를 마저 쓰기 시작했다. 설교에 인용할 성경 구절은 베드로전서 2장 21절이었다.

'이를 위하여 너희가 부르심을 입었으니 그리스도도 너희를 위하여

고난을 받으사 너희에게 본을 끼쳐 그 자취를 따라오게 하려 하셨느니라.'

맥스웰 목사는 설교 원고의 첫머리에서 그리스도께서 당신 스스로 희생함으로써 행하신 속죄를 강조하며, 예수가 죽음에 처했을 때는 물론 살아생전에도 이런저런 수난을 당하셨던 사실을 환기시키려고 했다. 그러고 나서 사람들이 당신을 따르도록 스스로 보이신 그 본보기나 인격 덕에 그리스도에 대한 믿음이 사람들을 구원하는 데 어떻게 도움을 주는지 예수의 생애와 가르침에서 실례를 들어가며, 그런 관점에서 예수의 속죄를 내처 역설하고자 했다. 이제 그는 세 번째이자 마지막 부분인 예수의 희생과 본보기를 따라 살아야 하는, 그 필요성에 대해 쓰고 있었다.

"세 가지 단계, 그것은 무엇인가?"

그는 이렇게 썼고 그 세 가지 단계를 논리적인 순서로 열거할 계획이었다. 그때 현관 벨이 요란하게 울렸다. 그것은 태엽장치 초인종의 일종이었는데, 항상 단번에 열두 번을 쳐서 울리는 듯했다.

책상에 앉은 채 헨리 맥스웰은 얼굴을 찌푸렸다. 그는 초인종 소리에 꿈쩍도 하지 않았다. 곧 벨이 다시 울렸고, 그는 일어나서 현관을 내다볼 수 있는 창문 쪽으로 걸어갔다. 한 남자가 현관 계단에 서 있었다. 그 남자는 젊은 나이였는데, 옷차림이 아주 꾀죄죄했다.

"부랑자인 듯싶은데," 목사가 말했다. "내려가 봐야겠군……."

목사는 쓰고 있던 글을 끝내지 못하고 아래층으로 내려가 현관문을 열었다. 두 남자는 얼굴을 마주 보며 섰고 짧은 침묵이 흘렀다. 잠시 뒤 남루한 행색의 젊은이가 이렇게 말했다.

"목사님, 저는 실직했는데요, 목사님께서 저한테 취직자리 좀 알아봐주실지도 모른다는 생각에 찾아뵈었습니다."

"뭐라 드릴 말이 없군요. 요즘 하도 일자리가 없어서……."

이렇게 대꾸하며, 목사는 천천히 문을 닫으려고 했다.

"저는 알지 못하지만 혹시 목사님께서 철도 회사나 상점 관리자들에게 물어봐주실 수 없으신가요, 아니면 다른 일거리라도."

그 젊은이는 빛바랜 모자를 한 손에서 다른 손으로 옮겨 쥐며 안절부절 말을 이었다.

"헛수고예요. 그럼 이만 실례하겠습니다. 지금 몹시 바빠서요. 어서 일자리를 찾길 바랍니다. 안됐지만 우리 집에서도 당신이 할 만한 일이 없네요. 말과 소를 한 마리씩 키우는데 그 일을 내가 직접 하거든요."

헨리 맥스웰 목사가 문을 닫자 그 남자가 계단을 내려가는 소리가 들렸다. 2층에 올라 서재로 들어가면서 창문을 내다보니 그 남자는 여전히 두 손에 모자를 쥔 채, 거리를 느릿느릿 걸어가고 있었다. 뭔가 그 뒷모습이 마냥 풀죽고 의지가지없이 버려진 기색이 뚜렷해서, 그 모습을 창가에 지켜보며 서서 맥스웰 목사는 한순간 마음이 내키지 않았다. 하지만 다시 책상에 앉았고 한숨을 한 번 내쉬고 나서 쓰다가 만 설교 원고를 다시 써 내려가기 시작했다.

더는 그에게 방해하는 일이란 없었고, 두 시간 뒤 아내가 돌아왔을 때엔 이미 설교 원고를 끝마쳐서 흩어진 원고를 한데 모아 보기 좋게 간추려 성경책 위에 올려놓았다. 이로써 주일 오전 예배의 설교 준비가 모두 마무리되었다.

"헨리, 오늘 오전에 유치원에서 해괴한 일이 있었어요," 저녁을 먹는 동안 아내가 말했다. "브라운 씨 부인하고 유치원 방문한 거 당신도 알죠? 게임을 마치고 나서 바로 아이들이 식탁에 앉아 있었는데, 문이 열리더니 더러운 모자를 두 손에 쥔 어떤 젊은 남자가 들어왔지 뭐예요. 그리고는 문가에 앉아서 말 한마디 없이 아이들만 바라보는 거예요. 누가 봐도 영락없는 부랑자더라구요. 렌 선생님과 보조교사 카일 양도 처음엔 좀 겁먹었어요. 그런데 그 남자는 거기에 아주 조용히 앉아 있기만 하다가 몇 분 후 나가버렸어요."

"아마 피곤해서 어디 쉴 곳을 찾고 싶었던 거겠지. 우리 집에 왔던 그 사람 같은데, 부랑자처럼 보였다고 말했소?"

"맞아요, 몹시 더럽고, 꾀죄죄한 행색이 부랑자나 진배없었어요. 나이는 서른에서 서른 셋쯤 보였구요."

"그 사람이 맞군 그래."

헨리 맥스웰 목사가 생각에 잠기며 말했다.

"여보, 설교 준비는 끝냈어요?"

잠시 뒤 아내가 물었다.

"끝냈소. 이번 주는 정말 너무 바빴어. 설교를 두 번 준비하기가 힘에 부치는구려."

"주일에 성도들이 많이 와서 들었으면 좋겠어요." 아내가 미소 지으며 말했다. "오전 예배에서 할 설교 내용이 뭐예요?"

"그리스도를 따라가는 삶. 희생과 그 본을 보이신 예수의 속죄를 주제로 다룰 거요. 그런 다음 그분의 희생과 본보기를 따르기 위해서 필요한 단계들을 제시할 참이오."

"분명히 은혜로운 설교가 될 거예요. 주일에 비가 오지 않았으면 좋겠어요. 요사이 주일마다 비바람이 심했잖아요."

"그랬지. 한동안 예배드리는 성도들이 너무 적었지. 폭풍우라도 올라치면 교회에 나오려고들 하지 않으니까."

헨리 맥스웰 목사는 한숨을 쉬며 말했다. 그는 비록 교인들이 많이 오지는 않았지만 그들을 위해서 설교 준비에 꼼꼼히, 또 힘들게 공들였던 수고를 떠올리고 있었다.

이윽고 레이먼드 시에 일요일 아침이 밝아왔다. 오랫동안 바람과 먼지와 비, 궂은 날씨만 이어지다가 가끔씩 찾아온 더할 나위없는 화창한 날이었다. 공기는 맑고 상쾌했으며, 하늘에는 험악해질 기상의 어떤 조짐도 전혀 보이지 않았다. 맥스웰 목사의 교구에 있는 사람들은 모두 교회 갈 채비를 했다. 오전 11시 예배가 시작되자 넓은 교회는 레이먼드 시에서 한껏 잘 차려입고, 아주 여유로워 보이는 사람들로 가득 차 있었다.

레이먼드 제일교회 성도들은 돈으로 치를 수 있는 최고의 음악을 듣고 있다고 믿었는데, 이날 오전 예배 때 부른 4부 합창은 성도들에게 큰 기쁨의 원천이었다. 찬송가는 영감을 고취시켰다. 모든 찬양 음악은 설교 주제와 딱 맞아떨어졌다. 그리고 찬송가는 최신의 성가 음악에 맞춰 정교하게 편곡된 것이었다.

"십자가를 내가 지고
주를 따라 가도다"

설교에 바로 앞서, 소프라노가 유명한 찬송가를 솔로로 불렀다.

"주의 인도하심 따라
주의 인도하심 따라
그 길이 어디든 주를 따라
주와 함께, 함께 가려네."

십자가와 가시 면류관을 나타내는 상징적인 무늬가 의미심장하게 새겨져 있는 참나무 칸막이 뒤에 서 있는 레이첼 윈슬로우는 오늘 아침 무척 아름다워 보였다. 그녀의 목소리는 얼굴보다 더욱 아름다웠고, 그러함엔 깊은 뜻이 있었다. 그녀가 일어났을 때 교인들 사이에서 보통 때처럼 기대에 찬 술렁거림이 일었다. 맥스웰 목사는 강대상 뒤에서 만족스러운 표정으로 앉아 있었다. 레이첼 윈슬로우의 노래는 항상 그에게 도움이 되었다. 그래서 그는 보통 설교 전에 그녀의 특별 찬송 순서를 넣었다. 그것은 그녀의 노래가 자기 설교를 더욱 인상 깊게 만드는 어떤 영적인 감정을 북돋아줬기 때문이었다.

사람들은 심지어 지금껏 제일교회에서 그런 노래를 들어본 적이 없다고 중얼거리기까지 했다. 예배가 아니었다면 분명히 그녀의 독창은 열렬한 박수갈채를 받았으리라. 그녀가 자리에 앉았을 때, 맥스웰 목사는 손뼉을 치고 바닥에 발을 구르는 소리가 교회에 울려 퍼지는 느낌조차 받았다. 그는 깜짝 놀랐다. 그러나 목사는 일어서서 성경

위에 설교 원고를 내려놓으며, 자기가 환청을 들은 것이라고 생각했다. 물론 그런 일은 일어날 수 없었다. 잠시 뒤 그는 설교에 빠져들었고 그밖에 다른 일은 설교를 한다는 기쁨에 모조리 잊혀졌다.

여태껏 헨리 맥스웰 목사의 설교를 지루하다고 비난하는 사람은 아무도 없었다. 도리어 선동적이라는 비난을 자주 받았다. 그것은 설교 내용이라기보다는 말하는 방식 때문이었다. 하지만 제일교회 교인들은 목사의 그러한 점을 좋아했다. 그것은 목사와 성도들에게 자기네들 교회와 다른 교회를 구별하는 유쾌한 특징으로 받아들여졌다.

또한 제일교회 목사가 설교하는 일을 좋아하는 것도 사실이었다. 그는 여간해선 자신의 설교를 다른 목사가 대신하게 하지 않았다. 주일을 맞을 때면 교회 강대상에 서려고 열심히 노력했다. 사람들이 교회를 가득 메우고 자신의 설교에 경청하는 모습을 볼 때 설교하는 30분 내내 신이 났다. 특히 그는 교인들의 출석률 변화에 민감했다. 청중이 적으면 설교를 잘하지 못했다. 날씨도 확실히 그에게 영향을 미쳤다. 지금 대면하고 있는 이런 청중 앞에서라면, 그리고 오늘 아침처럼 더없이 화창한 날씨라면 최고의 설교를 할 수 있었다. 그는 설교를 해나가면서 갈수록 커지는 만족감을 느꼈다. 제일교회는 레이먼드 시에서 최초로 세워진 교회였다. 최고의 성가대도 있었다. 성도들도 레이먼드 시의 재계와 사교계, 지성을 대표하는 사회지도층 인사들로 구성되어 있었다. 맥스웰 목사는 여름에 석 달간 해외휴가가 잡혀 있었고, 레이먼드 시 제일교회의 담임 목사로서 목회 환경이나 영향력이나 지위에서 특권을 누렸다.

맥스웰 목사가 그저 설교를 해나가면서 저런 생각을 어떻게 할 수 있었는지 확실하지는 않았다. 하지만 설교가 끝나갈 무렵엔 그런 모든 감정들이 자신의 설교 속에 깃들어 있다는 사실을 알게 되었다. 그 감정들은 바로 생각의 본체 속으로 들어왔다. 몇 초 만에 그렇게 됐을지도 모르지만, 그는 줄곧 마치 독백을 하는 것처럼 자신의 위상과 감정을 속속들이 알고 있어서, 그의 설교는 스스로 온몸을 떨게 하는 깊은 만족감을 띠기도 했다.

설교는 재미있었다. 인상적인 문장들로 가득 차 있었다. 만약 이 설교가 인쇄물로 나왔다면 제법 주목을 끌었을 것이다. 그는 듣기에 따라선 악을 쓴다거나 연설조로 말하는 모습으로 비쳐 청중의 불쾌감을 자아내는 일 없이 세련된 감각이 녹아 있는 말투로 연극 대사를 외듯 열정을 다해 말했기에, 설교는 대단한 효과를 거두었다. 이날 아침 맥스웰 목사가 제 목사 직분을 마치고 나서 주위 반응에 흐뭇해했다면, 그 비슷한 기분을 제일교회 신도들도 느끼고 있었다. 이 학자풍의, 품위 있고, 또 조금은 날카로운 얼굴과 풍채를 지닌 목사가 속되고, 요란을 떨거나 빈축을 사는 그런 일체의 매너리즘에 빠지는 일 없이 아주 힘차게 설교하면서, 저 강대상 위에 있다는 사실 그 자체에 기뻐하듯이 말이다.

그런데 갑자기, 목사와 신도들 사이에 완벽하게 하나로 어우러진 분위기를 깨뜨리는 방해꾼이 난데없이 나타났다. 그 충격의 크기란 실로 가늠하기 어려웠다. 이 사건은 전혀 예기치 못한 일이었고, 교회 안에 있던 사람들은 그 누구도 생각조차 할 수 없는 일이었기 때문에,

그 방해꾼을 비난한다든지 제지한다든가 하는 그런 마음의 여지를 한동안 다들 가질 수 없었다.

설교는 어느새 끝났다. 맥스웰 목사는 설교 원고가 놓여 있는 커다란 성경책을 막 덮고 자리에 앉으려 했고 4부 성가대가 마지막 찬송을 부르기 위해 일어나려는 참이었다.

"내 죄 속해 주신 주께
힘과 정성 다하니"

바로 그때 어떤 사람의 목소리에 교회 안 신도들은 모두 깜짝 놀랐다. 그 소리는 신도들 뒤쪽에서, 맨 위층 예배석 어느 자리에서 들려왔다. 곧이어 한 남자가 어두운 곳에서 나와 중앙 통로를 걸어 내려왔.

놀란 신도들이 무슨 일이 벌어지고 있는지 미처 알아채기도 전에 그 남자는 벌써 강대상 앞에 넓은 공간까지 걸어 나왔고 교인들을 향해 돌아섰다.

"예배를 드리면서 줄곧 궁금한 점이 있었습니다."

이 말은 그가 맨 위층 예배석에서 꺼낸 말이었는데, 또다시 되풀이했다.

"예배가 끝날 때 이런 말을 하는 것이 옳은지 말이죠. 저는 술 취하지도 미치지도 않았고, 누구를 해코지할 마음도 전혀 없습니다. 다만 제가 죽는다면, 아무래도 며칠 있으면 그럴 듯싶지만, 죽는다면 이런 곳에서, 또 여러분 같은 사람들 앞에서 말했다는 사실을 생각하며 위안 삼고 싶을 뿐입니다."

헨리 맥스웰 목사는 자리에 앉지 못한 채 강대상에 기대어 그 낯선 사람을 내려다보며 서 있었다. 그는 지난 금요일에 자기 집을 찾아왔던 바로 그 꾀죄죄하고, 야위고, 볼품없는 젊은 사내였다. 그는 두 손으로 빛바랜 모자를 쥐고 있었다. 이 몸짓은 사내의 몸에 밴 버릇인 것 같았다. 그는 면도도 하지 않았으며 머리는 거칠고 헝클어져 있었다. 지금껏 이런 행색의 사람이 제일교회라는 거룩한 성소 안으로 들어왔던 적이 있었을까 미심쩍기도 했다. 그런 부류의 사람들이 길거리나, 철도변 상점들을 따라, 번화가를 오르내리며 돌아다니는 모습은 꽤 눈에 익숙했지만, 바로 지척에서 이런 일을 겪으리라곤 꿈에도 상상하지 못했다.

그 남자의 태도나 말투에서 무례한 구석이라곤 없었다. 그는 흥분한 상태도 아니었고 저음이지만 또박또박한 목소리로 말했다. 맥스웰 목사는 이 사건으로 너무 놀라서 아무 말도 못하고 잠자코 서 있었지만, 웬일인지 그 남자의 행동거지는 꿈속에서 자기와 함께 거닐며 이야기를 나누었던 어떤 사람을 떠올리게 했다.

교회 안에 어느 누구도 그 낯선 사람을 막거나 어떤 식으로든 제지하려고 들지 않았다. 아마도 그의 갑작스런 출현에서 받은 첫 충격에서 헤어나지 못하고 당혹감에 어떻게 대처해야 좋을지 모르는 모양이었다. 하여튼 간에, 그는 마치 자기가 훼방을 놓고 있다는 생각도 없고 또 자기가 제일교회 예배 의식에 찬물을 끼얹었다고 전혀 생각하지 않는 듯싶게 줄곧 처신했다. 그런데 그가 말하는 내내, 맥스웰 목사는 강대상 위에서 납덩이처럼 굳어 있었고 시간이 흐를수록 얼굴은 더욱 창백해지고 슬프게 보였다. 하지만 목사는 그 남자를 막으려 들지 않았고 교인들도 숨소리조차 내지 않고 조용히 앉아 있었다. 한편 또 다른 얼굴, 곧 성가대 자리에 앉아 있던 레이첼 윈슬로우는 핏기가 가신 얼굴로 낡아빠진 모자를 손에 쥔 그 볼품없는 남자를 유심히 눈여겨보기 시작했다. 그녀의 얼굴은 늘 돋보였다. 그런데 지금 전혀 뜻밖의 사건에 처하여 마치 화염에 휩싸인 것처럼 유독 두드러져 보였다.

"저는 흔한 부랑자가 아닙니다, 비록 구원받을 가치가 한 부랑자에겐 있고 다른 부랑자에겐 없다고 예수님이 가르쳤는지 모르지만요. 예수님이 그렇게 가르치지 않으셨겠죠?"

그 사람은 교회 안의 모든 신도들이 마치 성경 공부의 소모임에 있기라도 하듯이 자연스럽게 질문했다. 그러더니 잠시 말을 멈추고 고통스럽게 기침을 해댔다. 그런 뒤에 다시 말을 이어갔다.

"저는 열 달 전에 실직자 신세가 되었습니다. 저는 활판 식자공이었습니다. 새로 나온 라이노타입—자동 주조 식자기, 편집자 주— 인쇄기는 정말 훌륭한 발명품이지만, 그 인쇄기 탓에 올해만 해도 여섯 사람이 자살했다는 사실을 압니다. 물론 그 인쇄기를 들여놓은 신문사들을 비난하고자 함은 아닙니다. 하지만 이럴 때 사람이라면 무엇을 할 수 있을까요? 저는 그 일 말고는 다른 직업은 배우지 못했고, 오직 그 일만이 제가 할 수 있는 모든 것이었습니다. 저는 딴 일자리를 찾아 전국을 떠돌아다녔습니다. 저와 같은 처지의 사람들이 많더군요. 이건 불평하고자 하는 말이 아닙니다, 그렇죠? 단지 사실을 말하는 것뿐입니다. 맨 위층 예배석에 앉아 있을 때, 이른바 예수님을 따르는 삶이란 것이 그분이 가르치셨던 바와 똑같은 것인지 궁금했습니다. 예수님이 '나를 따르라'고 하셨을 때, 그 말은 무엇을 뜻했을까요? 목사님은 이렇게 말씀하셨습니다."

이때 그는 몸을 돌려 강대상을 올려다보았다.

"목사님은 예수님의 제자들이라면 마땅히 그분의 발자취를 따라야 하며, 그 길은 '순종하고, 믿음을 지키고, 사랑하며, 그리고 그분의 삶을 본받는 일'이라고 말씀하셨습니다. 하지만 목사님은 그 말씀하신 바가 정작 무얼 뜻하는지 여러분께 아무 말도 안 하시더군요, 특히 마지막 그분의 삶을 본받는 일에 대해선. 크리스천들이 예수님의 발자취를 따른다는 것이 참으로 무슨 의미일까요? 저는 사흘 동안 이 도시를 헤매며 일자리를 찾아다녔습니다. 그런데 그동안 저한테 동정이나 위로의 말을 건네는 사람은 여기 계신 목사님 말고는 아무도 없더군요. 목사님은 저에게 미안하다고 하시며 어디 다른 곳에서 일자리를 찾길 바란다고 하셨지요. 어쩌면 여러분이 상습적인 부랑자들한테 하도 속아서 여하한 부랑자에겐 무관심하게 된 듯싶기도 하지만요. 지금 누구를 헐뜯자는 게 아닙니다, 그렇죠? 다만 사실이 그렇다는 겁니다. 물론, 여러분이 저와 같은 사람들을 위해 일자리를 찾아주려고 만사 제치고 일부러 나서줄 수 없는 노릇이란 걸 이해합니다. 그렇게 해달라고 부탁하는 것도 아닙니다. 다만 제가 혼란스러움을 느끼는 일이란, 예수님을 따르는 삶이 과연 무엇이냐 하는 것입니다. 여러분은 '주와 함께, 함께 가려네, 그 길이 어디든' 하고 찬송을 부를 때 무슨 생각으로 불렀나요? 예수님이 그렇게 하셨다고 제가 이해하는 바대로, 고난을 감수하며 자기를 부정하면서 길 잃고 고통 받는 사람들을 구원하기 위해 노력하겠다는 뜻이었습니까? 무슨 뜻으로 부르셨나요? 많이들 벼랑 끝으로 내몰리는 형편입니다. 이 시에서도 저와 같은 처지에 놓인 사람들이 오백 명이 넘는다고 알고 있습니다. 그들은 대부분 가족이 있습니다. 제 아내는 4개월 전에 죽었죠. 아내가 고통 없는 곳으로 가서 차라리 잘됐다 싶습니다. 제 딸내미는 내가 일자리를 구할 때까지 한 인쇄공 집에 맡겨 놓았구요. 아무튼 저는 수많은 크리스천들이 사치스럽게 살면서 '십자가를 내가 지고 주를 따라가도다' 하고 찬송을 부르는 모습을 볼 때 마음이 혼란스러워지고, 또 제 아내가 뉴욕의 어느 셋방에서 어떻게 숨을 거뒀는지 떠올리게 됩니다. 아내가 가쁜 숨을 몰아쉬면서 우리 딸내미도 함께 데려가 달라고 하나님께 기도하던 그 모습을 말입니다. 물론 모든 사람들이 굶주림과, 영양실조, 그리고 열악한 주거환경 때문에 사망하는 일이 없도록 여러분이 그렇게 해줄 수 있다고 바라진 않습니다. 하지만 예수를 따른다는 게 무슨 뜻일까요? 그리스도의 가르침을 지키는 사람들 중엔 셋집 주인도 많을 겁니다. 제 아내가 죽었던 셋집의 그 집주인도 크리스천이었는데, 예수님을 따르는 삶에 그 사람이 합당하기나 했는지 줄곧 궁금했습니다. 며칠 전 밤에 한 교회의 신도 모임에서 사람들이 이렇게 찬송하는 노래를 들었습니다.

'내 죄 속해 주신 주께
힘과 정성 다하니
나의 온갖 언행, 심사

주를 위한 것일세
내게 있는 모든 것을 주를 위해 바치리
내게 있는 모든 것을 주를 위해 바치리'

저는 교회 밖 계단에 앉아 그들이 부르는 그 찬송가에 담긴 의미가 무엇인지 골똘히 생각해보았습니다. 이 찬송가를 부르는 사람들이 모두 노랫말 그대로 실천하고 산다면 이 세상에 무시무시한 수많은 고통들이 있어도 하여튼 그 고통들이 사라질 듯싶더군요. 제가 이해를 잘 못하는지도 모르겠습니다. 참으로 예수님이라면 어떻게 하실까요? 그분을 추종한다는 건 과연 뭘까요? 대형교회 교인들은 좋은 옷과 좋은 집에, 사치품을 살 돈을, 여름휴가로 멀리 떠날 수 있고 그 모든 것을 누리며 사는 듯 제게 보입니다. 그렇지만 교회를 벗어난 곳에, 몇 천 명이 될지도 모르는 사람들이 셋집에서 죽음을 맞고, 일거리를 찾아 길거리를 헤매며, 결코 집에 피아노나 그림 한 점 갖지 못하고서, 더더욱 비참함과 음주벽 그리고 죄악으로 빠져들고 있는데도 말입니다."

갑자기 그 남자가 성찬대 쪽으로 휘청 몸을 못 가누더니 그 위에 때 투성이 한 손을 짚었다. 모자가 발 아래 카펫 위로 떨어졌다. 한바탕 술렁거림이 신도들 사이에서 일었다. 의사인 웨스트 박사가 앉은자리에서 엉거주춤 일어났지만 아직 교회 안의 침묵을 깰 만한 어떤 소리나 움직임도 교인들 사이에서 없었다. 그 남자는 다른 한 손으로 얼굴을 가리더니, 바로 그 순간, 아무런 사전 예고도 없이, 쿵 하고 앞으로 고꾸라져서 통로에 쓰러졌다. 맥스웰 목사가 말했다.

"예배를 마치도록 하겠습니다."

2장

헨리 맥스웰 목사와 성도 몇 명이 한동안 목사관에 남아 있었다. 그 남자는 소파에 누워 거친 숨을 몰아쉬고 있었다. 그 남자를 어떻게 해야 할지 다들 고심하고 있을 때, 맥스웰 목사가 자신의 사택으로 데려가겠다고 했다. 여기 교회에서 가깝기도 했고 빈방도 있었기 때문이었다.

"요즘 어머니를 찾아오시는 손님이 없어요. 우리 집으로 거처를 옮기는 게 좋겠어요."

하고 레이첼 윈슬로우가 말했다.

그녀는 몹시 마음이 들먹이는 듯 보였다. 하지만 그 사실을 그다지 눈치 채는 사람은 아무도 없었다. 제일교회 성도들이 기억하는 한, 가장 이상한 사건에 그들은 모두 흥분했다. 하지만 맥스웰 목사는 그 남자를 맡겠다는 뜻을 굽히지 않았고, 들것이 도착하자 의식불명의 그 남자는 목사의 사택으로 옮겨졌다. 그리고 자기 집 빈방으로 그 남자가 들어옴과 함께 헨리 맥스웰 목사의 인생에도 새로운 장이 시작됐다. 그러나 아직은 아무도, 심지어 목사 그 자신도, 그리스도의 제자로 사는 삶에 새로 정의를 내린 다음부터 얼마나 놀랄 만한 변화가 자기에게 예정되어 있는지 꿈도 꾸지 못했다.

이 사건은 제일교회 교인들에게 대단한 화젯거리였다. 사람들은 일주일 내내 그 이야기만 입에 올렸다. 대체로 사람들의 생각은 그 남자가 병을 앓아 생긴 정신착란 상태에서 교회로 흘러 들어왔고 말을 지껄이는 사이에도 고열로 정신이 이상해져 주위 상황을 제대로 알아채지 못했을 거라는 것이었다. 그것이 그의 행동에 내린 가장 관대한 해석이었다. 거의가 그 사람이 했던 말에는 일말의 원한이나 불평도 없었다는 데 동의했다. 그는 처음부터 끝까지, 차분한 태도와, 미안한 어조로, 아주 까다로운 문제에 해답의 빛을 찾으려는 신도들 가운데 한 사람인 것처럼 말했었다.

목사의 사택으로 옮겨진 뒤 사흘째 되던 날 그 남자의 병세엔 큰 차도가 있었다. 의사는 그렇게 말을 했지만 더는 가망이 없다고 여겼다. 주말이 가까이 다가오면서 그는 날로 악화됐지만, 토요일 아침엔 여전히 숨이 붙어 있었다. 일요일 자정 넘어, 시계가 한 시를 치기 전에, 그는 정신을 회복하고 자기 딸이 왔냐고 물었다. 맥스웰 목사는 그 남자의 호주머니에서 편지를 찾아내자마자 거기에 적힌 주소로 사람을 보내 곧바로 딸을 데려오도록 시켰었다. 그 남자는 쓰러지고 나서 처음으로 의식을 차리고 겨우 몇 분간 또박또박 말할 수 있었다.

"지금 따님이 오고 있어요. 곧 도착할 겁니다."

그 남자 곁에 앉아 있던 맥스웰 목사가 말했다. 목사의 얼굴은 일주일 동안 반복된 밤샘 간호 탓에 피곤함이 뚜렷했다. 고집스럽게도 거의 매일 밤을 뜬눈으로 새웠기 때문이었다.

"더는 이 세상에선 내 딸을 볼 수 없을 듯싶군요."

그 남자가 속삭였다. 그러고 나서 아주 힘겹게 입을 열었다.

"목사님은 저에게 잘해주셨어요. 아무튼 예수님이라면 하셨을 듯한 그런 대접을 받은 느낌이었어요."

몇 분 후 그 남자의 머리가 살짝 옆으로 기울었고, 맥스웰 목사가 이 상황을 미처 알아채기도 전에 의사가 조용히 말했다.

"운명하셨습니다."

레이먼드 시에 밝아온 일요일 아침은 지난 주 일요일 아침과 똑같았다. 맥스웰 목사는 강대상에 서서 여태껏 제일교회가 생긴 이래 가장 많이 모인 성도들을 바라보았다. 목사는 야위었는데 마치 오랫동안 앓다가 누운 자리에서 막 일어난 사람처럼 보였다. 목사의 아내는, 그 남자가 죽고 나서 한 시간 뒤 새벽 기차 편으로 당도한, 그 남자의 딸과 함께 집에 있었다. 그 시신은 사택의 빈 방에 모셔졌고, 그는 모든 고통에서 벗어났다. 맥스웰 목사가 성경을 펼쳤을 때 그 남자의 얼굴이 떠올랐고 지난 십 년간 으레 해왔던 습관대로 몇몇 공고문을 강대상 한 구석에다 정리해 놓았다

이날 오전 예배는 뭔가 낯선 분위기를 자아냈다. 지금까지 맥스웰 목사가 주일 오전 예배에서 원고 없이 설교한 적이 있었는지 아무도 기억하지 못했다. 사실 초창기 때는 어쩌다 가끔 원고 없이 설교하기도 했지만, 오랜 세월 동안 주일 오전 설교의 모든 단어를 공들여서 썼고, 또한 저녁 예배 설교도 거의 늘 그렇게 해왔다. 그런데 이날 아침 설교는 강렬하지도 인상 깊지도 않았다. 그는 눈에 띌 만큼 더듬거리면서

말했다. 확실히 여러 가지 놀라운 생각들이 서로 입 밖으로 나오려고 다투고 있었지만, 설교에 부합하는 주제로써 표현되지 못하고 있었다. 그렇지만 설교가 끝나갈 즈음엔 설교를 시작할 때 몹시 결핍되어 있었던 어떤 힘이 북돋워지기 시작했다.

목사는 성경을 덮고, 강대상 옆으로 나와서 성도들을 바라보며, 지난주에 일어났던 놀라운 사건에 대해서 입을 열었다.

"우리 형제가," 아무튼 그의 입에서 나오는 말은 약간 이상하게 들렸다. "오늘 새벽 세상을 떠났습니다. 아직 고인의 이력을 소상히 알아볼 시간은 없었습니다. 시카고에 누이동생 한 분이 산다는 정도만 압니다. 그분에게 편지를 띄웠는데 아직 답장을 받진 못했습니다. 어린 딸이 저희 사택에 있는데 당분간 함께 지낼 참입니다."

목사는 잠시 말을 멈추고 교회 안을 둘러보았다. 오늘에 이르기까지 자기가 목회를 해오면서 이토록 많은 진지한 얼굴들을 눈앞에 마주한 적이 단연코 없었다고 생각했다. 그는 아직 자기의 경험, 곧 지금 자신이 겪고 있는 위기를 성도들에게 다 털어놓을 수 없었다. 그럼에도 자신의 어떤 감정은 성도들에게 전해지고 있었고, 오늘 아침 자기가 경솔한 충동에 이끌려 속마음의 한 자락을 내비치는 것은 아니라고 여겼다.

그래서 목사는 말을 이어갔다.

"지난 주일 우리 교회에 한 낯선 사람이 나타났고 또 그 사람이 했던 말 때문에 저는 아주 엄청난 마음의 충격을 받았습니다. 그 남자가 제 사택에서 숨을 거둔 뒤로, 그가 했던 말로 말미암아 저는, 전에는 한 번도 자신에게 하지 않았던 질문인 '예수님을 따른다는 것의 의미는 과연 무엇인가?' 하고 스스로 물어보지 않을 수 없었다는 사실을 여러분에게나 제 자신에게도 고백하고자 합니다. 저는 그 남자나 그런 부류의 세상 사람들과 우리 그리스도처럼 그러한 관계를 맺었는가 하는 점에서, 여러분과, 제 자신을, 조금치도 비난할 처지가 못 됩니다. 그렇지만 그 남자가 했던 말은 참으로 올바르기 때문에 우리는 그 해답을 찾기 위해 노력을 기울여야 하고 그렇게 하지 않는다면 그리스도의 제자로서 비난받아 마땅하리란 생각을 떨쳐버릴 수 없습니다. 지난 주일 여기서 들었던 그 남자의 말은 오늘날 교회 속에서 보고 느끼는 바대로 기독교 신앙에 대한 항의라는 성격을 다분히 띠고 있었습니다. 그날 이후로 날마다 이런 느낌이 더욱더 강해졌습니다.

그래서 제가 어떤 계획이나, 결심을 말씀드리기엔 지금이 가장 적당한 때인 것 같습니다. 그것은 지난 주일 이곳에서 던져진 질문에 대한 만족스러운 답변으로써 제 마음 속에 떠올랐습니다."

또다시 헨리 맥스웰 목사는 말을 멈추고 성도들의 얼굴을 바라보았다. 제일교회에는 신념이 굳고 진지한 남녀 신자들이 여러 명 있었다.

레이먼드 데일리 뉴스의 신문 발행인인 에드워드 노먼이 보였다. 그는 십 년 전부터 제일교회에 다니고 있었다.

다들 이 지역사회에서 저명한 인사들이었다. 알렉산더 파워즈는 레이먼드 시에 있는 대규모 철도공장의 공장장이었고, 전형적인 철도인으로, 그 사업을 위해 태어난 사람 같았다. 레이먼드 시 외곽에 위치한 링컨대학의 총장인 도널드 마쉬도 앉아 있었다. 레이먼드 시의 거상인 밀턴 라이트도 있었는데, 그는 상점 여러 곳에서 점원을 적어도 백여

명 이상을 거느리고 있었다. 비교적 젊은 축에 들지만 웨스트 박사는 특수 외과 분야의 권위자였다. 재스퍼 체이스는 이미 한 권의 소설로 성공을 거뒀고, 또 다른 소설을 집필 중에 있었다. 최근에 부친의 사망으로 최소한 백만 달러의 유산을 상속받은 버지니아 페이지 양은 뛰어난 미모와 지성을 갖추고 있었다. 그리고 그 누구보다도 돋보이는 사람은, 성가대에 앉아 있는 레이첼 윈슬로우였는데, 그녀는 시종 이 뜻밖의 사건에 아주 열띤 관심을 가졌기 때문인지 이날 아침 유달리 아름다운 얼굴이 붉게 달아올라 있었다.

제일교회의 이러한 인적 구성 덕에, 헨리 맥스웰 목사가 지난 주일처럼 자신의 교회 신도들을 생각할 때마다 만족감을 느끼는 것은, 어쩌면 당연했다. 저들 중엔 이 교회 신자임을 자랑스럽게 밝히는, 개성 강한 인물들이 무척 많았다. 하지만 오늘 아침 그들의 얼굴을 찬찬히 바라보면서 목사는 다만 얼마나 많은 성도들이 자기가 이제 막 하려고 하는 이 뜬금없는 제안에 호응할지 궁금해했다. 그는 천천히 말을 이어가면서, 어휘 선택에 신중을 기했고, 교인들은 목사의 설교가 최고조로 극적 상태에 올랐을 때조차도 예전엔 결코 느껴 보지 못했던 어떤 감동을 받았다.

"이제 제가 드리려는 제안은 엉뚱하다거나 도저히 실현 불가능한 것은 단연코 아닙니다. 그렇지만 우리 교회의 성도들 중 많은 분들은, 아마도, 그렇게 생각할 겁니다. 허나 오해의 소지 없이 완전한 이해를 구하기 위해, 아주 알아듣기 쉽게 제안하고자 합니다. 듣기에 따라선 퉁명스러울 수도 있겠지만요. 앞으로 일 년 동안 '예수님이라면 어떻게 하실까?'란 이 질문을 먼저 스스로 묻지 않고는, 어떤 일도 하지 않겠다고, 진지하게 또 거짓 없이 서약할 제일교회 자원자들을 모집하고 싶습니다. 그리고 이 질문을 하고 나서, 비록 그 결과가 어찌 되던 간에, 각자는 예수님께서 하시리라 생각되는 처신 그대로 따라야 합니다. 물론 저도 이 자원자 모임에 합류할 것이고, 이 행동 기준에 따라 처신할 때, 앞으로 제 행동에 이 자리에 계신 성도 여러분께서 놀라지 마시길 바라고, 또 자원자들이 그리스도라면 하셨을 행동을 할 때 그 무슨 행동을 하건 간에 반대하지 않으셨으면 합니다. 제 말뜻을 분명히 이해하셨습니까? 예배가 끝난 뒤 이러한 모임에 기꺼이 참가하실 분들은 따로 남아서 자세한 계획을 이야기해보자 합니다. '예수님이라면 어떻게 하실까?'라는 이 물음이, 우리의 좌우명이 될 것입니다. 우리의 목적은, 눈앞의 결과에 개의치 않고, 만약 예수님이 우리와 같은 처지에 놓이신다면 그분의 처신과 똑같이 행동하는 것입니다. 다시 말해서, 예수님께서 제자들에게 행하도록 가르치셨다고 믿는 바에 가깝게 또 글자 그대로 예수님의 발자취를 따라가 보자고 제안하는 것입니다. 이 제안에 자진하여 동참하실 분들은, 오늘부터 시작하여 앞으로 일 년 동안, 그렇게 하기로 하겠다고 서약할 것입니다."

헨리 맥스웰 목사는 다시 말을 중단하고 성도들을 둘러보았다. 이처럼 단순하기 그지없는 제안이 불러일으킨 충격이란 말로 설명하기 쉽지 않은 법이다. 사람들은 휘둥그레진 얼굴로 서로 흘끗거렸다. 이런 방법으로 그리스도 제자의 길을 규정짓는 것은 헨리 맥스웰 목사답지 않은 일이었다. 확실히 그의 제안으로 교인들은 생각의 혼란에 빠졌다. 물론 그 의도야 충분히 이해했지만, 예수님의 가르침과 본보기를 적용하는 데엔, 분명 상당한 의견 차이가 있을 수 있었다.

그는 짧은 기도로써 예배를 조용히 끝냈다. 오르간 연주자는 축복기도를 뒤따라 바로 후주곡을 연주하기 시작했고 교인들은 하나둘 밖으로 나갔다. 여기저기에서 웅성웅성 이야기꽃을 피웠다. 교회 곳곳에 모여 서 있는 사람들은 목사의 제안을 화제로 활발한 토론을 벌였다. 확실히 갑론을박 하는 대단한 토론이었다. 몇 분 지나서 목사는 계속 남아 있을 사람들은 다들 교회 옆쪽 넓은 강당으로 모이라고 당부했다. 그는 교회 앞에서 몇 사람과 대화하느라 꾸물댔고, 마침내 이야기를 끝내고 뒤돌아섰을 때는, 교회는 텅 비어 있었다. 목사는 강당 입구로 발걸음을 옮겨 안으로 들어갔다. 그는 이곳에 모여 있는 교인들을 보고 깜짝 놀랐다. 어느 성도가 남아 있을지 헤아려보지 않았지만, 그리스도 제자의 길에 말뜻 그대로 제 자신을 내맡기는 이러한 시험에 함께하기 위해 이토록 많은 사람들이 자기를 기다리고 있으리라고는 거의 기대조차 하지 않았다. 얼추 오십 명의 성도들이 있었고, 그들 중에는 레이첼 윈슬로우, 버지니아 페이지, 노먼, 마쉬 총장, 철도공장 공장장인 알렉산더 파워즈, 밀턴 라이트, 웨스트 박사, 재스퍼 체이스의 모습도 보였다.

맥스웰 목사는 강당 문을 닫고 걸어가서 그들 앞에 섰다. 그의 얼굴은 창백했고 입술은 진심에서 우러난 감정으로 떨렸다. 이 순간은 그 자신의 인생에서 진정한 갈림길이었고 그건 제일교회도 마찬가지였다. 사람은 성령으로 움직이기 전까지 자기가 무엇을 할지, 혹은 생각과 말과 행동의 굳어진 습관으로 물든 생애 그 방향을 어떻게 변화시킬지 알 수 없다. 헨리 맥스웰 목사도, 이미 말했다시피, 아직 자기에게 무슨 일이 벌어지고 있는지 알지 못했지만, 그리스도 제자의 길에 대한 자신의 정의가 완전히 뒤바뀔 것이란 사실을 의식했고, 이 자리에 모여 있는 성도들 얼굴을 바라보면서 헤아릴 수 없는 깊은 감정에 휩싸였다.

이 순간에 자기가 할 수 있는 최선의 말은 기도하자는 말인 듯싶었다. 맥스웰 목사는 자기와 함께 기도하자고 모두에게 청했다. 그리고 기도의 첫마디를 입에 올리자마자 거의 동시에 사람들은 모두 성령이 함께하고 있음을 뚜렷이 느낄 수 있었다. 기도를 드릴수록 성령의 임재하심은 더욱 강해졌다. 다들 그것을 느꼈다. 마치 성령이 눈에 보이기라도 하듯이 강당은 확실히 성령으로 충만했다. 기도가 끝났을 때 잠시 정적이 흘렀다. 사람들은 모두 고개를 숙이고 있었다. 헨리 맥스웰 목사의 얼굴은 눈물로 젖어 있었다. 설령 주님의 발자취를 따르겠다는 이들의 서약을 승낙하는 말이 하늘로부터 들려왔다 해도, 이 자리에 있는 사람들은 누구나 할 것 없이 하늘의 축복을 지금 이 순간보다 더욱 분명히 실감할 수 없었을 것이다. 이렇게 해서 레이먼드 제일교회가 생긴 이래로 가장 진지한 개혁운동이 시작되었다.

"우리는 모두," 맥스웰 목사가 아주 차분히 말했다. "어떤 일을 하려고 하는지 잘 알고 있습니다. 어찌 됐건 그 결과에 상관없이, 우리는 날마다 일상생활에서 '예수님이라면 어떻게 하실까?' 하고 이 질문을 한 뒤에 온갖 일을 하기로 스스로 서약하려고 합니다. 지난 일주일 동안 제 삶에 어떤 놀라운 변화가 닥쳤는지를 언젠가 말씀드릴 날도 있겠지요. 지금은 할 수 없군요. 하지만 제가 지난 일요일 그때부터 줄곧 겪어온 경험으로 말미암아 그리스도 제자의 길에 대해서 이전에 내렸던 제 자신의 정의가 대단히 못마땅해서 이러한 행동을 취하지 않을 수 없었습니다. 저 혼자서는 감히 시작할 수 없습니다. 이 모든 일이 거룩한 사랑의 손길로 인도되고 있음을 압니다. 이와 똑같은 성스러운 힘이 또한 여러분을 틀림없이 이끌어주실 겁니다. 이제 우리가 하려고 하는 일을 완전히 이해하셨습니까?"

"물어볼 게 있어요."

레이첼 윈슬로우가 말했다. 다들 그녀 쪽으로 몸을 돌렸다. 그녀의 얼굴은 육신의 아름다움과는 사뭇 다른 아름다움으로 빛나고 있었다.

"예수님이라면 어떻게 하실까란 이 질문에 우리가 답할 때 일말의 의심도 하지 않고 어떻게 자신하지요. 예수님께서 제 처지에 놓이셨다면 하셨을 행동을 누가 결정해주지요? 시대가 달라졌어요. 이 현대 사회에선 예수님의 가르침 속에 언급되지 않은 복잡한 문제들이 많이 있어요. 그분이라면 어떻게 하실지 제가 어떻게 알 수 있죠?"

"제가 아는 바로는," 맥스웰 목사가 대답했다. "성령의 인도하심으로 예수님을 알아가는 방법 말고는 길이 없습니다. 예수님께서 제자들에게 성령에 대해 하신 말씀을 기억할 거예요. '그러하나 진리의 성령이 오시면 그가 너희를 모든 진리 가운데로 인도하시리니 그가 자의로 말하지 않고 오직 듣는 것을 말하시며 장래 일을 너희에게 알리시리라. 그가 내 영광을 나타내리니 내 것을 가지고 너희에게 알리겠음이니라. 무릇 아버지께 있는 것은 다 내 것이라. 그러므로 내가 말하기를 그가 내 것을 가지고 너희에게 알리리라 하였노라.'
이 방법밖에 제가 아는 것은 없습니다. 따라서 우리는 모두 근본적인 해답을 구한 뒤에 예수님이라면 어떻게 하셨을지를 결정해야 할 것입니다."

"그런데 우리가 어떤 일들을 할 때, 사람들이 예수님이라면 그렇게 하지 않으실 것이라고 우리에게 말하면 어떻게 하죠?"

하고 철도공장 공장장인 파워즈가 물었다.

"하는 수 없습니다. 하지만 우리는 제 자신한테 무조건 솔직해야 합니다. 크리스천의 행동 기준은 일반인의 그것과 대부분 별 차이가 없습니다."

"그렇지만 한 성도가 예수님이라면 하셨을 행동이라 여기는 사실을, 다른 성도는 그럼직한 예수님의 행동으로 받아들이길 거부합니다. 어떻게 해야 우리 행동을 오직 한 분이신 그리스도의 행동처럼 하나같이 일치시킬 수 있을까요? 온갖 문제에 늘 서로 똑같은 결론에 도달하는 일이 가능할까요?"

하고 마쉬 총장이 질문했다.

맥스웰 목사는 잠시 침묵했다. 그 뒤에 이렇게 대답했다.

"불가능합니다. 그런 일을 바랄 수 있을지 모르겠습니다. 하지만 진심으로, 거짓 없이, 사리에 밝게 예수님의 발자취를 따른다면, 우리 자신의 마음이나 다른 사람의 판단에 어떤 혼란도 없을 거라고 믿습니다. 우리는 광신주의에 사로잡혀서는 안 되겠지만 그 반대의 경우도 조심해야 합니다. 만약 예수님께서 보여주신 본보기가 세상 사람들이 따라야 할 모범이라면, 확실히 그 모범을 따르는 일은 가능합니다. 그러나 다음과 같은 중요한 사실을 기억해야만 합니다. 우리가 예수님이라면 어떻게 하실지 성령께 간구하고 그 물음에 답을 얻은 뒤엔, 우리 자신에게 어떤 결과가 닥칠지 그에 개의치 않고 그대로 실천해야 합니다. 아셨겠지요?"

강당에 모인 사람들은 모두 엄숙히 동의한다는 얼굴로 목사를 쳐다보았다. 다들 그 제안을 완전히 이해했다. 헨리 맥스웰 목사는 연로한 남녀 성도들 뒤쪽에 몇 사람과 함께 앉아 있는 봉사회 회장을 보자 또다시 얼굴에 경련이 일었다.

3장

그의 안에 산다고 하는 자는 그가 행하시는 대로 자기도 행할지니라

월요일 아침 레이먼드 데일리 뉴스의 신문 발행인인 에드워드 노먼은 사무실에 앉아 새 마음가짐을 다잡았다. 그는 "예수님이라면 어떻게 하실까?" 하고, 이렇게 묻고 나서 모든 일을 하겠다고 굳게 서약했었고, 그가 미루어 생각해보듯이, 그 때문에 생길 수 있는 결과는 뭐든 받아들이기로 작정했다. 하지만 신문사의 틀에 박힌 일상으로 다시 한 주가 정신없이 바쁘게 돌아가기 시작하자, 얼마큼 주저하는 마음과 공포 비슷한 감정에 직면했다.

그는 아주 일찌감치 출근해서, 잠시 혼자만의 시간을 가졌다. 책상에 앉은 그는 차츰 더 깊은 생각에 빠졌고 그 생각은 마침내 여느 때와 달리 커다란 열망으로 바뀌었다. 그리스도다운 일을 하기로 서약한 작은 모임의 여느 사람들과 마찬가지로, 그 자신도 생명의 성령이 자기 삶에서 이전에 결코 없었던 강한 힘으로 역사하고 계심을 아직 모르고 있었다. 그는 일어나서 사무실 문을 닫고, 몇 년간 한 번도 하지 않았던 행동을 했다. 책상 옆에 무릎을 꿇고 기도하며 주님의 임재와 자기를 인도할 지혜를 구했다.

노먼은 자기 앞에 놓인 하루 일과를 시작하기 위해 일어났고, 자신이 했던 서약이 마음속에 뚜렷하고 분명하게 떠올랐다.

"자, 이제부터 시작이야."

하고 그는 다짐하는 듯했다. 그런데 예기치 않게 빨리 사건들이 잇달아 그를 찾아왔다.

그는 자기 사무실 문을 열어두고 일상 업무를 시작했다. 편집국장은 이제 막 출근해서 옆방의 자기 책상에 앉았다. 기자 한 명은 정신없이 타자기를 두드리며 기사 쓰기에 바빴다. 에드워드 노먼도 사설을 쓰기 시작했다. 데일리 뉴스는 석간이어서, 보통 오전 9시 전에 주요 사설을 끝내놓아야 했다.

그가 15분쯤 사설을 써내려가는데 그때 편집국장이 큰 소리로 외쳤다.

"어제 리조트에서 열린 프로권투 시합 기사가 있는데요. 삼단 반쯤 지면을 차지할 겁니다. 넣어도 되겠지요?"

노먼은 신문의 세세한 기사까지 빠짐없이 꼼꼼히 살피는 그런 신문 경영자였다. 편집국장은 크든 작든 간에 모든 기사에 대한 의견을 매번 사장에게 묻곤 했다. 하지만 때때로, 이번 경우처럼, 그것은 단지 형식적인 질문에 지나지 않았다.

"좋도록 해, 아니야. 내가 한 번 보겠네."

노먼은 막 편집기자의 손을 거친 듯한 타이핑된 기사를 받아서 찬찬히 훑어보았다. 그런 뒤에 그것을 책상 위에 내려놓고 골똘히 생각에 잠겼다.

"오늘은 이 기사를 싣지 말게." 마침내 그가 입을 열었다.

편집국장은 두 방 사이의 통로에 서 있었다. 그는 사장 말에 깜짝 놀랐고, 혹시 자기가 잘못 들은 건 아닌지 생각했다.

"뭐라고 하셨어요?"

"그 기사를 빼게. 싣지 않을 거야."

"하지만……."

편집국장은 하도 어이없어 할 말을 잊어버렸다. 그는 노먼을 제정신이 아닌 사람인 듯 빤히 쳐다보았다.

"그거 참, 클라크, 이 기사를 굳이 실어야만 하나. 그리고 더는 싣지 말게." 노먼은 책상에 앉은 채 편집국장을 올려다보며 말했다.

클라크가 사장과 말다툼하는 일은 거의 없었다. 여태껏 사무실에서 사장의 말은 항상 법이었고, 사장이 좀처럼 자기 마음을 바꾸려고 하지 않다는 걸 잘 알고 있었다. 그러나 지금 일이 돌아가는 사정은, 너무나 의외여서 클라크는 자기 견해를 밝히지 않을 수 없었다.

"프로권투 기사를 단 한 줄도 싣지 않은 채 신문을 내보내겠다는 말씀입니까?"

"그래. 그게 바로 내 생각일세."

"하지만 이런 일은 금시초문입니다. 다른 신문들은 모두 그 기사를 낼 텐데요. 독자들이 뭐라 하겠어요? 글쎄, 이건 다만……."

클라크는 잠시 말을 멈췄다, 자신의 생각을 표현할 적당한 말이 떠오르지 않아서였다.

노먼은 클라크를 살갑게 바라보았다. 편집국장과 노먼은 서로 교파가 다른 교회의 신자였다. 두 사람은 몇 년 동안 함께 신문을 만들어왔지만 종교 문제를 화제 삼아 서로 이야기를 나눠본 적은 없었다.

"이리로 잠시 들어오게, 클라크, 문은 닫고." 노먼이 말했다.

클라크는 들어왔고 두 사람은 마주 보았다. 노먼은 한참 뜸을 들였다. 그리고 나서 뜬금없이 이렇게 말을 꺼냈다.

"클라크, 만약 예수님이 일간신문 발행인이시라면, 프로권투 기사에 삼단 반의 지면을 쓰시리라고 솔직히 그렇게 생각하나?"

"물론, 예수님이라면 그럴 리 없겠죠."

"그걸세, 바로 그 이유로 우리 신문에서 그 기사를 실지 않을 거야. 난 앞으로 일 년간 예수님이라면 하지 않으실 거라고 확신하는 일은 신문과 관련하여 어떤 일도 하지 않기로 결심했네."

클라크는 사장이 갑자기 미쳐버린 게 아닌가 하고 몹시 놀라는 얼굴을 했다. 사실, 그는 뭔가 잘못됐다는 생각이 들었다. 사리분별에서, 비록 노먼 사장이 결코 제정신을 놓을 사람은 아니었지만.

"신문사에 어떤 영향이 미칠지 생각해보셨나요?"

마침내 클라크는 힘 빠진 목소리로 물었다.

"자네는 어떻게 생각하나?" 노먼은 날카로운 눈빛과 함께 물었다.

"우리 신문은 그저 망하고 말 겁니다."

곧바로 클라크가 대꾸했다. 그는 당황스러운 마음을 추스르고 나서, 이렇게 충언하기 시작했다.

"글쎄요, 오늘날 그러한 원칙으로 신문을 만들 순 없어요. 너무 이상적이에요. 세상은 그걸 받아들일 준비가 되어 있지 않습니다. 사서 고생할 수 없어요. 기어코 사장님이, 프로권투 기사를 싣지 않는다면 수많은 독자를 잃고 말 거예요. 불 보듯 뻔합니다. 이 도시 사람들 거의가 그 기사를 읽고 싶어해요. 독자들은 그 기사가 실렸다는 걸 알고 있고, 오늘 저녁 신문을 펼칠 때 적어도 반 페이지는 할애되었으리라고 바랄 겁니다. 설마, 대중의 바람을 그렇게까지 무시하진 않으시겠죠. 그렇게 하면 큰 실수를 범하는 겁니다, 제 생각엔 그렇습니다."

노먼은 앉은 채 잠시 말이 없었다. 그 뒤에 부드럽지만 단호한 목소리로 말했다.

"클라크, 자네의 솔직한 생각으론 올바른 처신의 기준은 무엇이라 생각하나? 모든 사람을 위한 최상의 올바른 기준은, 어쩌면 예수 그리스도께서 행하신 본보기가 아닐까? 사람들이 따르며 살아야 할 최고의, 또 최선의 법은 '예수님이라면 어떻게 하실까?' 라고 묻는 이 질문 속에 담겨 있지 않을까? 그렇게 묻고 나선 그 결과에 아랑곳없이 행동하는 데 있지 않을까? 다시 말하자면, 사람들은 어디서나 일상생활에서 가능한 한 근접하게 예수님의 본보기에 따라 살아야 한다고 생각하지 않나?"

클라크는 얼굴을 붉혔고, 의자에 앉은 채 거북하게 몸을 움직이면서 사장의 질문에 이렇게 대답했다.

"그야 그렇지요. 사람들이 마땅히 해야 한다는 이유에서 그렇게 말씀하신다면 그보다 더 좋은 처신의 기준은 없으리라고 생각합니다. 하지만 문제는, 과연 실행 가능할까요? 수지타산이 맞을까요? 신문 사업이 성공하려면 사회의 관습과 공인된 방식에 순응해야 합니다.

이상향에서 살고 있는 양 살아갈 수 없으니까요."

"그러니까 자네 말은 우리가 크리스천 원칙을 엄격히 지켜서는 기사를 쓸 수 없고 또 신문 사업을 성공할 수 없다는 말인가?"

"네, 바로 그렇습니다. 성공할 수 없어요. 그렇게 한다면 한 달 만에 파산하고 말 겁니다."

노먼은 그 말에 바로 대꾸하지 않았다. 그는 깊은 생각에 잠겼다.

"이 문제는 다시 이야기할 기회가 있을 걸세, 클라크. 그 동안에는 우리가 솔직하게 서로 이해해야 한다고 생각하네. 나는 앞으로 일 년간 신문사 일과 관련해서 모든 일을 '예수님이라면 어떻게 하실까?' 하고, 되도록 정직하게 이 질문을 스스로 묻고 나서 행동하기로 서약했네. 이렇게 하면 우리가 성공할 뿐만 아니라 이전보다 더 큰 성공을 거둘 수 있으리라 확신하기에 이 일을 줄곧 밀고나갈 걸세."

클라크가 일어났다.

"그럼 그 기사는 뺄까요?"

"싣지 말게. 그것을 대신할 좋은 기사도 많고, 자네가 뭔지 알 거야."

클라크가 멈칫거리며 물었다.

"기사 누락에 해명이라도 하시겠어요?"

"하지 않겠네. 어제 프로권투 시합 따윈 없었던 일처럼 신문을 발행하게."

클라크는 사장실에서 나와 자기 책상으로 돌아가며 마치 땅이 꺼지는 듯한 기분을 느꼈다. 그는 깜짝 놀랐고, 어리둥절했으며, 흥분했고 적잖이 화가 났다. 노먼을 대단히 존경했기 때문에 치밀어 오르는 분노와 혐오감을 억눌렀지만, 데일리 뉴스 사장실로 불쑥 찾아든, 클라크 자신이 굳게 믿듯이, 회사 존립을 위기에 처하게 할 그 느닷없는 심경의 변화에 대한 궁금증이 더욱더 커져갔다.

정오가 되기도 전에 데일리 뉴스의 모든 기자, 인쇄공과 직원들은 그 화제의 일요일 프로권투 시합에 관해 단 한 줄도 기사가 실리지 않은 채 신문이 발행될 거란 예사롭지 않은 사실을 알게 됐다. 기자들은 그 사실 발표에 경악을 금치 못했다. 조판실 직원들은 다들 그 전례가 없던 기사 삭제를 두고 한마디씩 했다. 그날 노먼은 두세 번 조판실에 들릴 기회가 있었는데 그때마다 직원들은 일손을 멈추거나 호기심 어린 눈으로 사장을 곁눈질하면서 조판에 필요한 활자를 골랐다. 노먼은 조판실 직원들이 다들 자기를 지켜보고 있다는 사실을 알았지만, 아무 말도 하지 않고 아무 내색도 하지 않았다.

그사이 노먼의 의견 제시로, 신문 제작에 자잘한 변경이 몇 번 있었지만, 눈에 띌 만한 변화라곤 없었다. 그는 기다렸으며 심사숙고했다.

'예수님이라면 어떻게 하실까?' 하고 매번 당면하는 이 질문에 올바로 대답하기에 앞서, 그는 여러 문제에 최선의 판단을 내리는 연습이 필요하고 그러려면 시간과 충분한 기회가 있어야 할 듯싶었다. 그가 당장 행동에 나서지 않은 까닭은 그리스도 정신에 위배되는 일들이 신문사 일상에 무수히 많았기 때문이 아니라 예수님이라면 취하실 행동에 관해 솔직히 아직 자신이 서지 않아서였다.

그날 저녁 데일리 뉴스가 발행되자 큰 파문이 일었다.

프로권투 기사가 실리지 않아서 생긴 파장은 그 기사가 나갔더라면 보였을 반응과 비교할 수 없을 정도였다. 정기 구독자들뿐만 아니라, 도심지의 호텔과 상점에서 수많은 사람들이 열심히 신문을 펼쳐서 그 대단한 시합의 기사를 샅샅이 뒤져도 찾을 수 없자, 그들은 신문 간판대로 몰려가서 다른 신문을 샀다. 심지어 신문팔이 소년들도 그 기사가 빠졌다는 사실을 전혀 알지 못했다. 그 소년들 중 하나는 이렇게 외치며 돌아다녔다.

"데일리 뉴스요! 리조트 개최 프로권투 상세 기사. 선생님, 신문 드려요?"

신문사 근처 길모퉁이에 있던 한 남자가 신문을 사서, 부리나케 일면을 훑어보더니 성난 목소리로 소년을 다시 불러세웠다.

"이 녀석아! 신문이 도대체 어떻게 된 거야? 권투 기사가 없잖아! 지난 신문을 팔 수작이냐?"

"지난 신문 절대 아니에요." 소년은 골난 소리로 대꾸했다. "오늘 신문인걸요. 왜 그러세요?

"아무튼 여기엔 권투 기사라곤 없잖아! 봐라!"

그 남자가 신문을 다시 건네주자 소년은 허겁지겁 신문을 들춰보았다. 그런 다음 소년은 휘파람을 불어댔지만, 당황한 얼굴빛이 뚜렷했다. 이때 다른 소년이 신문 뭉치를 들고 뛰어가는 모습을 보고 소년은 이렇게 큰 소리로 불렀다.

"이봐, 샘, 네 신문 좀 보여줘."

서둘러 살펴보니 데일리 뉴스 신문엔 프로권투 시합에 관한 기사가 일절 없다는 놀라운 사실이 드러났다.

"어이, 다른 신문을 달라구!" 조금 전 손님이 외쳤다. "권투 시합 기사가 있는 걸로 말야."

그 남자는 다른 신문을 받아들고 제 갈 길을 갔지만, 두 소년은 그 자리에 남아서 거듭 신문들을 비교해보다가 그 결과에 놀라 멍하게 있었다.

"뭔가 신문사에서 실수한 걸 거야, 틀림없어."

하고 첫 번째 소년이 말했다. 하지만 그 영문을 알 수 없어서, 왜 그런지 알아보기 위해 신문사로 뛰어갔다.

신문 배달실에는 벌써 다른 소년들 여러 명이 와 있었는데 그들은 모두 흥분하고 화가 난 모습이었다. 길쭉한 카운터 뒤에 있는 배달실 직원에게 얼마나 상스럽게 항의를 해대는지 그 소리를 들은 사람은 누구라도 기죽게 만들었으리라.

배달실 직원에게 이런 일은 매번 겪는 일이라서, 이골이 나 있었다. 마침 노먼은 퇴근하려고 계단을 내려오던 참이었는데, 그는 배달실 문을 지나다가 잠시 걸음을 멈추고 안을 들여다봤다.

"조지, 대체 무슨 일인가?"

하고 노먼은 여느 때와 다른 야단법석을 알아보고 직원에게 물었다.

"프로권투 기사가 실리지 않아서 오늘밤 신문을 팔 수 없다고 이 난리를 치는군요."

이렇게 대답하면서 조지는, 오늘 숱한 직원들이 그랬듯이 호기심에 찬 얼굴로 사장을 쳐다보았다. 노먼은 잠깐 머뭇거리더니, 배달실로 들어와서 신문팔이 소년들과 마주했다.

"신문이 여기 몇 부나 남았지? 얘들아, 세어 봐라, 오늘밤엔 내가 전부 사주마."

소년들은 사장에게서 눈을 떼지 않으며 제 몫의 신문을 거침없이 세어 나갔다.

"이 아이들한테 돈을 주게, 조지, 그리고 다른 애들이 와서 똑같이 불평하거든 안 팔린 신문을 다 사주게. 그럼 됐지?"

일찍이 한 번도 없었던 이 같은 사장의 조치에 어안이 벙벙해져 있는 소년들에게 노먼은 물었다.

"그럼요! 그런데, 앞으로 쭉 이렇게 하실 건가요? 우리 신문팔이들을 위해 이렇게 계속하실 테죠?"

노먼은 어렴풋이 미소를 띠었지만 굳이 그 질문에 대답할 마음이 없었다.

그는 신문사에서 나와 집으로 향했다. 집으로 가는 내내, '예수님이라면 그렇게 하셨을까?' 하고 이 질문이 머릿속에서 떠나지 않았다. 이 질문은 조금 전에 처리한 일에 관해서라기보다는 서약을 한 이후로 연거푸 자신에게 되물어왔던 그 온전한 동기에 대한 것이었다.

신문팔이 소년들은 그가 취한 행동 탓에 불가피하게 피해를 입었다. 그 일로 왜 그들이 손해를 봐야 하는가? 그 애들에겐 아무런 잘못이 없었다. 그는 부자였고 그렇게 하기로 마음먹는다면 그 소년들의 삶을 작은 빛으로 밝혀줄 만한 여력은 있었다. 그는 집으로 가면서, 어쩌면 예수님도 저런 불공평한 기분이 조금도 생기지 않도록 자기처럼 아니면 그 비슷하게 처신하셨으리라 믿었다.

4장

그 한 주 동안에 노먼은 프로권투 기사의 누락에 대해 이러쿵저러쿵 비평하는 편지를 많이 받았다. 그중에 흥미를 끄는 편지 두세 통이 있었다.

데일리 뉴스 발행인 귀하,

저는 지금 구독하는 신문을 바꿔볼까 생각 중입니다. 저는 현시대에 부응하며, 진보적이고 도전 정신이 있는, 모든 면에서 대중의 요구를 만족시키는 신문을 원합니다. 리조트에서 개최된 그 화젯거리의 시합을 기사화하지 않은 귀 신문사의 최근 변덕으로 말미암아 마침내 다른 신문을 구독하기로 결정했습니다.
앞으로 신문 배달을 사절합니다.

위 편지는 수년간 데일리 뉴스를 구독한 어떤 사업가가 보낸 것이었다.

레이먼드 시 데일리 뉴스의 발행인, 에드워드 노먼에게

친애하는 에드워드, 자네가 시민들의 구설에 오르다니 대체 어찌된 일인가? 어떤 새로운 방침이라도 채택했단 말인가? 부디 신문을 수단 삼아 '신문업계 새판짜기'를 하려는 생각이 아니길 바라네. 정말 그럴 시도라면 대단히 위험하네. 내 말을 귀담아듣고 자네가 지금껏 신문사를 아주 잘 발전시켜 온 그 기업가 정신이 투철한 현대적 방식을 고수하게. 대중은 프로권투나 그런 류의 기사를 원한다네. 대중이 원하는 것을 주고, 신문업계 새판짜기는 다른 사람이 하도록 놔두게나.

이것은 노먼의 옛 친구인, 이웃 도시의 어느 신문사 발행인이 보내온 편지였다.

노먼 씨에게,

당신이 서약하신 바를 그대로 따라주셔서 이렇게 서둘러 감사의 편지를 보냅니다. 참으로 멋진 출발이고 어느 누구도 저보다 그 실천의 가치를 높이 살 수는 없을 겁니다. 이 일로 해서 어떤 고충을 치를지, 다는 아니더라도 얼마간 이해합니다.

헨리 맥스웰 올림.

맥스웰 목사에게서 온 편지를 읽고 나서 바로 개봉한 다른 편지엔 어렴풋이 짐작했던 사업상의 손실이 구체적으로 적혀 있었다.

데일리 뉴스 발행인 에드워드 노먼 귀하

친애하는 노먼 씨, 저희와 광고 계약기간이 만료되는 대로, 지금까지 해왔던 광고 게재를 중지해주시길 바랍니다. 잔여금 전액을 수표로 동봉하오니 만료일 이후 귀사와 거래 관계를 끝낸 것으로 알겠습니다.

위 편지는 레이먼드 시의 가장 큰 담배 판매상들 가운데 한 사람이 보낸 것이었다. 그는 눈에 잘 띄는 광고란에 지금껏 으레 광고를 해왔고 거액을 지불해왔다.

노먼은 생각에 깊이 잠긴 채 이 편지를 내려놓았고, 얼마 뒤 신문을 펼쳐 들고는 광고란을 찬찬히 훑어보았다. 담배 판매상이 보낸 편지엔 프로권투 기사의 누락과 광고 계약의 철회 사이에 아무런 관련이 없었지만, 그 둘을 별개의 일로 따로 떼어놓고 볼 수는 없었다. 사실상, 나중에 노먼은 그 담배 판매상이 광고 계약을 철회하게 된 이유를 알게 되었는데 그것은 데일리 뉴스의 사장이 어떤 해괴한 개혁 정책을 벌이기 시작해서 신문 구독자 급감이 확실시 된다는 소문을 듣고 그랬다는 것이었다.

그러나 그 편지 덕에 노먼은 자기 신문사의 광고면을 주의 깊게 살피게 되었다. 전에는 이처럼 주의를 기울여본 적이 없었다.

광고란을 대충 훑어보며 그는 예수님이라면 신문에 실리도록 그냥 놔두지 않을 몇 개의 광고 때문에 죄책감에서 벗어날 수 없었다.

술과 담배의 저 끊이지 않은 또 다른 광고를 예수님이라면 어떻게 하실까? 교회에 다니는 한 신자이자 존경받는 시민으로서, 노먼은 주류업소 사장들이 자기 신문사에 광고를 낸다고 해서 어떠한 별다른 비난도 받지 않았다. 아무도 그 광고에 개의치 않았다. 그것은 모두 합법적인 사업이었다. 새삼스러운 일도 아니잖은가? 레이먼드 시는 아주 형식적인 허가제를 운영하고 있었고, 술집과 당구장 그리고 비어 가든은 이 도시의 기독교 문명에 그 일부분이 되어 있었다. 노먼은 다만 레이먼드 시의 다른 사업가들이 하는 것처럼 사업을 하고 있었다. 그리고 그 광고는 최고의 수입원 가운데 하나였다. 신문에 이런 광고를 싣지 않는다면 어떻게 될까? 신문사는 살아남을 수 있을까? 그것이 문제였다. 그러나 궁극의 문제일까? '예수님이라면 어떻게 하실까?' 바로 이 물음이 이번 주 내내, 그가 대답하려고, 아니 그 질문에 답하려고 애썼던 문제였다. 예수님이라면 자기 신문사에 위스키나 담배를 광고하게 하셨을까?

에드워드 노먼은 솔직하게 스스로 물었고, 도움과 지혜를 구하는 기도를 드린 뒤에 클라크를 자기 사무실로 불렀다.

클라크는 신문사가 위기에 처해 있음을 느끼며 사장실로 들어왔고, 월요일 아침에 겪었던 그 일 이후로는 만반의 준비를 다해왔다. 오늘은 목요일이었다.

"클라크," 노먼은 천천히 신중하게 말했다. "신문 광고란을 쭉 살펴봤는데, 광고 몇 개는 계약 기간이 끝나는 대로 해지하기로 마음먹었네. 광고 대행사에 연락해서 내가 표시한 광고들은 새로 받거나 계약 갱신을 하지 말아달라고 통보하게."

노먼은 표시가 되어 있는 신문을 클라크에게 건네주었고, 클라크는 그것을 받고는 몹시 심각한 얼굴로 광고란을 훑어보았다.

"이렇게 하면 우리 신문사는 큰 손실을 입습니다. 도대체 언제까지 이런 일을 자꾸 벌이실 생각입니까?"

클라크는 사장의 조치에 아연실색했고 도저히 이해할 수 없었다.

"클라크, 자네 생각엔 예수님이 레이먼드 시의 한 일간신문 발행인이자 경영자라면 위스키나 담배를 신문에 광고가 나가도록 내버려두실 것 같은가?"

"물론 아니죠, 그러지 않으실 겁니다. 하지만 그게 우리와 무슨 상관이죠? 우리는 예수님처럼 행동할 수 없습니다. 신문사를 그런 방식으로 결코 운영할 수 없습니다."

"왜 안 되지?" 노먼이 조용히 물었다.

"왜 안 되냐구요? 들어오는 돈보다 나가는 돈이 더 많기 때문이죠, 됐습니까!"

하고 클라크는 정말로 화가 나서 버럭 소리를 질렀다.

"이런 식으로 사업을 경영하다간 틀림없이 파산하고 말 겁니다."

"그렇게 생각하나?"

노먼은 마치 대답을 바라고서 물은 게 아닌 듯이, 다만 그 자신과 이야기를 나누는 것처럼 질문을 던졌다. 짧은 침묵이 흐른 뒤 노먼은 이렇게 말했다.

"내가 말한 대로 막스에게 지시하게. 예수님이라면 그렇게 하시리라 믿네. 그리고 클라크, 전에 말했다시피, 바로 이것이 내가 앞으로 일 년 동안 되도록 지키려고 하는 서약일세, 설령 나에게 어떤 결과가 미치든 그에 아랑곳없이 말이지. 아무리 생각해봐도, 오늘날 신문에 위스키나 담배 광고를 싣는 것은 예수님께 변명할 구실이 있다고는 도무지 믿기지 않네. 이것 말고도 내가 검토해봐야 할 미심쩍은 광고가 몇 개 더 있더군. 아무튼, 이러한 광고들을 보고 가만히 있어선 안 된다는 확신이 서네."

클라크는 마치 아주 괴팍한 사람과 자리를 함께한 듯한 기분을 느끼며 자기 책상으로 돌아왔다. 그는 도통 갈피를 잡을 수 없었다. 분노와 뒤섞인 공포가 일었다. 사장이 이렇듯 터무니없는 도덕적 기준으로 만사를 처리해나가려 한다는 사실이 알려지기라도 한다면 그 즉시 신문사는 망할 것이 뻔했다. 이런 기준으로 사업을 꾸려간다면 어떻게 될까? 모든 관습을 뒤엎어버리고 끝없는 혼란을 불러들일 테지. 이건 바보나 하는 짓이야. 아주 바보 천치 같은 짓이야. 이렇게 클라크는 혼잣말을 중얼거렸고, 막스도 사장의 방침을 알게 되자 그도 편집국장에 동조하여 다음과 같이 사장을 몹시 세차게 성토했다. 도대체 사장이 어떻게 된 거 아녜요? 미쳤답니까? 신문사를 통째로 말아먹을 작정이래요?

그러나 에드워드 노먼은 아직 가장 심각한 문제와 맞닥뜨리진 않았다.

금요일 아침 출근했을 때 그는 평소와 다름없이 일요일판 신문의 편집 계획을 짜야 할 상황에 처했다. 데일리 뉴스는 레이먼드 시에서 일요일판을 발행하는 몇 안 되는 석간신문 중 하나였고, 재정 수입에 그 덕을 아주 톡톡히 봤다. 일요일판에서 문학과 종교 관련 기사는 평균 한 면이 할애되었고, 스포츠, 연극계, 가십, 패션, 사회, 그리고 정치 기사가 삼십에서 사십 면을 차지했다. 모든 분야를 망라한 읽을거리를 제공해서 매우 재미있는 잡지로 정평이 났으며, 교인을 비롯한 각계각층의 독자들에게서 일요일 아침의 필수품으로 환영받았다. 에드워드 노먼은 이제 이 사실에 직면하여 이렇게 자신에게 물었다. "예수님이라면 어떻게 하실까?" 만약 예수님이 한 신문사의 발행인이라면, 여느 날보다 더욱 거룩하게 보내야 할 바로 이 주일날에 레이먼드 시의 크리스천들 각 가정에 굳이 이러한 읽을거리를 집어넣기 위해 골몰하실까? 물론 그도 일요일판 신문을 두고 벌어지는, 가령 대중에겐 그런 종류의 읽을거리가 필요하고, 특히 노동자들에겐, 어쨌거나 교회에 나가지 않는 사람들에겐, 유일하게 하루 쉬는 날인 일요일에, 즐거움과 유익함을 제공해줄 읽을거리가 꼭 필요하다는 등의, 통상적인 논쟁에 익숙했다. 하지만 일요일판 신문이 적자를 낸다면? 돈벌이가 되지 않는다면? 그때에도 과연 편집자나 신문업자가 가난한 노동자들의 득달같은 요구에 얼마나 열성적으로 부응할까? 에드워드 노먼은 그 문제를 놓고 정직하게 자문자답해 보았다.

이러한 점을 모두 고려할 때, 예수님이라면 그래도 일요일판 신문을 발행하실까? 수지타산과 상관없이 말이다. 그건 문제도 되지 않았다.

사실, 일요일판 데일리 뉴스는 꽤 잘 팔려서 발행을 중지한다면 손실이 수천 달러 이상 날 게 확실했다. 게다가, 정기 구독자들은 이미 일요일판이 포함된 신문대금을 지불한 상태였다. 과연 자기에게 그들이 지불한 대가보다 적게 신문을 공급할 권리가 있는가?

노먼은 정말이지 그 문제에 어찌할 바를 몰랐다. 일요일판 발행 중지는 너무나 그 뒷감당이 안 돼서 처음으로 예수님의 그럼직한 행동 기준을 따르지 말자고 거의 마음먹을 뻔했다. 그는 신문사의 유일한 경영주여서, 자신의 선택대로 회사 방침을 정할 수 있었다. 정책을 두고 협의할 이사진도 없었다. 그렇지만 일요일판을 위한 온갖 기사들에 으레 그렇듯 파묻혀 앉아 있다가 이윽고 그는 몇 가지 확실한 결론에 이르렀다. 그리고 그 결론 가운데에는 신문사 직원들을 모두 불러서 솔직하게 자신의 동기와 목적을 밝혀야겠다는 결정도 있었다. 그는 클라크와 사무실 직원들, 지금 신문사 안에 있는 기자들과 수석기자를 비롯하여, 식자실에 있는 직공들을— 아직 이른 아침이어서 전원이 출근한 것은 아니지만— 우편실로 불러 모았다. 이 우편실은 아주 넓었고, 직원들은 호기심 어린 얼굴로 들어와서 테이블과 카운터에 둘러앉았다. 이런 회합은 극히 드문 일이었지만, 그들은 모두 신문사가 어쨌든 새 방침에 따라 운영되고 있다는 데 의견을 같이했고, 노먼이 입을 열자 다들 그에게 주목했다.

"이곳에 여러분을 모이도록 한 이유는 우리 신문사를 위한 장래 계획을 말씀드리기 위해서입니다. 제가 꼭 필요하다고 믿는 어떤 변화를 제안하고자 합니다. 제가 벌써 취한 몇 가지 일로 사람들이 저를 아주 이상하게 여긴다는 사실도 잘 압니다. 그래서 제가 왜 그렇게 했는지 그 동기를 설명하고자 합니다."

노먼은 이미 클라크에게 했던 설명을 직원들에게 들려줬고, 직원들은 클라크가 그랬던 것처럼 노먼을 뚫어져라 쳐다보았는데, 짐짓 고통스러운 얼굴들이었다.

"자, 이러한 행동 기준을 따름으로써, 틀림없이, 여러분이 경악을 금치 못할, 한 가지 결론에 이르렀습니다."

"저는 데일리 뉴스의 일요일판을 이번 주만 발행하고 다음부턴 중단하기로 결정했습니다. 발행 중지의 사유를 이번 일요일판에서 밝히겠습니다. 그리고 이미 신문 대금을 완납한 정기 구독자들에게 읽을거리를 보충해주기 위해, 토요일판 신문 지면을 두 배 증보하여 발행하겠습니다, 일요일판을 내지 않는 여러 석간신문들처럼 말이죠. 저는 크리스천의 견해로 볼 때 우리의 일요일판 조간신문은 유익함보다 해악을 더 많이 끼친다고 확신합니다. 예수님이 지금 제 처지에 놓이신다면 일요일판을 발행하지 않으시리라 믿습니다. 이러한 변경 탓에 생기게 될 세세한 사항들을 광고주들이나 구독자들과 의견 조율하는 데 애를 먹을지도 모릅니다. 그 일은 제가 나서서 처리하겠습니다. 변화라는 것은 일어나기 마련입니다. 힘닿는 데까지, 모든 손실은 제가 떠안겠습니다. 기자들과 직원 여러분은 모두 업무 일정에 별다른 차질을 빚어서는 안 됩니다."

노먼은 방안을 둘러보았지만 아무도 말이 없었다. 그는 자기가 신문업계 생활을 시작한 이래로 이처럼 신문사 직원들을 다 같이 한자리에 불러모은 적이 한 번도 없었다는 사실에 난생처음 충격을 받았다. 예수님이라면? 그러니까, 그분은 사랑하는 가족과 같은 방식으로 신문사를 꾸려가셨을 테지, 그런 분위기 속에서 편집자, 기자, 인쇄공 또 다른 모든 직원들과 함께 한곳에 모여 목표하는 바대로 신문을 만들기 위해 서로 의논하고 궁리하며 계획을 짜면서 말이야.

그는 신문사의 노조, 사규, 기자 정신, 그리고 일간신문을 성공시키는 데 요구되는 모든 냉철한, 사무적인 업무 방식에서 멀찍이 벗어나고자 하는 자신을 느꼈다. 그러나 우편실에 팽배했던 뭐가 어떻게 돌아가고 있는 건지 모르겠다는 분위기는 노먼이 자기 사무실로 돌아가고 직원들이 놀란 얼굴로 사장의 예사롭지 않은 조치에 이런저런 온갖 의문을 서로들 주고받으며 제자리로 돌아갈 때에도 여전히 사라지지 않았다.

클라크는 사장실을 찾아가서, 오래도록 사장과 심각한 대화를 나눴다. 그는 완전히 격분했고, 그의 항의는 사표를 내겠다는 수준으로 치달았다. 노먼은 신중하게 자신을 억제했다. 대화하는 내내 괴로웠지만, 그는 크리스천답게 처신해야 하는 필요성을 어느 때보다 절감했다. 클라크는 매우 소중한 사람이었다. 그의 빈자리를 채워줄 사람을 찾기도 어려웠다. 하지만 그는 '예수님이라면 어떻게 하실까?'란 이 질문의 답으로써 예수님으로 하여금 일요일판을 발행하시게끔 하는, 계속 일요일판을 발행해야 하는 그 합당한 이유를 내놓지 못했다.

"그렇게 되면," 클라크가 솔직하게 말했다. "사장님 덕에 우리 신문사는 한 달 안에 파산하고 말 겁니다. 차라리 우리는 그 앞날의 사태를 직시하는 게 나을 겁니다."

"나는 우리가 그렇게 되리라곤 생각하지 않네. 자네는 파산할 때까지 신문사에 있을 텐가?"

하고 노먼은 야릇한 미소를 띠며 물었다.

"사장님, 저는 도저히 사장님을 이해할 수 없습니다. 이번 주 들어서 사장님은 제가 알고 지내던 그 사장님이 아니십니다."

"나도 나를 모르겠어, 클라크. 뭔가 대단한 것이 나를 덮치고는 짓누르는 것 같네. 그렇지만 우리 신문사가 결국에 가선 성공과 권세를 거두리라고 지금보다 확신했던 적은 없었네. 자넨 아직 내 질문에 답하지 않았어. 나와 함께 있겠나?"

5장

레이먼드 시에 또 주일 아침이 밝았고, 헨리 맥스웰 목사의 교회는 다시 교인들로 붐볐다. 예배가 시작되기 전 에드워드 노먼은 많은 사람들의 이목을 끌었다. 그는 강대상에서 세 번째쯤 늘 앉던 자리에 조용히 앉았다. 데일리 뉴스의 일요일판 신문엔 이 일요일판 발행 중지에 따른 성명서가 실렸는데 너무나 놀라운 말들로 가득하여 독자들은 다들 충격을 받았었다. 이제껏 큰 물의를 일으킨 어떤 사건도 레이먼드 시의 통상적인 업계 관행을 어지럽힌 적은 없었다. 데일리 뉴스와 관련된 사건만이 전부가 아니었다. 사람들은 지난 한 주간에 있었던 여러 가지 이상한 일들을, 곧 철도공장에서 알렉산더 파워즈가 한 일이며, 도심에 있는 자기 상점에서 밀턴 라이트가 한 일을 열심히 쑥덕거렸다. 예배가 진행될수록 신도들 좌석에서 흥분의 물결은 더해만 갔다. 헨리 맥스웰 목사는 그러한 흐름을 일일이 여느 때보다 강한 힘과 의지가 엿보이는 침착함으로 똑바로 응시했다. 그는 기도의 큰 은혜를 받았다. 그의 설교는 말로 설명하기가 참 쉽지 않은 뭔가가 있었다. 만약에 한 목사가 "예수님이라면 어떻게 설교하실까? 그분이라면 어떤 말씀을 하실까?" 하고 일주일 내내 간절하게 묻고 난 다음 성도들 앞에 섰다면 과연 그 설교는 어떠할까. 정말 확실한 것은 그 일주일 전에 했던 그대로 답습하여 설교하지는 않으리란 사실이다. 지난 화요일에 맥스웰 목사는 그 고인이 된 부랑자의 무덤 옆에 서서 "흙은 흙으로, 재는 재로, 먼지는 먼지로 돌아가노니" 하고 말했었다. 그리고 강대상에 이렇게 막상 다시 서고 보니 자신의 성도들을 떠올릴 때 가늠할 수 있었던 것보다 훨씬 더 깊은 충동으로 마음이 움직이고 그리스도의 복음을 갈망하고 있었다.

이제 주일이 돌아왔고 성도들은 주 예수 그리스도께서 자신들에게 무슨 말씀을 전하실까? 하고, 그 말씀을 듣기 위해 저기에 있었다. 맥스웰 목사는 성도들을 위해서 설교를 준비할 때 괴로움에 붙잡혀 있었고, 아직도 그리스도에 대한 자신의 생각을 설교에 잘 반영할 수 없다는 사실을 알고 있었다. 그럼에도 제일교회 신도들 가운데 이런 설교를 예전에도 들어본 적이 있었다고 기억하는 사람은 아무도 없었다. 그 설교에는 죄, 특히 위선에 대한 꾸짖음이 있었고, 제일교회가 생긴 이래 교인들이 전에는 이러한 방식의 질책을 결코 들어보지 못했던 두 가지, 부의 탐욕과 상류사회의 이기심에 대한 확고한 비난이 있었다. 또 설교가 진행될수록 새로운 힘을 북돋아주는 성도들을 향한 사랑이 있었다. 설교가 끝나자 이렇게 마음속으로 말하는 교인들도 있었다.

"성령이 충만한 설교였어."

그리고 그들의 말은 옳았다.

설교가 끝난 뒤, 맥스웰 목사의 요청으로, 레이첼 윈슬로우가 일어나서 찬송을 불렀다. 이번 레이첼의 노래엔 박수갈채가 없었다. 얼마나 감동이 깊었으면 사람들의 마음을 경건한 침묵과 부드러운 사색 속으로 빠져들게 했을까? 레이첼은 아름다웠다. 하지만 그녀가 자신의 빼어난 미모를 스스로 의식하는 것은 영적 감정이 아주 깊은 사람들에겐 노래를 망치는 것으로 받아들여졌다. 또한 그 점은 어떤 종류의 노래를 부르건 그녀 자신한테도 마찬가지였다. 그런데 오늘 이러한 결점은 모조리 사라졌다. 그녀의 숭고한 목소리에는 힘이 넘쳤다. 그러나 실제로는 그 목소리엔 청중들도 그 사실을 느끼고 수긍하는 겸손함과 순수함이 더해져 있었다.

예배를 마치기 전에 맥스웰 목사는 지난주 강당에 남았던 사람들에게 잠깐 의논할 일이 있으니 다시 남아 달라고 부탁했고, 새로 서약하고 싶은 사람들은 누구든지 남아도 된다고 덧붙였다. 그는 홀가분한 몸이 되자 강당 안으로 들어갔다. 놀랍게도 그 안은 성도들로 거의 꽉 차 있었다. 이번엔 젊은층이 대다수를 차지했지만, 그 가운데 사업가와 교회 직원들도 몇 명 있었다.

먼젓번처럼, 맥스웰 목사는 다 함께 기도하자고 청했다. 그리고 지난번처럼, 성령의 임재하심으로 분명한 응답을 받았다. 여기에 있는 사람들은 모두 자기들의 목적한 일이 하나님의 뜻과 바로 일치하며, 아주 특별한 방법으로 하나님의 축복이 이 자리에 임했다는 사실을 믿어 의심치 않았다.

그들은 한동안 서로 질문을 나누며 조언을 구했다. 그들은 제일교회에 다니면서 이전엔 미처 알지 못했던 동료애의 감정을 느꼈다. 다들 노먼 사장의 방침을 잘 알고 있었고, 몇 가지 물음에 노먼은 대답했다.

"일요일판 발행 중지로 어떤 결과가 뒤따를까요?"

하고 노먼 곁에 앉아 있던 알렉산더 파워즈가 물었다.

"아직 모르겠습니다. 어쩌면 구독자와 광고 물량의 감소로 이어지겠지요. 그건 예상한 바입니다."

"당신의 조치에 어떤 회의도 없습니까? 그러니까, 후회한다거나, 예수님이라면 그렇게 하시지 않았을까봐 두렵지는 않나요?"

맥스웰 목사가 물었다.

"조금도 그렇지 않습니다. 그런데 제 만족을 위해서 드리는 질문인데, 여기 여러분 가운데 예수님이라면 일요일판 조간신문을 발행하시리라 생각하는 분이 계신가요?"

한동안 아무도 입을 열지 않았다. 그때 재스퍼 체이스가 이렇게 말했다.

"그 질문엔 서로 같은 생각인 듯하지만, 지난주에 몇 번이나 저는 '예수님이라면 어떻게 하실까?' 이 질문에 답을 얻으려고 얼마나 쩔쩔맸는지 모릅니다. 그 질문에 대답하기란 늘 쉽지만은 않았습니다."

"저도 힘들었어요."

하고 버지니아 페이지가 말했다. 그녀는 레이첼 윈슬로우 옆에 앉아 있었다. 버지니아를 아는 사람들은 다들 그녀가 어떻게 서약을 잘 지켜나갈지 궁금해했다.

"제 딴엔 돈 문제로 그 질문에 답하는 데 특히 애를 먹었던 듯싶어요. 그리스도께선 전혀 재산을 소유하지 않으셨고, 또 제 돈을 어떻게 사용할지 그 길잡이가 되어줄 본보기도 없으셨구요. 줄곧 저는 궁리하며 기도하고 있어요. '예수님이라면 어떻게 하실까?' 이 물음에 조금은 확실히 알아요, 그렇지만 다 알지는 못해요. 저의 진짜 고민은 그분이라면 백만 달러로 무엇을 하셨을까? 이거예요. 솔직히 말해서 아직 스스로 만족할 답을 찾지는 못했어요."

"그 돈의 일부로 할 수 있는 일도 있잖아."

하고 레이첼이 버지니아 쪽으로 얼굴을 돌리며 말했다.

"그쯤은 나도 알아." 버지니아가 미소를 살짝 머금으며 대꾸했다.

"내가 정말로 애써 알고 싶은 건 내 재산과 그것을 쓰는 데 있어서 한평생 나를 좌우하게 될, 가능한 한 예수님의 결정에 가깝도록 하게 하는 그런 원칙이야."

"그건 시간이 걸릴 겁니다."

하고 맥스웰 목사가 천천히 말했다. 강당 안의 다른 사람들도 모두 같은 문제로 깊이 고민하고 있었다. 밀턴 라이트는 자신의 경험을 이렇게 이야기했다. 그는 고용 관계를 바꾸기 위한 계획을 차츰 실행에 옮기고 있었고, 그 덕에 그 자신이나 종업원들에게도 새로운 세상이 바야흐로 열리려 하고 있었다. 청년들 몇 명은 '예수님이라면 어떻게 하실까?' 이 물음에 답하기 위해 특별히 시도했던 일을 이야기했다. 일상생활에서 그대로 그리스도의 뜻을 본받고 따른다는 것이 쉽지만은 않은 일이란 사실에 거의가 동의했다. 그러기 위해선 예수님을 더 많이 알아야 했고 예수님의 마음을 깊이 살펴볼 줄 알아야 했는데 그들은 대부분 아직 그러지 못했다.

더욱 강하게 성령의 임재를 느낄 수 있었던 묵상 기도를 드리고 나서 마침내 모임을 끝내자, 사람들은 집으로 돌아가는 길에도 진심으로 자기들의 고충을 털어놓으며 서로 간에 그 해결의 빛을 구하고자 했다.

레이첼 윈슬로우와 버지니아 페이지는 함께 강당을 나갔다. 에드워드 노먼과 밀턴 라이트는 대화에 너무나 열중한 나머지 노먼의 집을 지나쳤다가 함께 되돌아오기도 했다. 재스퍼 체이스와 봉사회 회장은 강당 한쪽 구석에 서서 진지하게 이야기를 나누고 있었다. 다른 사람들이 다들 떠나간 뒤에도, 알렉산더 파워즈와 헨리 맥스웰 목사는 여전히 남아 있었다.

"목사님, 내일 우리 공장에 오셔서 제 계획도 봐주시고 또 직원들에게 말씀도 해주십시오. 지금은 다른 누구보다도 목사님이야말로 그들과 더욱 가까워질 수 있을 듯싶습니다."

"그런지는 잘 모르겠지만, 가도록 하겠습니다."

하고 맥스웰 목사는 조금 근심 어린 얼굴로 대꾸했다. 과연 자기는 이삼백 명이나 되는 노동자들 앞에 서서 메시지를 전하기에 적합한 사람일까? 이렇게 스스로 묻고는, 순간 약해지려고 할 때, 그는 자신을 질책했다. 예수님이라면 어떻게 하실까? 이것으로 끝난 얘기였다.

다음날 그는 철도공장으로 갔고 사무실에서 파워즈를 만났다. 시간은 정오 무렵이었고 파워즈 공장장은 이렇게 말했다.

"위층으로 갈까요, 제가 계획했던 일을 말씀드리겠습니다."

그들은 기계설비실을 지나, 계단을 몇 층계참 오르고 나서, 아주 넓고 텅 비어 있는 방으로 들어갔다. 이 방은 회사에서 한때 창고로 사용되던 곳이었다.

"일주일 전 그 서약을 한 이후로 저는 많은 생각을 했습니다." 공장장이 말했다. "그 생각들 중에 하나가 이겁니다. 회사가 저한테 이 방을 쓸 수 있게끔 해줬는데, 저기 스팀 파이프가 있는 구석에다 식탁 몇 개와 커피 도구들을 갖다놓을 생각입니다. 제 계획은 노동자들이 이곳에 와서 점심을 먹을 수 있도록 좋은 장소를 제공하는 것이고, 또 그들에게, 일주일에 두세 번쯤, 자기 인생에 진짜 도움이 될 주제를 놓고 이야기를 나눌 수 있는 15분간의 특별한 계기를 마련해주자는 겁니다."

맥스웰 목사는 놀란 표정을 지었고 과연 노동자들이 그러한 목적에 호응해줄지 물었다.

"그럼요, 그럴 겁니다. 어쨌든, 저는 우리 직원들을 아주 잘 아니까요. 현재 이 지역에서 그들은 가장 똑똑한 노동자들입니다. 하지만 그들은, 거의가, 교회와는 전혀 무관한 삶을 살고 있어요. 저는 '예수님이라면 어떻게 하실까?' 하고 스스로 물어봤고 무엇보다 우선 예수님이라면 이 노동자들의 생활에 더 많은 심신의 위안을 주고자 어떤 식으로든 행동에 나서실 듯싶었죠. 이 방을 그런 용도로 내준다는 건, 아주 보잘것없는 일이지만, 내 마음속에 처음 들었던 생각을 그대로 따른 겁니다. 곧 제 양심에 이끌리는 첫 번째 일을 실행에 옮겼고, 또 이 생각이 실현되길 바랍니다. 점심시간에 직원들이 올라오면 목사님께서 말씀을 전해주셨음 합니다. 그들에게 이미 이곳에 올라와서 한 번 구경해보라고 청했고 이 방의 용도에 대해선 제가 얘기하겠습니다."

맥스웰 목사는 노동자들에게 몇 마디 해달라는 부탁을 받고 얼마나 불편했었는지 말하기가 부끄러웠다. 어떻게 원고도 없이 말씀을 전한단 말인가, 게다가 이렇게 많은 사람들한테? 그렇게 지레짐작하고 잔뜩 겁부터 집어먹었다. 사실 그런 사람들과 마주한다는 것에 두려움을 느꼈다. 그래서 그는 그러한 사람들과 대면하는 일 자체를 극도로 꺼려왔는데, 자기에게 친숙한 주일 신도와는 너무나 달랐기 때문이었다.

방 안에는 튼튼해 보이는 긴 의자와 테이블이 열두 개 놓여 있었다. 정오를 알리는 경적이 울리자 사람들이 아래층 기계설비실에서 방 안으로 들이닥쳤다. 그들은 테이블에 둘러앉아, 점심을 먹기 시작했다. 얼추 삼백 명쯤 되어 보였다. 그들은 공장장이 곳곳에다 붙여놓은 공지문을 보고, 거의가 호기심에서 찾아왔다.

노동자들은 이 방에 좋은 인상을 받았다. 방은 크고 통풍이 잘 됐으며, 매연이나 먼지도 없었고, 더욱이 스팀 파이프가 있어서 꽤 따뜻했다. 12시 40분 무렵에 파워즈 공장장은 자기 속내를 사람들에게 꺼내놓았다. 그는 청중의 특성을 제대로 파악한 사람처럼, 매우 간결하게 말하고 나서, 짧은 시간이나마 설교를 승낙해준 자신의 담임목사인, 제일교회의 헨리 맥스웰을 소개했다.

맥스웰 목사는 검댕투성이 얼굴을 한 노동자들 앞에 난생처음 섰을 때 느꼈던 이 감회를 결코 잊지 못할 듯싶었다. 수많은 여느 목사들처럼, 그도 옷차림과 교육 수준, 그리고 관습에서 서로 동질감을 나누는, 자기가 속한 계층의 사람들로 이뤄진 회합 이외의 다른 어떤 모임에서 설교를 해본 적이 전혀 없었다. 이것은 그가 처음 겪어 보는 세상이었고, 그가 서약했던 새로운 행동 규칙이 아니었다면 이러한 집단 앞에서 성경 말씀과 그 감동을 전하는 일은 가능하지 못했으리라. 그는 삶의 만족이란 주제로 설교했다. 곧 무엇이 만족을 가져다주며, 그 만족의 진정한 원천은 무엇인지를 전했다. 이 첫 만남에서 그는 자기한테서 노동자들이 계층 차이를 의식하지 않도록 각별히 신경 썼다. 그는 노동자라는 낱말을 입에 올리지 않았으며, 그들의 삶과 자신의 삶 사이에 어떤 차이를 암시하는 말은 한 마디도 하지 않았다.

노동자들은 즐거워했다. 많은 사람들이 일하러 내려가기 전에 맥스웰 목사와 악수를 했다. 집으로 돌아와서 목사는 오늘 겪었던 일들을 모두 아내에게 말하며, 육체노동자와 악수했을 때 느꼈던 기쁨은 지금껏 살아오면서 한 번도 알지 못했던 경험이었다고 털어놓았다. 오늘은 목사로서 그의 생애를 통틀어 아주 뜻 깊은 날이었고, 그가 알고 있는 것보다 훨씬 중요한 날이었다. 오늘은 그와 노동자들 사이에 친분이 싹튼 날이었다. 레이먼드 시에서 교회와 노동자 사이의 깊게 갈라져 있는 틈에 다리 구실을 해주는 첫 번째 널빤지가 놓인 날이기도 했다.

그날 오후 알렉산더 파워즈는 자기 사무실로 돌아가면서 자신의 계획이 노동자들에게 큰 도움이 된다는 사실을 알고는 무척 기뻐했다. 그는 철도를 따라 어느 역사로 가야 그 근처 폐업 식당에서 쓸 만한 식탁들을 구할 수 있는지 알았고, 또 커피 도구들을 어떻게 배열해야 공간을 아주 멋있게 꾸며놓을 수 있는지 알았다. 노동자들은 그가 예상했던 것보다 훨씬 좋은 반응을 보였는데, 이 모든 게 그들한테 큰 이로움을 선사했다.

파워즈는 만족스러운 기분에 취해 오후 일과를 시작했다. 뭐라고 해도, 예수님이라면 하셨을 일을 자기가 하고자 원했다고, 이렇게 그는 스스로 다짐했다.

거의 네 시쯤에 그는 본사에서 보내온 서류봉투들 중에 하나를 열어봤는데 구매 주문서가 들어 있겠거니 생각했다. 그는 평소대로 빠르고, 사무적인 태도로 타이핑 되어 있는 서류의 첫 페이지를 훑어보다가, 자기가 읽고 있는 문서는 자신의 사무실이 아닌 운송부 책임자 앞으로 보내져야 했음을 알게 됐다.

그는 자기에게 잘못 보내진 서류를 읽어볼 생각 없이, 그저 건성으로 첫 페이지를 넘겼지만, 자기 회사가 연방 정부의 주간 통상법— 미국 국내에서 2개 주 이상에 걸친 내륙수송을 규제하는 법, 편집자 주— 을 의도적으로 위반했다는 사실을 알려주는 결정적인 증거가 자신의 손에 들어왔음을, 부지불식간에 알아챘다. 이것은 한 시민이 남의 집에 들어가서 강도짓을 벌이는 거나 마찬가지인 명명백백한 범법 행위였다. 리베이트— 판매자가 지불 대금의 일부를 구매자에게 사례의 대가로써 되돌려주는 행위 또는 그 돈, 편집자 주— 에서 드러난 여러 작태는 모든 법규를 완전히 모욕했다. 또한 주법에 따르면 그 행위는 주 의회가 최근에 철도회사의 독점을 막기 위해 통과시킨 특정 조항에 대한 명백한 위반이었다. 의심할 여지없이 자기 회사가 연방법과 주 정부법도 고의로, 교묘히 어겼다는 사실을 충분히 입증할 수 있는 증거가 자신의 수중에 있었다.

그는 마치 독이라도 만진 것처럼 서류를 책상 위에 내던졌고, 곧바로

'예수님이라면 어떻게 하실까?'란 질문이 퍼뜩 떠올랐다. 그는 이 질문에 짐짓 딴청을 피우려고 애썼다. 자기와 아무 상관없는 일이라고 중얼거리며 애면글면 자신을 설득하려고 했다. 그는 회사 내의 다른 임원들과 마찬가지로, 이런 행위가 거의 모든 철도회사에서 줄곧 저질러져왔다는 사실을 대충은 짐작하고 있었다. 그렇지만 회사에서 자신의 직위상, 사항을 직접 증명할 처지도 아니었으며, 게다가 지금껏 그 일을 자기와 전혀 무관한 문제로 여겨왔다. 지금 자기 앞에 있는 서류가 그 모든 비리를 드러내고 있었다. 누군가의 부주의로 그 서류는 자신에게 잘못 전해진 것이리라. 이 일을 어떻게 처리하지? 제 이웃집에 어느 사람이 도둑질하려고 들어가는 모습을 봤다면, 경찰에 신고하는 일은 자신의 의무 아닌가? 철도회사라고 다를 게 뭐 있어? 철도회사는 대기업이라서 다른 법 적용을 받아, 국민에게 강도짓을 하고 법을 무시해도 별일 아니란 말인가? 예수님이라면 어떻게 하실까? 그때 가족이 떠올랐다. 물론, 정부위원회에 이 사실을 알리는 수순을 밟는다면 그것은 자신의 직위 상실을 의미했다. 자기 아내와 딸은 늘 사치품을 즐겼고 좋은 사회적 위치를 누려왔다. 하지만 자신이 이러한 불법에 맞서 증인으로 나서야 한다면 법정에 출두해야 할 테고, 자신의 동기가 오해를 살지도 모르며, 온갖 일이 불명예와 실직으로 끝장날지도 모른다. 확실히 이건 자기가 상관할 일이 아니었다. 그냥 손쉽게 서류를 운송부로 돌려보내버리고 모르는 척하면 될 일이었다. 자꾸 불법을 저지르라지. 법을 위반하라지. 그래서 뭐 어쩌라구? 그는 당장에 처한 상황을 호전시키려고 여러 궁리를 다했다. 어쨌든 일이 진행될수록 더욱 나빠지는 상황이 그리스도의 본보기를 따라 사는 것이 불가능해지도록 만들 때 고작 한 사람이 이 철도업에서 무슨 일을 더 할 수 있을까? 그러나 예수님이 이 사실을 아셨다면 어떻게 하실까? 날이 차츰 어두워지면서 알렉산더 파워즈가 직면한 것은 바로 저 질문이었다.

사무실에 불이 켜졌다. 큰 작업장에서 거대한 엔진의 윙윙 돌아가는 소리와 플레이너— 평면을 깎는 데 쓰이는 공작기계, 편집자 주— 들의 절삭 소리가 6시까지 이어졌다. 그때 작업 종료를 알리는 경적이 울리자, 엔진이 천천히 돌아가더니, 노동자들은 연장을 내려놓고 노동자용 목조건물을 향해 달려갔다.

파워즈가 째깍, 째깍, 하는 귀에 익숙한 시계소리를 들었는가 싶더니 노동자들이 바로 바깥에 있는 목조건물의 창문을 줄지어 지나가고 있었다. 그는 자신의 부하 직원들에게 이렇게 말했다.

"조금 더 있다가 퇴근하겠네. 오늘 할 일이 아직 남아서 말야."

그는 마지막 사람이 목조건물을 떠날 때까지 기다렸다. 목조건물 뒤에 있던 노동자들은 다들 돌아갔다. 기계공이 그의 보조공들과 함께 30분쯤 더 잔업을 했지만 그들은 다른 쪽 문으로 퇴근했다.

6장

무릇 내게 오는 자가 제 부모와 처자와 형제와 자매와 더욱이 자기 목숨까지 미워하지 아니하면 능히 내 제자가 되지 못하고

누구라도 자기 소유를 다 버리지 않으면 내 제자가 될 수 없느니라

레이첼 윈슬로우와 버지니아 페이지는 제일교회에서 주일 그 서약 모임을 끝낸 뒤 다음날 다시 만나 이야기를 이어가자고 약속하며 헤어졌다. 버지니아는 레이첼한테 자기 집에 와서 점심을 함께하자고 청했었고, 그래서 레이첼은 페이지 저택을 11시 30분쯤 찾아가 벨을 눌렀다. 버지니아가 친히 그녀를 반겼고 둘은 곧 진지한 대화를 나누기 시작했다.

"사실은," 몇 분 동안 서로 이야기하고 나서, 이렇게 레이첼이 입을 열었다. "예수님이라면 어떻게 하실까란 내 판단에 자신이 안 서. 내가 하려는 일을 아무한테도 말할 수 없지만, 이 제안을 받아들여선 안 될 듯싶어."

"그러면 어떻게 할 건데?"

하고 버지니아가 큰 관심을 보이며 물었다.

"아직 모르겠어, 하지만 이 제안을 거절하기로 마음먹었어."

레이첼은 무릎에 놓아둔 편지를 손에 들고는 그 내용을 다시 훑어보았다. 이 편지는 어느 희극 오페라단의 단장에게서 왔는데, 이번 시즌

대규모 순회공연단에서 한자리를 제안했다. 월출연료는 꽤 높은 금액이었고, 단장이 편지에서 밝혔듯이 그 앞날은 전도유망했다. 그는 저 낯선 사람이 예배를 방해했었던 그 주일 오전 예배에서 레이첼의 찬송을 들었었다. 그때 깊은 인상을 받았었다. 그래서 편지에서 말하길, 그 목소리엔 흥행 가치가 있어서 희극 오페라에 꼭 쓰고 싶다고 했으며, 또 단장은 되도록 빨리 답장을 바란다고 했다.

"내게 다른 선택의 여지가 있을 때 이 제안에 '노'라고 말하는 것은 대단한 미덕이 아니야." 레이첼은 신중하게 말을 이어갔다. "마음을 정하기가 더 힘들었어. 하지만 이미 난 결심을 세웠어. 솔직히 말하면, 버지니아, 예수님이라면 좋은 목소리 같은 어떤 타고난 재능도 다만 돈을 벌기 위해선 사용하지 않으시리라고 처음부터 완전히 확신해. 하지만 지금, 이 콘서트 제안을 보라구. 여기는 유명 오페라단이야, 배우와 바이올리니스트와 남성사중창단, 그 인기 많은 사람들과 다 같이 순회를 다니는. 난 그 순회단의 일원으로 들어와서 리딩 소프라노를 맡아 노래해 달라는 제안을 받았어. 출연료는, 내가 말하지 않았나? 시즌 동안 월 200달러야. 그러나 예수님이라면 탐탁지 않게 여기실 듯싶어. 넌 어떻게 생각해?"

"순전히 네가 결정할 일이야." 버지니아는 슬픈 미소를 띠면 대답했다. "내 생각엔 우리 각자가 어떻게 해야 스스로 그리스도다운 처신을 했다고 느끼는지 그 판단에 따라 매사 결정해야 한다고 말했던 맥스웰 목사님의 말씀이 옳다고 믿어. 난 너보다 훨씬 어려운 시간을 보내고 있다구, 애, '예수님이라면 어떻게 하실까?' 이 물음에 쩔쩔매서 말야."

"그래?"

하고 레이첼은 반문했다. 그녀는 일어나서 창문 쪽으로 걸어가 바깥을 내다보았다. 버지니아도 가서 레이첼 옆에 섰다. 거리는 사람들로 붐볐고 두 젊은 아가씨는 한동안 조용히 그 광경을 바라보았다. 갑자기 버지니아가 말문을 열었는데 레이첼이 전에는 한 번도 들어본 적 없는 목소리였다.

"레이첼, '예수님이라면 어떻게 하실까?' 하고 이렇게 스스로 물어본다지만 정작 자기가 처한 현실은 영 딴판이라면 어떨 것 같니? 내가 자라난 사회, 우리 두 사람이 속해 있는 이 사회를 생각하자면 미칠 듯이 화가 나. 여기에선 철이 바뀔 때마다 옷치장을 하고 먹고 즐기며, 파티에 초대를 주고받고, 집 투기와 명품 구입에 돈을 물 쓰듯 하고, 또 어쩔 때는, 양심의 가책을 덜어낸답시고, 어떠한 자기희생도 없이, 자선단체에 찔끔찔끔 기부하면서 스스로 흡족해하는 모습을 보면 말이야. 나도 너처럼 우리나라에서 가장 등록금이 비싼 학교를 다녔어. 더욱이 상속녀로서 사교계에 첫발을 내딛었고, 어쩌면 아주 남부러움을 살 만한 위치에 있게 될 테지. 난 완벽할 만큼 만족스러워. 훌쩍 떠날 수도 그냥 집에 있어도 돼. 난 내가 하고픈 대로 할 수 있어. 원하거나 바라는 게 뭐든 거의 이룰 수 있지. 그렇지만 예수님이 이제껏 내가 살아왔던 또 앞으로 살아감직한 그런 생활을 사시는 모습을, 그리고 수많은 다른 부자들이 그러듯이 그렇게 내 여생을 보내시는 모습을 상상하면, 난 내가 이 세상에서 가장 사악하고, 이기적이며, 쓸모없는 사람으로 선고 받은 것 같아. 지난 몇 주 동안 창문으로 이 집 앞을 지나가는 사람들을 내다보면서 내 자신에 대한 혐오감을 느끼지 않은 적이 없었어."

버지니아는 몸을 돌려 방 안을 이리저리 거닐었다. 레이첼은 버지니아를 지켜보면서 그리스도를 참으로 따른다는 게 무슨 뜻인지 그 의미에 대한 확신이 차츰 커져 마침내 밀물처럼 밀려오는 것을 억누를 수 없었다. 진정한 크리스천이라면 노래에 타고난 자신의 재능을 어떻게 사용할까? 자기 재능을 한 달 동안 팔아서 콘서트 순회공연을 다니며, 아름답게 옷을 차려입고, 대중의 박수갈채에 흥분을 만끽하면서, 위대한 가수란 명성을 얻는 게 과연 최선일까? 예수님이라면 그렇게 하실까?

레이첼은 병약하지 않았다. 그녀는 건강했으며, 가수로서 자신의 뛰어난 능력을 알고 있었고, 또 대중예술계로 진출하면 돈을 많이 벌 수 있고 이름을 널리 알릴 수 있다는 것도 알고 있었다. 한편 제가 가진 깜냥보다 자신의 능력을 과대평가한 것은 아닌지 미심쩍기도 했다. 그리고 그녀는 버지니아의 조금 전 말에 큰 충격을 받았는데 사는 환경이 두 친구 모두 비슷했기 때문이었다.

점심이 준비되었다는 소리를 듣고 둘은 방을 나가서 버지니아의 할머니와 합석했다. 그녀는 65세에 기품 있고 당당한 모습이었다. 또 버지니아의 오빠인 롤린도 자리를 함께했다. 그는 클럽을 전전하며 시간을 다 보내고 레이첼 윈슬로우를 향한 연모의 마음이 갈수록 커져 간다는 것을 빼놓고는 아무런 야심도 없었다. 그래서 레이첼이 자기 집에서 저녁이나 점심을 할 때마다, 그 사실을 알기만 하면 언제나 집에 있으려고 했다.

페이지 집안은 이 세 사람이 다였다. 버지니아의 아버지는 은행가이자 곡물 투기업자였다. 그녀의 어머니는 10년 전에 죽었고 아버지는 작년에 세상을 떠났다. 남부에서 태어나 그곳에서 교육 받은 할머니는 확고부동한 부와 사회적 신분을 누려왔던 집안에 뒤따르는 전통과 정서가 몸에 배어 있었다. 게다가 월등한 능력을 지닌, 빈틈없고 신중한 사업가이기도 했다. 이 집안의 막대한 부와 재산은 그녀에게 맡겨져서 관리되고 있었다. 그러나 버지니아의 상속분은, 아무런 제약도 없는, 자기 소유의 재산이었다. 버지니아는 아버지한테서 사업 수완을 배웠는데, 할머니조차도 손녀의 재산을 관리하는 솜씨엔 탄복했다.

어쩌면 할머니와 오빠 이 두 사람만큼 버지니아를 이해해주는 능력이 뒤떨어지는 사람도 이 세상에 달리 없으리라. 레이첼은 어릴 때부터 버지니아의 소꿉친구였기 때문에 페이지 집안을 잘 알고 있어서, 버지니아가 예수님이라면 그렇게 하시리라고 확신하는 바를 그대로 따르기로 일단 마음먹었을 때 자기 집에서 직면하게 될 일들을 생각하지 않을 수 없었다. 오늘 점심을 먹으면서, 레이첼은 조금 전 방에서 버지니아가 격앙된 목소리로 했던 말을 떠올리며, 언젠가 할머니와 손녀 사이에서 벌어질 장면을 애써 머릿속에 그려보려고 했다.

"조만간 무대에 설 거라며, 윈슬로우. 다 같이 축하해. 꼭 그렇게 될 거야."

그저 그런 대화가 이어지는 사이에 롤린이 불쑥 끼어들었다.

레이첼은 얼굴을 붉혔고 짜증이 치솟았다.

"누가 그래?"

이렇게 버지니아는 되물었다. 그녀는 말수 적게 얌전히 있었다가, 갑자기 몸을 세우더니 대화에 끼려고 하는 듯싶었다.

"아! 지나가는 말을 한두 가지 들었어. 게다가, 두 주 전에 크랜덜 단장이 우리 교회에 온 걸 사람들이 다 봤잖아. 그는 설교나 듣자고 교회에 오는 사람은 아니거든. 툭 까놓고 말해서, 설교보다 더 좋은 걸 듣기 위해 교회 다니는 다른 사람도 난 알고 있거든."

이번에 레이첼은 얼굴을 붉히진 않았지만, 차분한 목소리로 이렇게 대꾸했다.

"잘못 알았어요. 무대에 서지 않을 거예요."

"참 유감인걸. 대박일 텐데. 다들 네 노래에 한 마디씩 해.

이번엔 정말로 화가 나서 레이첼의 얼굴이 빨개졌다. 그녀가 뭐라 하기도 전에 불쑥 버지니아가 이렇게 치고 나왔다.

"오빠가 말한 '다들'은 누굴 두고 하는 소리야?"

"누구냐고? 주일마다 레이첼 노래를 듣는 사람들이지. 그때 말고 언제 듣겠어? 참 안됐어, 그러니까, 레이먼드 시 바깥의 다른 사람들이 레이첼 목소리를 들을 수 없다는 게 말야."

"우리 딴 얘기해요."

하고 레이첼은 조금 높아진 언성으로 말했다. 이때 할머니가 그녀를 바라보며 부드럽고 점잖게 말했다.

"애야, 롤린은 에둘러 칭찬할 줄 모르잖니. 그건 제 아비를 쏙 빼다 박았거든. 그런데 네 계획은 뭔지 우린 모두 궁금하구나. 너도 알다시피, 그간 막역하게 지내온 사이니까 우리가 알아도 되잖니. 너에게 어느 오페라단에서 입단 제의가 왔다고 벌써 버지니아가 우리한테 말해줬단다."

"어차피 다 알려질 건데," 버지니아가 식탁 맞은편에서 싱글거리며 말했다. "그저께 데일리 뉴스 신문사에 있었거든."

"그래, 그랬었구나." 레이첼이 바로 대답했다.

"이해해요, 할머니 말씀은요. 그렇잖아도, 버지니아와 저는 그 일로 상의했었어요. 전 그 제안을 받아들이지 않기로 결정했고, 지금은 딱히 뭐라 드릴 말이 없네요."

막상 이렇게 말을 해놓고 보니, 레이첼은 이 대화로써 오페라단에 입단할까 말까 망설였던 자기 마음이 예수님께서 행함직한 일이라고 여겨지는 자신의 판단에 그대로 따르기로 결심이 서는 것을 깨달았다. 하지만 이번 경우처럼 자기 결정이, 어떤 식으로든, 공공연하게 알려지는 일은 앞으로 없기를 바랐다. 어쨌거나 롤린 페이지가 했던 말이나 그 말하는 태도 탓에 레이첼은 자기 결심을 더욱 굳힐 수 있었다.

"그 제안을 거절한 이유를, 레이첼, 우리에게 말해줄 수 있겠니? 너 같은 젊은 아가씨에겐 더없는 기회인 듯싶은데. 일반 사람들에게도 네 노래를 들려줘야 한다고 생각지 않아? 그 점에선 나도 롤린과 생각이 같구나. 너와 같은 목소리를 지닌 사람은 레이먼드 시와 제일교회를 벗어나 더 많은 청중을 위해 노래 불러야 해."

레이첼 윈슬로우는 타고나길 무척 내성적인 성격이었다. 자신의 계획이나 생각들을 남들한테 드러내는 일을 꺼렸다. 그러나 되도록 그렇게 자기를 억누르다가 때로는 가장 속 깊은 사적인 감정을 느닷

없이 아주 충동적으로, 정말 솔직하게 드러내는 경우도 있었다. 레이첼이 할머니에게 대답하려는 지금이 바로 속내를 털어놓는, 그녀의 인간적인 매력을 더해주는 그러한 드문 순간이었다.

"단지 예수님도 저와 똑같은 결정을 하셨으리란 확신 말고 다른 이유는 없어요."

이렇게 말하며, 레이첼은 맑고 진지한 시선으로 할머니의 눈을 바라보았다.

할머니의 얼굴이 붉어졌고 롤린은 레이첼을 빤히 쳐다보았다. 할머니가 무슨 말을 꺼내려 하자, 그에 앞서 버지니아가 입을 열었다. 갈수록 상기되는 버지니아의 얼굴은 그녀의 마음이 얼마나 흥분해 있는지 보여주었다. 버지니아의 창백할 정도로 투명한 얼굴빛은 건강해 보였지만, 열대 미인형의 레이첼과는 상당한 대조를 이루었다.

"할머니, 아시겠지만 우리는 일 년 동안 그 행동 기준을 따르기로 서약했어요. 맥스웰 목사님의 제안은 듣기엔 쉽지만요. 행동에 바로 옮기기엔 결코 쉽지 않아요. 예수님이라면 어떻게 하실까란 이 질문을 이해하는 데만도 레이첼과 내가 얼마나 애를 먹었게요."

할머니는 버지니아를 매섭게 쏘아보고 나서 이렇게 말했다.

"물론 나도 맥스웰 목사님의 그 제안을 잘 안단다. 그걸 행하기는 정말 불가능해. 내가 확신하건대 서약한 사람들은 한 번 시도해봤다가는 비현실적이고 바보 같은 짓이라고 지레 포기하고 말걸. 레이첼의 결정엔 뭐라 할 말이 없다만."

하고 할머니는 잠시 말을 끊은 뒤 레이첼에겐 생소한 새된 목소리로 이렇게 말을 덧붙였다.

"이 문제로 네가 어리석은 생각을 절대 하지 않았으면 좋겠구나, 버지니아."

"저는 생각이 많아요." 버지니아가 차분하게 대꾸했다. "그것이 어리석은 생각인지 아닌지는 예수님이라면 어떻게 하실까란 이 질문을 내가 얼마나 올바로 이해하고 있느냐에 달렸겠죠. 그 답을 찾으면 바로 따를 거예요."

"있잖아, 여기." 롤린이 식탁에서 일어나며 말했다. "오늘 대화는 내가 도무지 감당이 안 돼. 난 담배나 피러 서재로 가야겠어."

그는 식당을 나갔고 한동안 침묵이 흘렀다. 할머니는 가정부가 음식을 가져올 때까지 기다렸다가 자리를 비켜달라고 청했다. 할머니는 화가 난 상태였고, 레이첼이 함께하고 있어서 얼마큼 화를 누그러뜨리고 있었지만, 그녀의 분노는 만만치 않았다.

"애들아, 난 너희보다 수십 년 더 살았단다."

하고 할머니가 말했다. 레이첼이 보기에 인습에 젖어 있는 할머니의 태도 탓에 그녀와 대속하신 예수님 사이엔 커다란 얼음벽이 세워져 있는 듯싶었다.

"너희가 서약한 건, 일시적인 감정에 취해서 그리했을 테지만, 절대 실천할 수 없는 일이야."

"할머니 말은, 그러니까, 우리가 주님의 뜻하신 바대로 행동할 수 없다는 소린가요? 그렇잖으면, 우리가 그렇게 행한다면 사회의 관습과 통념에 해를 끼친다는 말인가요?"

하고 버지니아가 쏘아붙였다.

"그건 쓸데없는 짓이야! 꼭 필요한 일이 아니야! 게다가 어떻게 네가 그렇게……"

할머니는 이렇게 갑자기 말끝을 흐리더니, 레이첼을 향해 몸을 돌렸다.

"네 결정에 어머닌 뭐라고 하실 것 같니? 얘야, 이것은 바보 같은 짓거리 아니냐? 어쨌든 네 목소리로 뭘 하겠단 거니?"

"엄마가 뭐라 하실지 아직 모르겠어요."

레이첼은 자기 엄마의 그 뻔한 말에 한껏 움츠러들어서, 이렇게 둘러댔다. 레이먼드 시에서 자기 딸이 가수로 성공하길 바라는 큰 야망을 품고 있는 여자가 있다면 바로 레이첼의 엄마였다.

"이런! 네가 좀 더 현명하게 생각한다면 그 문제는 달리 보이게 될 게야."

하고 할머니는 식탁에서 일어나며 다음 말을 덧붙였다.

"얘야, 오페라단의 입단 제안 같은 일을 뿌리친다면 평생 후회하면서 살게 될 거란다."

7장

레이첼은 페이지 저택에서 빠져나와 혼자 있게 되자 기뻤다. 한 가지 계획이 마음속에서 서서히 그 윤곽을 잡아가고 있어서, 혼자서 신중하게 생각하고 싶었다. 하지만 두 블록도 채 가기 전에 자기 곁에서 함께 걷고 있는 롤린 페이지를 발견하고는 짜증이 일었다.

"생각을 방해해서 미안해, 레이첼, 마침 가는 방향이 같아서, 어쩌면 너도 동행을 싫어하지 않겠다 싶어서 말야. 실은, 한 블록이나 이렇게 따라 걸었는데 싫은 내색을 않더군."

"옆에 있는지 몰랐어요." 하고 레이첼이 짧게 대꾸했다.

"어쩌다 한 번 내 생각만 해줘도 좋을 텐데."

이렇게 롤린은 뜬금없이 말했다. 그는 안절부절못하게 마지막으로 한 번 담배연기를 내뿜고는, 피우던 시가를 길바닥에 던져버리고 창백한 얼굴빛을 한 채 레이첼과 나란히 걸었다.

레이첼은 놀랐지만, 내색하진 않았다. 그녀는 어린 시절부터 롤린을 알았으며, 스스럼없이 서로 이름을 부르고 지낸 적도 있었다. 하지만, 최근에, 레이첼의 어떤 심경 변화로 그 관계는 끝나버렸다. 그녀는 말을 돌려 말하지 않는 롤린의 칭찬에 익숙했고 이따금 그 칭찬을 즐기기도 했다. 그렇지만 지금은 솔직히 롤린이 딴 곳에 가주길 바랐다.

"레이첼 윈슬로우, 나에 대해 생각해본 적 있어?"

잠시 아무 말도 없었던 롤린이 물었다.

"어머, 그럼요. 꽤 자주하죠!"

레이첼이 미소를 지으며 말했다.

"지금도 나를 생각해?"

"네. 그런 셈이네요."

"뭔데?"

"진짜 솔직한 말을 듣고 싶어요?"

"당연하지."

"오빠가 여기서 꺼져줬음 좋겠다고 생각했어요."

롤린은 제 입술을 깨물며 음울한 얼굴을 했다.

"자 날 봐, 레이첼, 제길, 이러면 안 되는 줄 알지만, 언젠가 말하려고 했어! 너도 내 마음을 알잖아. 뭣 때문에 나한테 이러는 거니? 너도 나를 조금은 좋아했잖아, 사실."

"내가요? 그야 오빠도 나도 어린 시절엔 죽고 못 살았겠죠. 하지만 이제 더는 어린애가 아니란 말예요."

레이첼은 길거리에서 롤린을 봤을 때부터 그 짜증스러운 기분이 그대로였기에 줄곧 시큰둥하고, 대수롭지 않다는 듯한 태도로 말했다. 그리고 갑작스러운 롤린의 등장으로 중단되긴 했지만 자신의 계획에 대한 생각을 완전히 떨치진 못하고 있었다.

둘은 말없이 얼마쯤 걸었다. 거리는 사람들로 붐볐다. 행인들 중에 재스퍼 체이스가 있었다. 그는 레이첼과 롤린을 알아보았고 지나가면서 반갑게 인사했다. 롤린은 레이첼을 유심히 바라보았다.

"내가 재스퍼 체이스라면 얼마나 좋을까. 그러면 내게도 가망성이 좀 있을 텐데." 하고 그는 시무룩하게 말했다.

레이첼은 자기도 모르게 얼굴을 붉혔다. 그녀는 아무런 대꾸도 하지 않은 채 걸음을 조금 빨리 재촉했다. 롤린은 뭔가 말하려고 마음먹은 듯싶었고, 레이첼은 그런 그를 막아낼 방도가 딱히 없는 듯 보였다. 마침내 그녀는, 언제 알아도 알게 될 거 롤린이 자기 진심을 아는 편이 낫겠다는 생각이 들었다.

"너도 잘 알잖아, 레이첼, 너를 향한 내 마음을 말야. 난 아무런 희망도 가질 수 없는 거니? 널 행복하게 해줄 수 있어. 오랫동안 널 사랑해왔다구."

"뭐라구요, 아직도 내가 어린애로 보이세요?"

하고 레이첼은 생뚱맞은 웃음을 터트리며 롤린의 말을 가로막았다. 그녀는 평소의 침착함을 잃고 마음이 몹시 동요되는 모습이었다.

"내 말이 무슨 뜻인지 알잖아?" 롤린은 끈질기게 물고 늘어졌다. "그리고 너와 결혼하고 싶다고 해서 너한테 날 비웃을 권리가 없어."

"비웃는 게 아녜요! 그렇게 말해도 소용없어요, 롤린."

레이첼은 조금 망설인 뒤에 이렇게 말했다. 그런데 그녀가 그의 이름을 너무나 꾸밈없이, 순진한 말투로 불렀기 때문에 이 호명에서 롤린은 오랜 동안 가족처럼 알고 지낸 친밀함 그 이상의 어떤 의미도 부여할 수 없었다.

"그럴 순 없어요."

여전히 그녀는 길거리에서 청혼을 받았다는 사실에 혼란스러워했다. 그런데 차도와 보도 쪽에서 나는 소음 탓에 두 사람은 마치 집안에서 둘만의 대화를 나누는 듯했다.

"이러면 어때, 내게 시간을 준다면 난……."

"싫어요!"

하고 레이첼은 잘라 말했다. 그녀의 목소리는 확고했다. 어쩌면, 나중에 그녀는 이렇게 생각할지도 몰랐다, 그럴 의도는 아니었지만 너무나 매정하게 말했었다고.

한동안 침묵을 지키며 두 사람은 걸었다. 자기 집에 가까워질수록 레이첼은 어서 빨리 이 상황을 모면하길 바랐다.

둘이 큰길에서 벗어나 좀 더 한적한 길로 들어섰을 때 롤린이 갑작스레 지금껏 보여줬던 모습보다 훨씬 남자답게 말했다. 그 음색엔 위엄이 뚜렷이 서려 있는, 레이첼에겐 전혀 낯선 목소리였다.

"레이첼 윈슬로우, 부디 내 아내가 되어줘. 네가 나를 받아줄 거라 바라도 되는 거니?"

"그런 일 결코 없어요." 하고 레이첼은 단호하게 말했다.

"이유가 뭐야?"

롤린은 자신에겐 거짓 없는 대답을 들을 권리가 있다는 듯이 물었다.

"결혼하고 싶은 남자에게 여자로서 마땅히 느낄 수 있는 감정이 오빠한테선 느껴지지 않기 때문이에요."

"그 말은, 나를 사랑하지 않는다는 거니?"

"사랑하지도 않고 사랑할 수도 없어요."

"왜지?"

이것은 생각지도 못한 질문이었다. 그래서 레이첼은 그가 이렇게 묻자 조금 흠칫했다.

"왜냐하면……."

그녀는 곧이곧대로 말을 하다간 너무 많은 이야기를 할까봐 주저했다.

"그냥 이유만 말해줘. 이미 상처는 받을 만큼 다 받았으니까."

"글쎄요, 오빠는 삶의 목적이 없어 보여요. 그래서 오빠를 사랑하지도 사랑할 수 없는 거예요. 이 세상이 더 나아지도록 지금껏 오빠가 한 일이 뭐가 있어요? 클럽에서 살다시피 하면서, 놀기 좋아하고, 놀러 다니는 일에, 사치품에 정신 팔면서 살잖아요. 이렇게 사는 사람을 어떤 여자가 좋아하겠어요?"

"좋아할 이유가 없겠구나." 롤린은 쓴웃음을 지으며 말했다. "그렇지만, 내 주위 다른 남자들보다 더 최악이라곤 생각진 않아. 내가 그렇게 형편없는 놈은 아냐. 이유를 말해줘서 고마워."

그는 갑자기 걸음을 멈추고, 모자를 벗더니, 정중히 인사를 하고 나서 되돌아갔다. 레이첼은 곧장 집으로 가서 서둘러 자기 방으로 들어갔고, 전혀 예상치도 않게 방금 전 겪은 일로 이런저런 생각에 마음이 뒤숭숭했다.

이 모든 일을 곰곰이 따져봤을 때, 그녀는 롤린 페이지에게 내린 자신의 바로 그 판결이야말로 자기가 받아 마땅하다는 사실을 깨달았다. 자신의 인생 목적은 무엇이란 말인가? 그녀는 유학을 가서 유럽의 저명한 어느 음악 선생님에게서 수학했다. 그리고 레이먼드 시에 돌아와서 일 년 남짓 제일교회 성가대에서 찬송을 불러왔다. 보수도 제법 좋았다. 2주 전 그 주일날까지만 해도 그녀는 자기 자신과 자신의 위치에 꽤 만족했었다. 그녀는 가수로서의 성공이란 포부를 자기 어머니와 공유했으며, 또 음악계에서 차츰 두각을 나타내리란 기대를 샀다. 모든 가수들이 밟아온 그 정해진 길 말고 자기 앞에 다른 진로가 있을 수 있을까?

그 질문을 그녀는 거듭 자신에게 물었고, 롤린에게 대답했던 자신의 말을 되짚어보면서, 또다시 이렇게 스스로 물어보았다, 자기 삶을 살아가는 데 어떤 중요한 목적이 있는지를. 예수님이라면 어떻게 하실까? 그녀의 목소리는 천부의 재능이었다. 그것은 자기 자랑이나 직업상의 자만심에서 비롯된 게 아니라, 다만 있는 그대로의 사실임을, 그녀도 알고 있었다. 게다가 2주 전까지만 해도 그녀는 제 목소리로 돈을 벌고 대중의 우상으로 떠받들어지며 박수갈채 받기를 원했었다고 인정하지 않을 수 없었다. 도대체가, 그런 인생이 롤린 페이지의 삶보다 나을 게 뭐람?

그녀는 한참을 자기 방에 앉아 있다가 이윽고 아래층으로 내려갔다. 마침내 오페라단 입단 제의 건과 마음속에서 서서히 뚜렷해지는 자신의 새로운 계획을 어머니에게 솔직하게 털어놓아야겠다고 결심이 섰기 때문이었다. 그녀는 벌써 제 어머니와 이야기를 나눈 적이 있어서,

어머니는 자기가 오페라단에 입단하여 대중 가수로서 성공 가도를 가길 내심 바란다는 걸 알고 있었다.

"엄마," 레이첼은 이런 대화를 갖는다는 것 자체가 몹시 거북해서, 곧바로 결론부터 말했다. "오페라단에 안 들어가기로 결정했어요. 그럴 만한 이유가 있어서요."

윈슬로우 부인은 큰 몸집에, 기품을 지녔고, 사교 모임을 즐겼으며, 명예욕이 남달랐을 뿐만 아니라 자신의 성공관에 따라 자식들의 출세를 위해 그 뒷바라지를 아끼지 않았다. 레이첼보다 두 살 어린, 막내아들 루이스는 올 여름에 육군사관학교를 졸업할 예정이었다. 그 동안에 어머니와 레이첼은 집에서 단둘이 지냈다. 레이첼의 아버지는, 버지니아의 처지처럼, 그 가족이 외국에서 살 때 돌아가셨다. 버지니아와 마찬가지로 그녀도, 자기가 서약한 바를 따르자면, 세상에서 가장 가까운 사이인 어머니와 철저히 등져야 한다는 사실을 깨달았다. 윈슬로우 부인은 레이첼이 더 말하도록 가만히 있었다.

"2주 전에 내가 했던 서약 알죠, 엄마?"

"맥스웰 목사님이 하셨던 그 서약 말이니?"

"아뇨, 내가 한 거요. 엄마도, 그게 뭔지 알잖아요?"

"알 듯싶구나. 당연히 교인이라면 누구나 그리스도를 본받고 그분을 따라야겠지, 우리가 처한 오늘날 상황과 부합되는 한 말이야. 그런데 그게 오페라단에 입단하고 말고와 무슨 관계가 있단 거니?"

"그 서약은 모든 일과 관계있어요. 난 '예수님이라면 어떻게 하실까?' 하고 이렇게 스스로 묻고 나서, 모든 권능의 원천이신 주님께 지혜를 구했어요. 단언하지만 예수님이, 제 처지에 놓이신다면, 내 목소리를 그런 식으로 사용하지 않으실 거라고 믿어요."

"왜? 그러한 직업에 무슨 잘못이 있단 거야?"

"아뇨, 그렇단 말은 아니구요."

"이런 길로 나서서 노래 부르는 사람들을 네가 심판하겠다는 거니? 그리스도라면 하지 않으실 일을 그 사람들이 하고 있다고 말하려는 거니?"

"엄마, 제발 내 말을 들어봐요. 난 아무도 심판하지 않아요. 직업 가수 그 누구도 탓하는 게 아니에요. 다만 내 진로를 내가 결정한 것뿐이라구요. 거듭 생각해봤지만, 예수님은 뭔가 다른 일을 하셨으리란 확신이 들었어요."

"다른 어떤 일?"

윈슬로운 부인은 아직 평정을 잃지 않고 있었다. 그녀는 이 상황이나 이러한 상황 한복판에 있는 레이첼을 이해하지 못했지만, 자기 딸의 진로가 그 타고난 재능이 보장하느니 만큼 출중해야만 한다고 바랐다. 또 지금 제일교회에서 일고 있는 이상한 종교적 소동이 지나가고 나면 레이첼은 가족의 바람대로 가수로서 공인의 삶을 살아가게 될 것이라고 믿어 의심치 않았다. 그런데 레이첼의 다음 말에 완전히 충격을 받고 말았다.

"어떤 일이요? 말하자면 찬송을 가장 필요로 하는 곳에서 그곳 사람들에게 봉사하는 일이에요. 엄마, 난 내 영혼을 만족시키기 위한 일이라면 그게 뭐든 그 일에 내 목소리를 쓰기로 마음을 굳혔어요. 잘 차려입은 청중들을 기쁘게 하거나, 돈을 번다든지, 심지어 노래 부르는 일 자체를 즐기는 자기만족보다 훨씬 좋은 일을 하는 거예요. '예수님이라면 어떻게 하실까?' 이 질문을 스스로 물었을 때 나를 납득시킬 그런 일을 할 거예요. 오페라단 단원이 되어 노래 부르는 내 모습을 떠올리면, 만족스럽지도 않고, 만족할 수도 없는걸요."

어머니를 깜짝 놀라게 할 정도로 레이첼은 힘 있고 진지하게 말했다. 그러나 윈슬로우 부인은 이제 화가 나서, 구태여 자신의 감정을 감추려고 하지 않았다.

"아주 철딱서니 없구나! 레이첼, 넌 제 정신이 아냐! 뭘 하겠다고?"

"남녀를 떠나 뭇사람들이 기꺼이 자기 재능을 받쳐서 이 세상을 위해 일하고 있어요. 어째서 난, 타고난 재능이란 은혜를 입었음에도, 그 재능에 가격을 붙여 내다팔고 또 그 재능으로 한껏 돈을 벌려는 일을 곧바로 시작해야 할까요? 엄마도 알다시피, 난 음악 직업을 돈과 사회적 성공이란 이 두 가지와 따로 떼어놓지 않고 생각하도록 늘 엄마한테 배워왔어요. 하지만 2주 전에 내가 서약한 이후로, 예수님이 내가 목적하는 바대로 오페라단에 들어가시고 그리고 내가 입단해서 살게 될 삶을 사시는 그러한 모습을 도저히 상상할 수 없었어요."

윈슬로우 부인은 자리에서 일어났다가 다시 앉았다. 마음을 가라앉히려고 안간힘을 다했다.

"그러면 무슨 일을 할 생각이니? 아직 내 물음에 답하지 않았어."

"당분간 교회에 나가 계속 노래할 거예요. 봄까지는 노래하기로 계약되어 있거든요. 이번 주엔 백십자가 집회에서 찬송하기로 되어 있어요, 렉탱글에서 열리는."

"뭐라고! 레이첼 윈슬로우! 도대체 무슨 소릴 지껄이는 거야? 거기에 모이는 사람들이 어떤 부류인지 알고나 말하는 거니?"

레이첼은 어머니 앞에서 잔뜩 움츠러들었다. 잠시 주눅 들어서 잠자코 있었다. 이윽고 그녀는 단호하게 말했다.

"잘 알고 있어요. 그것이 내가 가고자 하는 이유예요. 그레이 씨 부부는 몇 주 동안 그곳에서 일하고 계셨어요. 집회 때 그 두 분을 도와줄 찬송 가수들을 여러 교회로부터 구한다는 소식을 오늘 아침에서야 알았어요. 그 두 분은 천막 생활을 하고 있어요. 그곳은 레이먼드 시에서 크리스천 사역이 가장 절실한 지역인걸요. 가서 기꺼이 도울 거예요, 엄마!"

레이첼을 여태껏 본 적 없는 가장 열정에 찬 어조로 이렇게 목소리를 높였다.

"난 스스로 희생을 치르게 하는 그런 일을 하고 싶어요. 엄마가 날 이해하지 못한다는 것도 알아요. 그렇지만 내가 정말로 간절히 원하는 거예요. 레이먼드 시 한구석에서 고통을 겪는 사람들과, 죄를 짓는 사람들을 위해서 그동안 우리가 한 일은 뭐죠? 우리가 사는 세상을 더 살기 좋은 곳으로 만들기 위해 아니면 구세주의 삶을 본받기 위해 우리는 얼마나 많이 자기 자신을 부정하거나 개인의 안락과 즐거움을 아낌없이 바쳤던가요? 우리는 언제나 사회가 시키는 대로 이기적이게 행동하고, 쾌락과 향락의 쳇바퀴 같은 좁고 작은 길을 따라 살아가면서도, 그런데도 그 대가로써 뒤따르는 고통은 전혀 알지 못하잖아요?"

"지금 나한테 설교하자는 거니?"

하고 윈슬로우 부인은 또박또박 말했다. 레이첼은 자리에서 일어나, 엄마의 말을 헤아렸다.

"아녜요. 나 자신에게 설교하는 거예요."

이렇게 그녀는 상냥하게 대답했다. 그리고 어머니가 무슨 말을 더 할 듯싶어서 잠시 가만히 있다가, 그 방을 나왔다. 자기 방에 돌아왔을 때 레이첼은 어머니에게서 여하한 공감이나, 심지어 공정한 이해를 바랄 수 없다고 느꼈다.

그녀는 무릎을 꿇었다. 빛바랜 모자를 지닌 남루한 행색의 남자가 제일교회에 나타났던 이후로, 이 이전에 맥스웰 목사의 재직 기간을 통틀어도 무릎을 꿇고 기도를 올리는 신도들의 숫자는 최근 이 2주 동안에 더 많았다고 해도 과언은 아니었다.

그녀가 일어섰을 때, 얼굴은 온통 눈물로 젖어 있었다. 그녀는 앉아서 잠시 생각에 잠겼다가 버지니아 페이지에게 편지를 썼다. 그리고 인편으로 편지를 부친 다음 아래층으로 내려가 어머니한테 자기와 버지니아는 전도사 그레이 씨 부부를 뵈러 저녁에 렉탱글에 갈 거라고 말씀드렸다.

"버지니아의 삼촌, 웨스트 박사님도 우리와 함께 갈 거예요, 버지니아가 간다면요. 우리와 같이 가자고 삼촌에게 전화 드리라며 버지니아한테 부탁했거든요. 박사님은 그레이 씨 부부의 후원자로, 작년 겨울에도 그 집회에 여러 번 참석하셨어요."

윈슬로우 부인은 아무 말도 하지 않았다. 그러한 태도는 레이첼의 하려는 짓거리가 아주 못마땅하다는 뜻을 내비쳤고, 레이첼은 어머니에게서 무언의 꾸중을 느꼈다.

저녁 7시 무렵 박사와 버지니아가 나타났고, 셋이서 함께 백십자가 집회장소로 출발했다.

렉탱글은 레이먼드 시에서 최고로 악명을 떨치는 지역이었다. 그곳은 철도공장들과 통조림 공장들이 밀집해 있었다. 레이먼드 시의 가장 큰 빈민가는 온갖 최악의 그리고 가장 비참한 요소들이 렉탱글 주위로 들끓게 했다. 이곳에는 여름이면 서커스단이나 유랑극단이 찾아와서 공연을 하는 황량한 벌판이 있었다. 이 벌판 주변으로 술집, 도박장, 또 싸구려에 지저분한 숙박업소들이 쭉 늘어서 있었다.

레이먼드 시의 제일교회는 렉탱글 문제에 대해 지나가는 말이라도 한 번도 언급한 적이 없었다. 렉탱글은 가까이하기엔 너무나 더럽고, 너무나 음탕하고, 너무나 죄짓고, 너무나 두려운 곳이었다. 사실을 말하자면 이렇다. 여러 교회에서 성가대나 주일학교 교사, 복음 전도자를 이따금 보내어 이 악에 물든 장소를 정화하려고 애썼다. 그러나 레이먼드 시의 명물로서 제일교회는 렉탱글을 악의 소굴이란 오명에서 벗어나도록 하는데 실제로 어떠한 행동에 나서본 적이 수년래 결코 없었다.

이러한 레이먼드 시의 그 추잡한 죄의 중심부 속으로 순회 전도사와 그의 용감하고 아리잠직한 아내가 들어와서 대형 천막을 치고 집회를 열기 시작했다. 마침 봄철이라서 저녁마다 쾌적한 날씨가 이어졌다. 전도사 부부는 크리스천들에게 도움을 요청했고, 예상보다 많은 격려를 받았다. 그렇지만 더 많은 인원에 더 실력이 뛰어난 성가대의 필요성을 절감했다. 오르간 반주를 거들어주던 사람마저 몸져누워서 주일 집회를 속절없이 보내기 일쑤였다. 시에서 온 지원자는 거의 드물었고 그나마 노래 실력도 별로였다.

"오늘 저녁엔 사람들이 많이 없을 것 같아, 존."

하고 그레이 부인은 말했다. 그들 내외는 7시가 조금 지나자 천막 안으로 들어가서 의자를 정리하며 불을 켜기 시작했다.

"그래, 그럴까봐 걱정이야."

그레이 씨는 쾌활한 목소리와 고귀한 전사의 용기를 지닌, 작은 키에 활동적인 사람이었다. 그는 이웃에서 친구 몇 사람을 벌써 사귀고 있었고, 그가 믿음으로 이끈 사람들 중에 한 명인 험상궂은 얼굴의 남자가 막 안으로 들어와서, 의자 배열하는 일을 도왔다.

알렉산더 파워즈는 사무실 문을 나서서 집으로 향했을 때는 8시가 넘을 무렵이었다. 그는 렉탱글 길모퉁이에서 기차를 타려는 참이었다. 그런데 천막에서 흘러나오는 어떤 목소리가 그를 감동시켰다.

바로 레이첼 윈슬로우의 목소리였다. 그 목소리는 주님께 해답을 바라며 간절히 기도하게 만든 자신의 문제로 옥신각신하는 그의 의식을 꿰뚫고 들어왔다. 그는 아직 결론을 내리지 못한 채였다. 확신을 못 내려서 괴로웠다. 철도인으로서 살아온 전 생애는 어떤 희생을 위한 각오를 다지는 데는 가장 보잘것없는 힘이 되었다. 또 지금껏 그 문제를 자기가 어떻게 하겠다고 대놓고 말할 수도 없었다.

어라! 무슨 노래를 부르는 거지? 어떻게 레이첼 윈슬로우가 이런 곳에 와 있을까? 근처에서 창문 몇 개가 열렸다. 어느 술집 주변에서 다투던 몇 남자들도 싸움을 멈추고 노래에 귀를 기울였다. 렉탱글과 천막 쪽으로 재빠르게 걸어가는 사람 그림자들도 있었다. 확실히 레이첼 윈슬로우가 이곳에서처럼 제일교회에서도 그렇게 노래 불렀던 적은 단연코 없었다. 정말 믿기지 않는 목소리였다. 무슨 노래를 부르고 있는 걸까? 하고 철도공장 공장장인 알렉산더 파워즈는, 또다시 발걸음을 멈추고 노래를 들었다.

"주의 인도하심 따라
주의 인도하심 따라
주를 따라
주와 함께, 함께 가려네,
그 길이 어디든!"

주위 환경이 불결할수록 그만큼 순결하게 들리는 노랫소리가 술집과 빈민굴과 더러운 숙박집 속으로 울려 퍼지자, 렉탱글의 사납고, 음탕하고, 부도덕한 삶이 바야흐로 새로운 삶으로 바뀌려 하고 있었다. 이때 술 취한 사람이 한 명 알렉산더 파워즈 곁을 비틀걸음으로 바삐 지나면서 마치 파워즈의 질문에 대꾸하듯이 이렇게 말을 뱉었다.

"오늘 밤 저 천막은 사람으로 미어터질걸. 진짜 노래란 바로 저렇게 불러야지, 안 그래?"

8장

아무든지 나를 따라오려거든 자기를 부인하고 날마다 제 십자가를 지고 나를 따를 것이니라

헨리 맥스웰 목사는 서재에서 왔다갔다 서성이고 있었다. 오늘은 수요일이었고 그는 오늘 밤에 해야 할 설교의 주제를 생각하던 중이었다. 서재의 한쪽 창문으로 철도공장의 우뚝 서 있는 굴뚝이 내다보였다. 그 전도사의 천막 지붕도 렉탱글 주위의 건물들 사이로 보였다. 목사는 걷는 방향을 바꿀 때마다 창밖을 바라보았다. 얼마 뒤 그는 책상에 앉아서 큼직한 종이 한 장을 꺼냈다. 몇 분쯤 생각을 가다듬고 나서 큰 글씨로 다음과 같이 썼다.

예수님이 이 제일교회의 목사라면 하실 일들

단순하고, 소박하게 생활할 것, 쓸데없는 사치도 그렇다고 해서 과도한 금욕도 하지 않으시리라.

교회의 위선자들에게도 담대하게 설교하시리라, 비록 그들의 사회적 지위가 높거나 부유층라고 해도.

주님은 서민 성도들에게도 당신의 연민과 사랑을 실질적인 형태로 보여주시

리라, 이 교회에서 다수를 차지하는 잘 살고, 많이 배우고, 잘 차려입은 성도들 뿐만 아니라.

주님은 당신 자신과 인간애의 대의명분을 인간적인 방법— 설령 그 일로 자기 부정과 수난을 초래하게 될지라도— 으로써 동일시하시리라.

레이먼드 시에서 술집을 배척하는 설교를 하시리라.

렉탱글 지역에 사는 죄 많은 사람들의 친구이자 동료가 되시리라.

올해 여름휴가로 유럽 여행을 취소하시리라. (나는 두 번이나 해외여행을 다녀왔고 더는 어떠한 특별휴가도 요구할 수 없다. 나는 건강해서, 나보다 더 휴가가 절실한 누군가를 위해서 그 돈을 쓸 수 있게끔, 그러한 즐거움을 포기할 수 있다. 어쩌면 이 도시엔 그런 사람들이 많으리라.)

그는 일찍이 자기도 몰랐던 겸손한 마음으로, 예수님이라면 행함직한 일들을 나열해 놓은 글들에서 가슴 아프게도 깊이와 힘이 부족하다는 사실을 깨달았지만, 예수님의 처신이라고 생각되는 바를 구체적인 내용으로 신중하게 표현하려고 애썼다. 그가 적어 내려간 사항들은 거의 모두, 이곳 목사직을 맡아왔던 몇 해 동안의 관행과 습성을 모조리 뒤집어엎어야한다는 걸 의미했다. 그럼에도, 그는 그리스도 정신의 원천을 자꾸 더 깊이 파고들었다. 그는 더 무엇을 쓰려고 시도하지 않았지만, 책상에 앉은 채로 자신의 삶 속에 예수님의 정신을 더욱더 많이 받아들이기 위해 열심히 열중했다. 그러다가 아침부터 생각해 오던, 기도회 설교의 그 주제 선정을 잊고 말았다.

그는 자기 생각에 너무 몰두하느라 초인종 소리를 듣지 못했다. 방문을 알리는, 그레이 씨가 찾아왔다는 소리를 듣고 자리에서 일어났다.

계단 위에서 맥스웰 목사는 그레이 씨에게 올라오라고 했다. 그래서 그레이 씨는 서재로 올라와 자신의 방문 이유를 밝혔다.

"도와주십시오, 맥스웰 목사님. 물론 목사님도 들으셨겠지만 월요일과 지난밤 집회는 참으로 놀라웠습니다. 윈슬로우 양이 노래로써 제가 할 수 있는 일보다 더 많은 일을 해냈고, 천막은 사람들로 미어터질 지경이었습니다."

"저도 들었습니다. 그곳 사람들이 윈슬로우 양의 찬송을 처음 들어봤다구요. 그들이 끌리는 것도 당연하지요."

"우리에겐 정말 아주 뜻밖의 일이었죠, 우리 일에 가장 고무적인 사건이었습니다. 그런데 목사님께서 오늘밤 오셔서 설교를 해줄 수 없으신지 여쭤보려고 왔습니다. 제가 독감에 걸렸거든요. 제 목소리가 잘 나오지 않아서 말이죠. 목사님처럼 바쁘신 분에게 무리한 부탁인 줄 압니다. 그렇지만, 와주실 수 없다면, 그렇다고 솔직히 말해주시면, 부탁드릴 다른 분을 찾아보도록 하겠습니다."

"미안하지만, 오늘 저녁에 정기 기도회가 있어서 말이죠."

하고 헨리 맥스웰 목사는 말을 꺼냈다. 그러다 갑자기 얼굴을 붉히더니 이렇게 말을 보탰다.

"어떻게든 갈 수 있게끔 시간을 내보도록 하지요. 마음 놓으셔도 됩니다."

그레이 씨는 진심으로 고마워했고 가려고 일어섰다.

"괜찮다면 잠시만요, 그레이 씨, 둘이서 함께 기도드리는 건 어떨까요?"

"좋습니다."

그레이 씨가 흔쾌히 응했다.

두 사람은 서재에서 함께 무릎을 꿇었다. 헨리 맥스웰 목사는 어린 아이처럼 기도했다. 그레이 씨도 무릎을 꿇은 채 눈물을 흘리며 감동에 겨워했다. 제일교회와 같은 한정된 활동 범위 안에서만 목회 생활을 해왔던 이 남자가 이제 렉탱글 사람들에게도 복음을 전할 지혜와 힘을 달라고 기도하는 모습은 거의 안쓰러울 정도였다.

그레이 씨가 일어서며 손을 내밀었다.

"하나님의 축복을 빕니다, 맥스웰 목사님. 틀림없이 오늘 밤 성령이 목사님께 힘을 주실 겁니다."

헨리 맥스웰 목사는 아무 대답도 하지 않았다. 그렇게 되길 바란다고 말하는 것조차 스스로 못 미더웠다. 그러나 자기가 했던 서약을 떠올리자 마음과 정신에 기운을 북돋아주는 어떤 평온이 찾아왔다.

이렇게 하여 제일교회 성도들은 이날 저녁 강당에 모였을 때 뜻밖의 일을 또 하나 겪게 되었다. 강당엔 평소와 달리 많이들 와 있었다. 그 심상치 않았던 주일 오전 예배 이후로 이 기도회 모임에 이토록 많은 참석은 제일교회 역사상 전무했던 일이었다. 맥스웰 목사는 바로 본론으로 들어갔다.

"저는 오늘 밤 렉탱글로 가라는 부름을 받은 듯싶습니다. 그래서 여기 이 모임의 진행은 여러분에게 맡기려고 합니다. 지원자 몇 분과 함께 렉탱글로 가서 집회 뒤처리를 거들어줄 생각입니다, 만약 필요하다면요, 그리고 여기에 남아 계신 분들은 성령의 권능이 우리와 함께 하시길 기도해주셨으면 합니다."

그래서 남자 여섯 명이 목사를 따라나섰고, 나머지 신도들은 강당에 남았다. 맥스웰 목사는 강당을 떠나며 제일교회의 전체 교인들 중에서 가난하고, 죄에 물든 사람들을 그리스도에 대한 앎으로 올바로 이끌어줄 수 있는 성도들은 채 스무 명도 안 되리라는 생각을 떨쳐낼 수 없었다. 마음을 어지럽히는 그러한 생각은 길을 가는 도중에 사라졌지만, 그리스도 제자란 말의 의미를 전적으로 새롭게 되새겨보게 되었다.

맥스웰 목사와 지원자들이 렉탱글에 도착했을 때, 천막은 이미 사람들로 꽉 차 있었다. 그들은 연단으로 가는 데 곤욕을 치렀다. 레이첼은 버지니아와 오늘밤 웨스트 박사 대신에 온 재스퍼 체이스와 함께 벌써 와 있었다.

레이첼이 독창을 부르고 사람들이 후렴을 합창하는 찬송으로 집회가 시작되었을 때, 천막 안에는 발 디딜 곳도 남아 있지 않았다. 밤공기는 온화했고 천막의 옆면들이 위로 올려져 그 틈을 수많은 얼굴들이 빼곡하게 메워서 안을 들여다보며, 청중의 일부를 이뤘다. 이 찬송이 끝난 뒤, 이 자리에 참석한 레이먼드 시의 몇 목사들 중에 한 명이 기도를 올렸고, 그 뒤를 이어 그레이 씨는 자기가 설교할 수 없는 이유를 설명하고 나서, 꾸밈없는 태도로 '제일교회 맥스웰 형제님에게' 예배 인도를 맡겼다.

"저 치가 누구야?"

천막 밖에서 누군가 목쉰 목소리로 물었다.

"죄일교회 목사래. 오늘 밤 아주 잘나신 나으리들을 뵙는군."

"죄일교회라고 했나? 누군지 알겠어. 우리 집주인이 그 교회 앞자리에 앉거든."

이렇게 또 다른 목소리가 말하자, 웃음소리가 났다. 왜냐하면 그 목소리의 주인공이 술집에서 늘 죽치는 사람이었기 때문이다.

"물 위에 생명줄 던지어라!"

그 가까이에서 술 취한 남자가 어느 순회 가수의 비음 섞인 목소리를 자기도 모르게 흉내 내어 찬송을 부르기 시작하자, 그를 둘러싼 사람들이 한바탕 웃음과 야유를 쏟아냈다. 천막 안에 있는 사람들은 저 소란스러운 쪽으로 몸을 돌렸다.

"끌어내!"

"죄일교회한테 기휠 줘!"

"노래해! 노래해! 한 곡 더!"

하고, 이런 외침들이 터져 나왔다.

헨리 맥스웰 목사는 일어섰고, 실제적인 공포감이 거대한 물결처럼 그를 덮쳐왔다. 이곳은 대로에서 좋은 옷차림에, 신분 높고, 교양 있는 사람들을 상대로 설교하는 일과 같지 않았다. 그는 설교를 시작했지만, 소란만 커져갔다. 그레이 씨가 군중 속으로 들어갔지만, 분위기를 가라앉히기엔 역부족인 듯했다. 맥스웰 목사가 팔을 치켜들고 목소리를 높였다. 천막 안의 사람들은 얼마큼 주의를 기울이기 시작했지만, 바깥에선 더욱더 시끄러워졌다. 몇 분이 흘러도 그로선 어쩔 수 없는 노릇이었다. 그는 슬픈 듯한 미소를 지으며 레이첼에게 몸을 돌렸다.

"노래를 불러주세요, 윈슬로우 양. 사람들이 당신 목소리엔 귀를 기울일 거예요."

이렇게 말하고 나서, 그는 자리에 앉아 두 손에 얼굴을 묻었다.

그것은 레이첼에게 주어진 기회였고, 그녀는 이 혼란을 완전히 잠재울 수 있었다. 버지니아가 오르간 앞에 앉았고, 레이첼은 그녀에게 찬송가 반주를 부탁했다.

주여, 당신을 따르오니
저를 이끄시는 손
아직 보이지 않으나
저를 인도하소서.
제 마음을 평온케 하고 늘
죄악을 두려워하게 하여
오로지 당신의 뜻에,
제 뜻이 하나로 합쳐지게 하소서.

레이첼이 첫 소절을 부르기가 무섭게 천막 안의 사람들은 다들 그녀 쪽으로 눈을 돌렸고, 이내 분위기는 잠잠해지고 경건해졌다. 레이첼이 1절을 채 끝내기도 전에 렉탱글 사람들은 얌전해지고 순해졌다. 마치 어떤 맹수가 그녀의 노래를 듣고 온순한 짐승으로 변하여, 그녀의 발 아래 누워 있는 듯했다. 아아! 콘서트 홀의 경박하고, 향수 냄새를 풍기며, 헐뜯기 좋아하는 청중과 이 더럽고, 술에 취해 있으며, 부정한 군중을— 이 아름다운 아가씨의 이 성스러운 사역에 감동 받아 전율하고 울먹이며 차츰차츰 불가사의하게도, 애처로이 생각에 잠긴 듯한 모습으로 바뀌어가는 이 인간 무리들을 어떻게 비교할 수 있을까! 맥스웰 목사는, 그가 얼굴을 들고 탈바꿈된 군중을 보았을 때, 만약 예수님이 레이첼 윈슬로우와 같은 목소리를 지니셨다면 이렇게 노래하셨으리라고 어렴풋이 느꼈다. 재스퍼 체이스도 그 가수에게서 눈을 떼지 못하고 앉아 있었는데, 야심만만한 작가로서 그 자신의 가장 큰 열망은 레이첼 윈슬로우의 사랑을 얻을 수 있지 않을까 하는 생각 속에 사라지고 없었다. 그런데 바깥 어두운 곳에선 천막의 전도 집회 따위엔 나타나리라고 아무도 기대하지 않았던 사람이 서 있었다. 바로 롤린 페이지였다. 그는 잘 차려입은 멋쟁이를 노려보는 우악스러운 뭇사람들에게 이리저리 떠밀려도, 자기 주위의 상황엔 무심한 듯 보였지만 레이첼이 지닌 매력엔 분명히 홀려 있었다. 그는 클럽에서 이리로 이제 막 왔었다. 물론 레이첼이나 버지니아도 오늘밤 그의 모습을 보지는 못했다.

　찬송이 끝났다. 맥스웰 목사는 다시 일어섰다. 이번엔 한결 가라앉은 분위기였다. 예수님이라면 어떻게 하실까? 그는 설교를 하면서 자기가 예전엔 결코 할 수 없었던 설교를 지금 하고 있다고 생각했다. 이 사람들은 누구인가? 이들은 불멸의 영혼들이다. 기독교 정신이란 무엇인가? 의로운 사람들이 아닌, 죄인들을 회개하도록 하는 것이다. 예수님이라면 어떻게 말씀하실까? 예수님이라면 무슨 말씀을 하실까? 맥스웰 목사는 예수님의 그 말씀을 고스란히 전할 수는 없어도, 그 일부는 전할 수 있다는 확신이 들었다. 그리고 이러한 확신 속에서 설교를 해나갔다. 결코 이전엔 '대중에게 측은지심'을 느껴본 적이 없었다. 제일교회에서 목사직을 맡아온 십년간 그에게 대중이란 교회와 자신의 영향권 바깥에 있는, 그저 멍청하고, 위험하며, 더럽고, 다루기 힘든 이 사회의 구성 요소였고, 어쩌다가는 그에게 불편한 양심의 가책을 느끼게 하는 이 사회의 일부였으며, 왜 '하층계급'의 마음을 움직일 수 없는가 하고 그 이유를 설명하기 위해 교회 형제들이 신문 기사를 썼을 때, 그 기사에서 보이는 '하층계급'이란 말이 불러일으키는 일련의 연상들로써 말하여지는, 레이먼드 시를 구성하는 인적 요소일 뿐이었다. 그러나 오늘 밤 하층계급을 마주 대하면서 그는, 끝내, 스스로 이렇게 묻지 않을 수 없었다, 여기 이 사람들이야말로 예수님이 아주 빈번하게 대면하셨던 그러한 민중이 아니었을까 하고. 또 그는 영원한 생명의 주님과 거의 같은 마음으로 사는 설교자라면 지니고 있는 최고의 징표들 가운데 하나인 민중에 대한 진정한 사랑의 감정을 느꼈다. 한 사람의 죄인을 사랑하기란 쉽다, 특히 그 사람이 개인으로서 멋있다거나 재미있다면 말이다. 하지만 뭇 죄인들을 사랑하는 일은 그리스도와 같은 품성이 있어야 그럴 수 있다.

집회가 끝났을 때, 여기에 더 보여줄 특별한 흥밋거리는 없었다. 집회 뒤에도 남아 있는 사람은 아무도 없었다. 사람들은 순식간에 천막을 빠져나갔고, 집회가 진행되는 동안 파리 날렸던 술집들도, 다시 손님들로 북적거리기 시작했다. 렉탱글은, 잃어버린 시간을 벌충하기라도 하려는 듯이, 평소의 방탕한 밤으로 힘차게 되살아났다. 버지니아, 레이첼, 그리고 재스퍼 체이스를 비롯한 맥스웰 목사와 그 일행은 기차들이 오가는 길모퉁이에 다다를 때까지 술집들과 빈민굴이 죽 늘어선 길을 지나왔다.

"여긴 정말 끔찍한 곳이군요." 맥스웰 목사가 기차를 기다리며 말했다. "레이먼드 시에 이처럼 곪을 대로 곪은 데가 있었다고는 전혀 알지 못했어요. 이 도시가 그리스도 제자들로 넘쳐나리라곤 있을 수 없는 일 같습니다."

"어느 누가 이토록 엄청난 음주의 폐해를 없앨 수 있다고 보세요?"

하고 재스퍼 체이스가 물었다.

"전에는 불가능하다고 생각했지만 요즘엔 기독교인들이 술집의 폐해를 없앨 수 있지 않을까 싶더군요. 우리가 모두 그 일에 나서보는 건 어떨까요? 레이먼드 시의 목사들과 성도들이 한 몸이 되어 술집 반대 운동을 해나는 건 어떻겠습니까? 예수님이라면 어떻게 하실까요? 그저 가만히 계실까요? 이러한 죄와 죽음의 원인을 용인하셨을까요?"

맥스웰 목사는 다른 사람들보다는 오히려 자신에게 말하고 있었다. 그는 자기가 늘 술집을 용납해왔다는 사실을 떠올렸고, 그 점은 자신의 교회 신도들도 거의가 마찬가지였다. 예수님이라면 어떻게 하실까? 이 질문에 자기는 대답할 수 있을까? 만약 주님이 오늘날 살고 계신다면 술집에 반대하는 설교와 행동을 하실까? 예수님은 어떻게 설교하고 행동하실까? 술집 불허의 설교를 탐탁지 않게들 여긴다면? 만약 기독교인들이 그 사회악을 허용할 수밖에 없고 그 필요악에서 세금을 거둬들여야 한다고 생각한다면? 또 교인들 스스로가 술집이 들어선 곳에 부동산을 소유하고 있다면, 그 경우는 어떻게? 이러한 문제들이 레이먼드 시가 처한 현실이란 걸 그는 잘 알고 있었다. 과연 예수님이라면 어떻게 하실까?

다음날 아침 맥스웰 목사는 겨우 그 일부의 해답만을 얻은 채 여전한 의문을 품고 서재로 올라갔다. 하루 종일 그는 그 문제를 고민했다. 줄곧 그 문제를 생각하다가 석간신문이 배달되었을 때 어느 정도 실제적인 결론에 이를 수 있었다. 아내가 신문을 가지고 와서 잠시 자리에 앉았는데 그 동안 남편이 신문을 읽어주었다.

그 석간은 현재 레이먼드 시에서 가장 많이 사람들 입에 오르내리는 신문이었다. 바꿔 말하면, 기존 독자들이 몹시 흥분할 만큼 놀라운 구성으로 편집되어 있었다. 가장 먼저 사람들은 프로권투 기사의 누락을 알아차렸고, 그리고 차례로 상세하게 묘사된 범죄 기사나 사생활에 속하는 스캔들 기사가 데일리 뉴스에서 더는 실리지 않는다는 사실을 알게 되었다. 그 다음엔 술과 담배의 광고들이 빠졌고, 문젯거리가 될 만한 성격의 여타 것들도 마찬가지였다. 일요일판 신문의 발행 중단에 말들이 제일 많았고, 지금은 사설의 논조가 가장 큰 흥분을 불러일으키고 있었다. 다음에 인용한 이번 주 월요일자 신문 사설에서 에드워드 노먼은 자신의 서약을 어떻게 지켜가고 있는지 보여주었다. 그 제목은 이렇게 달려 있었다.

정치 문제의 도덕적 측면

　본지의 발행인은 예전부터 현 집권당의 강령을 강력히 옹호해왔다. 또 이해관계의 견지에서, 그렇지 않으면 다른 정당에 반대하는 의사 표시로써 집권당에 신뢰를 보내는 관점에서, 지금껏 모든 정치적 문제들을 논하여 왔다. 그러나 앞으로는, 우리의 독자들 모두에게 온전히 정직해지기 위하여, 본 발행인은 옳고 그름의 견지에서 모든 정치적 문제들을 제시하고 논할 것이다. 다시 말해, 본지가 어떤 정치 현안을 두고 묻는 첫 번째 질문은 '그 현안이 우리 정당에 유리한가?' 또는 '그 현안은 우리 정당의 강령 안에서 규정된 원칙에 따르는가?' 하는, 이런 질문이 아니다. 가장 먼저 묻고자 하는 질문은 '이 법안이 인류에게 알려진바 이 세상에서 최고의 모범을 보여주신 예수님의 정신과 가르침에 부합하는가?' 하는, 이런 질문이 될 것이다. 곧, 알기 쉽게 말하자면, 모든 정치적 문제의 그 도덕적 측면을 무엇보다 가장 중요하게 여길 것이고, 개인뿐만 아니라 국가도 하나님의 영광을 위해 모든 일을 해나가야 한다는 것을 제1의 원칙으로써 동일하게 적용받아야 한다는 입장을 명백히 고수할 것이다.

　본지는 공직사회에서 책임과 신뢰를 요하는 자리에 나서는 입후보자들에게 똑같은 원칙을 적용할 것이다. 정당 정치와는 무관하게 본지의 발행인은 최선의 후보들이 당선되도록 모든 힘을 기울일 것이고, 아무리 정당에서 밀어주는 후보라 할지라도 그럴 자격을 갖추지 못했다면 구태여 지지하지는 않을 것이다. 그 입후보자와 공약을 두고 묻는 첫 번째 질문은 '과연 그 자리에 합당한 사람인가?', '능력 있는 바람직한 사람인가?', '그 공약은 정당한가?' 이런 질문들이 될 것이다.

이러한 사설은 더 있었지만, 사설의 성격을 보여주기엔 이 인용문으로도 충분했다. 레이먼드 시의 수많은 사람들이 이 사설을 읽고 너무들 놀라서 자기 눈을 못 믿을 정도였다. 그들 중 상당수가 곧바로 데일리 뉴스에 편지를 보내, 신문을 끊겠다고 알려왔다. 그러나 신문은 여전히 발행되었고, 도시 곳곳에서 열심히 읽혀졌다. 일주일이 끝나갈 즈음 에드워드 노먼은 다수의 구독자들을 빠르게 잃어가고 있다는 사실을 아주 잘 알게 되었다. 그는 이 상황을 침착하게 직시했다, 비록 클라크 편집국장은 신문사가 끝내 파산하고 말 것이라고 끔찍하게 예상했지만, 특히 그 월요일자 사설이 나간 이후에 말이다.

오늘 밤, 맥스웰 목사가 아내에게 신문을 읽어줄 때, 그는 신문의 거의 모든 난에서 노먼이 자신의 서약을 양심적으로 지켜가고 있다는 증거를 볼 수 있었다. 상스럽거나, 선정적인 도발성 제목은 찾아볼 수 없었다. 기사 제목은 조금도 틀림없이 그 본문의 내용과 일치했다. 그는 두 칼럼에서 그 하단에 이 기사를 쓴 기자의 이름이 적혀 있는 걸 알아챘다. 그리고 칼럼의 품격과 문체에서 이전과는 달라진 발전이 있었다.

"드디어 노먼 씨가 기사 실명제를 실시하기 시작했군. 그 일에 관해 나한테 얘기한 적이 있었지. 정말 잘된 일이야. 이렇게 하면 기자들에게 책임감도 생기고 기사 원고의 수준도 높아질 거야. 독자와 기자를 위해서도 여러모로 좋은 일이지."

갑자기 맥스웰 목사가 말을 중단했다. 아내가 하던 일을 멈추고 그를 올려다보았다. 그는 한껏 흥미를 느끼며 어떤 기사를 읽고 있었다.

"이 기사 좀 들어봐, 메리."

잠시 뒤 그는 떨리는 목소리로 신문을 읽어 내려갔다.

오늘 오전, 이 시에 있는 L&T 철도공장의 공장장 알렉산더 파워즈 씨가 본사에 사직서를 제출한 바, 그는 특정 운송회사들의 이익을 위한 운송회사 간의 담합 행위를 금지하고 처벌하도록 최근에 제정된 주간 통상법과 주정부법을 본사가 위반한 증거를 입수했기 때문이라고 그 이유를 밝혔다. 그 사직서에서 말하길 파워즈 씨는 회사에 불리한 그 증거 자료를 마음의 거리낌 없이 마냥 가지고만 있을 수 없었다고 한다. 그는 증인으로서 법정에 출두할 것이다. 이미 회사의 불법 행위에 대한 그 증거물을 상법위원회에 제출했고 그에 따른 조치가 위원회에서 내려질 전망이다.

본지는 파워즈 씨의 이러한 행동에 다음과 같은 입장을 표명하고자 한다. 첫째, 이 사건으로 그가 얻을 거라곤 아무것도 없다. 회사의 불법 행위를 묵과했다면 유지할 수 있었던, 자신의 아주 소중한 직책을 자진해서 포기했다. 둘째, 우리는 그의 처신이, 법은 준수되어야 하고 범법자들은 법에 따라 처벌을 받아야 한다고 믿는, 사려 깊고 정직한 모든 시민들에게 호응 받아 마땅하다고 본다. 이러한 사건과 같은 경우, 철도회사들의 불법행위에 대한 증거를 입수하기는 대체로 불가능하다는 사실에 비해, 철도회사 임원들이 범죄 사실을 입증할 자료를 어쩌다 손에 넣었다 하더라도 법이 무시되지 않도록 관계당국에 알리는 일은 자신들의 소관이 아니라는 생각이 널리 퍼져 있다는 것이다. 책임을 져야 할 주요 자리에 있는 사람들이 이 책임을 회피해서 생긴 그 순전한 결과는 철도회사와 관련된 모든 젊은이들의 사기를 꺾어놓았다는 데 있다. 본 주필은 얼마 전 레이먼드시의 어느 촉망 받는 철도회사 간부가 했던 말이 생각나는데, 그의 말로는 철도회사 어느 부서의 직원들은 모두 자기 회사가 주간통상법을 고의로 위반해가면서 많은 돈을 챙기고 있다는 사실을 알고 있으며, 그렇게 하도록 부추길 준비가 되어 있고, 또 회사 조직체계상 그 범행을 시도할 만큼 높은 지위에 있다면 그 같은 일을 저지를 수 있다고 공공연히 말하기도 했다는 것이다.

9장

맥스웰 목사는 기사 읽기를 끝내고 신문을 던져놓았다.

"파워즈 씨를 만나러 가야겠어. 이건 서약을 지키려고 일어난 일이야."

그가 일어서서, 집을 나서려고 할 때 아내가 이렇게 물었다.

"당신 생각엔, 헨리, 예수님도 그렇게 하셨을 거 같아?"

맥스웰 목사는 잠시 침묵했다. 그러고 나서 천천히 말문을 열었다.

그는 잠시 말이 없었다. 그런 다음 천천히 대답했다.

"맞아, 예수님은 그렇게 하셨을 거야. 어쨌든, 파워즈 씨가 그런 결정을 내렸고 그 서약을 했던 사람들은 저마다 다른 누구도 아닌, 바로 자기가 예수님이라면 하실 법한 행동을 결정해야 한다는 걸 이해하고 있어."

"그러면 그의 가족은? 파워즈 부인과 딸 셀리아는 이 일을 어떻게 받아들여야 해?"

"몹시 힘들겠지, 말할 것도 없이. 이번 일에서 가족 문제는 파워즈 씨의 십자가가 될 거야. 가족은 그가 왜 그랬는지 이해하지 못할 테니까."

맥스웰 목사는 집을 나와서 파워즈 공장장의 집이 있는 이웃 거리 쪽으로 걸어갔다. 다행히도, 파워즈가 몸소 문을 열어주었다.

두 사람은 말없이 악수했다. 비록 아무 말도 없었지만 두 사람은 곧바로 서로 이해했다. 목사와 신도 사이에 이러한 일체감은 일찍이 없었다.

"앞으로 어떻게 하실 건가요?"

하고, 헨리 맥스웰 목사는 이번 일에 서로 이야기를 나누고 나서 물었다.

"다른 일자리 말인가요? 아직은 아무 계획도 없어요. 전화국 기사로 옛 직장에서 일할 수 있을 겁니다. 우리 가족이 고생하겠지요, 이전처럼 생활할 순 없을 테니까요."

파워즈는 침착하면서도 슬픈 어조로 말했다. 헨리 맥스웰 목사는 그의 아내와 딸이 좀 어떤지 물어볼 필요조차 없었다. 지금 처지에선 파워즈 본인이야말로 가장 마음고생이 심하다는 걸 잘 알았기 때문이다.

"목사님께서 봐주셨으면 하는 한 가지 일이 있습니다." 얼마 뒤에 파워즈가 말했다. "다른 게 아니라, 회사 내에서 그 작업이 막 시작되었지요. 내가 아는 한, 회사는 일의 진행을 반대하진 않을 겁니다. 철도회사는 노동자에 대한 YMCA나 다른 기독교 단체들의 영향력이 커지도록 돕지만, 정작 철도회사의 경영진 그 자신들은 가장 비기독교적이고 불법적인 행위를 시종일관 저질러왔다는 사실이 철도업계의 모순 가운데 하나이지요. 물론 성격이 온순하고 정직한, 또 기독교를 믿는 사람들을 고용하는 게 철도회사에 이익이 된다는 건 익히 알려진 사실입니다. 그래서 기계설비실 실장이 그 방을 활용하는데 변함없는 호의를 보여주리라 믿어 의심치 않아요. 하지만 내가 부탁드리고 싶은 일은, 맥스웰 목사님, 내 계획이 잘 실행되고 있는지 지켜봐달라는 겁니다. 그래 주시겠지요? 목사님은 그 일의 의미를 대체로 알고 있으니까요. 목사님은 노동자들에게 좋은 인상을 주었어요. 되도록 자주 들러주셨음 합니다. 이 일에 관심을 갖고 있는 밀턴 라이트 씨에게 여러 비품이나 커피 도구와 독서용 테이블을 장만하는 비용을 대줄 수 있는지 물어봐주세요, 그래 주시겠지요?"

"알겠습니다."

하고 헨리 맥스웰 목사가 대답했다. 그는 조금 더 머물렀다. 그는 떠나기에 앞서, 공장장과 함께 둘이서 기도를 했고, 그들은 무언의 악수를 나누며 헤어졌는데 이는 두 사람에게 모두 그리스도 제자의 길과 기독교로서 사귐에 대한 새로운 증거처럼 여겨졌다.

제일교회 목사는 지난 일주일 동안에 일어난 사건들로 한껏 고무된 채 집으로 돌아왔다. 예수님이라면 하심직한 행동 그대로 따르겠다는 서약이 자신의 교구와 도시 전역에 혁명을 일으키고 있음이 차츰차츰 사실로 나타나고 있었다. 그 서약을 지킴으로써 생긴 심각한 결과가 날마다 늘어났다. 맥스웰 목사도 그 끝을 가늠조차 못했다. 그는, 사실상, 바야흐로 레이먼드 시뿐만 아니라 전국에 걸쳐 수많은 사람들의 삶을 변화시킬 사건들의 바로 그 시작 무렵에 있었기 때문이다. 그가 에드워드 노먼과 레이첼과 파워즈를 생각하고, 또 그들의 행동으로 비롯된 결과들을 생각했을 때, 그는 서약을 했던 제일교회 신도들이 모두, 성실하게 그 서약을 지킨다면, 과연 어떤 파급 효과가 나타날지 너무나 강렬한 호기심을 느꼈다. 그들은 모두 서약을 지킬까, 아니면 몇 사람은 자신의 십자가가 몹시 무거워서 도로 내려놓을까?

이튿날 아침에도 맥스웰 목사는 서재에 앉아서 저 질문을 스스로 묻고 있었는데 그때 제일교회 봉사회 회장이 찾아왔다.

"제 문제로 폐를 끼치고 싶진 않지만," 청년 모리스가 바로 용건을 꺼내며 말했다. "제 딴엔, 맥스웰 목사님이시라면, 제게 약간의 조언을 해주실 듯싶어서요."

"와줘서 기쁘네. 더 말해보게, 프레드."

그는 제일교회에서 목사직을 맡았던 첫해부터 프레드를 알고 지내 왔고, 교회에서 한결같이 성심껏 봉사를 해왔기에 그 청년을 좋아하고 아꼈다.

"그러니까, 실은, 직장에서 잘렸어요. 목사님도 아시다시피 제가 작년에 대학을 졸업하고 나서 조간신문인 센티넬의 기자로 일해 왔습니다. 글쎄, 지난 토요일에 버어 씨가 저한테 시키길 주일 아침에 철도 회사로 가서 환승역에서 일어난 열차 강도 사건을 자세히 취재하여, 월요일 아침에 발행할 특별판에 실을 기사를 써오라고 했지요. 단지 데일리 뉴스보다 특종 보도에 앞서겠다고 말입니다. 저는 가기를 거부했고, 버어 씨가 저를 해고했지요. 그는 몹시 마음이 상했나 봐요, 그렇지 않았다면 저를 막바로 자르진 않았을 거예요. 전에는 늘 저한테 잘 대해주셨거든요. 그럼, 목사님의 생각으론 예수님이라면 저처럼 하셨을까요? 제 동료들이 그 일을 하지 않았다고 저보고 바보가 따로 없다고 놀려서 물어보는 거예요. 크리스천은 다른 사람들에게 때때로 엉뚱해 보이는 동기에서 행동하지만, 어리석은 동기는 아니라고 생각하고 싶거든요. 목사님은 어떻게 생각하세요?"

"자넨 서약을 지켰을 따름이야, 프레드. 자네가 취재 지시를 받은 대로 예수님이 주일에 취재를 나가시리라곤 전혀 믿지 않네."

"감사합니다, 맥스웰 목사님, 이 문제로 좀 심란했지만, 생각을 하면 할수록 잘했다 싶어요."

모리스가 가려고 일어서자, 목사도 일어서며 그 청년의 어깨 위에 다정하게 손을 얹었다.

"앞으로 어쩔 셈인가, 프레드?"

"아직 잘 모르겠어요. 시카고나 다른 대도시로 갈까 생각 중입니다."

"데일리 뉴스에 지원해보는 건 어때?"

"거긴 빈자리가 없어요. 생각도 안 해본걸요."

맥스웰 목사가 잠시 생각에 잠기더니 이렇게 말했다.

"나와 함께 데일리 뉴스로 가서, 노먼 사장을 한번 만나보자구."

그래서 얼마 뒤 에드워드 노먼은 자신의 사무실에서 목사와 청년 모리스를 맞이했고, 맥스웰 목사는 이렇게 찾아온 용건을 간략히 설명했다.

"우리 신문사에서 자리 하나 마련해보겠습니다."

하고 노먼은 날카로운 얼굴을 매력 있고 부드럽게 만드는 미소를 지으며 말했다.

"나도 기자들이 안식을 지키길 바라는 바이네. 그리고 더욱이, 자네는 예수님이라면 어떻게 하실까란 이 질문에 따르고자 하니까 자네라면 잘 해나가리라 여겨지는 특별 기사를 기획해보도록 하겠네."

이렇게 하여 노먼은 모리스에게 확실한 일감을 줬고, 맥스웰 목사는 실직자에게 유급직을 주선해주는데 적으나마 힘을 보탤 수 있게 되었을 때 느끼는 그런 흐뭇한 기분— 매우 깊은 만족감이었다— 에 젖어, 집으로 돌아갔다.

맥스웰 목사는 곧장 집으로 갈 작정이었지만, 도중에 밀턴 라이트 씨의 상점들 가운데 한 곳을 지나가게 되었다. 그래서 제 딴엔 가벼운 마음으로 안에 들어가서 자신의 성도와 악수라도 나누며 그가 그리스도의 가치를 사업에 도입해오고 있다는 소문도 들은 바 있어 하나님의 축복을 빌어줄 생각이었다. 그러나 라이트 씨는 자기 사무실로 목사가 들어오자, 자신의 새로운 계획을 몇 가지 이야기하느라고 목사를 놔줄 줄 몰랐다. 맥스웰 목사는 과연 이 사람이 자기가 알고 있었던, 아주 실리만 추구하며, 사무적인 태도의, 사업계에서 통용되는 불문율에 따르면서, 또 만사에 "그것은 돈이 되는가?" 하고 이런 관점을 최우선시하는, 그 밀턴 라이트인지 스스로 의심할 정도였다.

"사실을 털어놓아야겠군요, 맥스웰 목사님. 저는 그 서약을 한 뒤로 제 사업 방식을 싹다 뜯어고쳐야 했습니다. 이 상점에서 지난 20년간 줄곧 예수님이라면 하시지 않을 만한 일들을 대단히 많이 해왔지요. 하지만 그 일들이란 제가 예수님이라면 하셨으리라고 믿기 시작한 일들에 비해선 시시할 뿐이지만요. 사업 관계상 제가 죄인 줄 알면서도 저지른 죄는 그런 줄 모르는 채 저지른 죄보다는 많지 않을 테니까요."

"가장 먼저 바꾼 건 뭐지요?"

처음에 맥스웰 목사는 얼른 서재로 돌아가서 설교 준비를 했으면 하는 기분이 들었다. 그런데 밀턴 라이트 씨와 대화를 주고받는 사이, 자신의 서재로 가지 않더라도 설교를 위한 자료를 찾을 수 있으리란 확신이 들었다.

"맨 처음 제가 바꾸고자 했던 건 직원들에 대한 제 생각 바로 그것이었습니다. 그 주일날 다음에 맞이한 월요일 아침 여기에 와서 저는 자신한테 이렇게 물어봤죠. '과연 예수님이라면 매장 점원, 경리 직원, 사환, 배달원, 그리고 판매원, 이들과 어떤 인간관계를 맺으실까? 예수님은 내가 수년간 저들과 유지해왔던 관계와는 전혀 다른 어떤 인간적인 친분을 쌓으려고 애쓰셨을까?' 저는 곧 다음과 같은 답을 얻었지요, '그렇다.'라구요. 그 후에 제게 찾아온 의문은 그 친분이란 무엇이며 그러한 관계를 맺으려면 내가 어떻게 해야 하나 하는 것이었습니다. 저는 제 직원들을 모두 불러 모아 그들과 속을 털어놓고 이야기해보지 않는다면 도저히 만족스러운 답을 찾을 수 없겠다싶더군요. 그래서 그들을 전부 초대해서, 화요일 저녁 창고에서 모임을 가졌습니다. 그 모임에서 좋은 이야기들이 제법 많았지요. 감히 일일이 말씀드리진 못하겠습니다. 저는 만약 예수님이라면 이런 상상을 하면서 그들과 대화하려고 노력했지요. 참 힘들었지만, 그건 제가 이런 일엔 습관이 안 들어서일 겁니다. 또 틀림없이 실수도 여러 번 했을 테지요. 그렇지만 차마 제 입으로 믿어달라고 말은 못해도, 맥스웰 목사님, 그 모임의 효과가 몇몇 직원들에게 미쳤습니다. 모임을 끝내기 전 십여 명이 넘는 직원들이 그 얼굴에 눈물 흘리는 모습을 보았으니 말이죠. 저는 거듭 '예수님이라면 어떻게 하실까?' 하고 자신에게 물었고, 그렇게 물으면 물을수록 이 숱한 세월을 저를 위해 수고해준 직원들에게 더할 수 없는 친밀함과 애정을 느끼도록 해주더군요. 날마다 뭔가 새로운 일이 일어나고 있고 저는 제 자신의 그러한 행동 동기와 관련하여 지금은 사업 전체를 새로 다시 짜는 일에 한창입니다. 사실 저는 갖가지 협력 방안들과 또 그것들을 사업에 적용하는 법을 거의 알지 못해서 출처를 가리지 않고 관련 지식을 구하려 애쓰고 있지요. 최근엔 영국 브래드포드의 위대한 실업가인 타이터스 솔트Titus Salt— 브래드포드의 시장이자 사업가로서 박애주의와 가족주의에 입각하여 솔테어 공업촌을 창설하였음. 1803~1876, 편집자 주— 의 생애를 특별히 공부하고 있답니다. 말년에 그는 에어 강의 기슭을 따라 이상적인 공업촌을 세웠지요. 그가 세운 계획들은 저한테 큰 도움이 되고 있습니다. 그렇지만 아직 세부적으로는 이렇다 할 결론에 이르진 못했어요. 예수님의 방식에 충분히 익숙해 있지 않아서 말이죠. 하지만 여기를 봐주세요."

라이트 씨는 자기 책상의 한 서류 보관함을 열심히 뒤지더니 종이 한 장을 꺼냈다.

"만약 예수님이 저처럼 사업체를 꾸려가신다면 어떤 방침에 따라 운영하실지 대략 적어봤습니다. 이걸 보시고 목사님의 생각을 말씀해 주세요."

사업가 밀턴 라이트의 위치에서 예수님이라면 하실 만한 일들

무엇보다 먼저 돈벌이가 주목적이 아니라, 하나님께 영광을 돌리기 위해 사업을 하시리라.

그렇게 하여 번 돈은 절대로 자신의 소유로 여기지 않으시겠지만, 인류의 이로움을 위해 쓰게 될 신탁자금으로 생각하시리라.

고용 관계에 있는 사람들을 모두 지극히 사랑하시고 도우시리라. 그들은 모두 구원받아야 하는 영혼이란 관점에서 살피시리라. 이러한 생각을 사업에서 돈을 벌려는 생각보다 언제나 중하게 여기시리라.

정직하지 못하거나 의심을 살 만한 일은 추호도 하지 않으시고 동종업계에 있는 그 누구도 아무리 하찮은 일일지라도 이용해 먹으려고 하지 않으시리라.

사업에서 비이기성과 공익성의 원칙을 철두철미하게 관철시키시리라. 이 원칙에 따라 고용인, 고객, 여타 업계 관계자, 이 모든 사람들과 온전한 관계를 형성하시리라.

헨리 맥스웰 목사는 이 글을 천천히 읽었다. 읽으면서 자기가 요전 날 예수님이라면 하실 법한 행동을 생각하며 그것을 구체적으로 표현하려고 애썼던 일이 떠올랐다. 그는 심사숙고하며 얼굴을 들고 라이트 씨의 열의에 빛나는 눈과 마주했다.

"이러한 방침으로 사업을 운영해도 여전히 수익을 낼 수 있을 거라고 생각하세요?"

"그럼요. 현명한 비이기성은 현명한 이기성보다 훨씬 더 우월합니다,

그렇지 않을까요? 만약 고용인으로서 일하는 사람들이 회사의 이익을 자신의 이익으로 받아들이게 된다면, 더욱이, 그 회사로부터 인격적인 사랑을 받고 있다고 느끼게 된다면, 더 애사심을 갖고, 더 절약하며, 더 부지런하고, 더 성실하게 일하는 결과를 낳지 않겠습니까?"

"네, 나도 그렇게 생각합니다. 그렇지만 상당수 다른 사업가들은 그렇게 하지 않아요, 안 그런가요? 내 말뜻은 대체로 그렇다는 겁니다. 기독교적 원칙에 따라 돈을 벌려고 하지 않는 이 이기적인 세상은 어떻게 하구요?"

"물론, 그 때문에 말처럼 쉽지 않아요."

"협동조합으로 알려진 일종의 그런 계획을 구상 중인가요?"

"그렇습니다, 최종적으로는, 그렇게 할 겁니다. 말씀드렸다시피, 사소한 것도 놓치지 않도록 면밀히 구상 중이지요. 제가 완전히 확신하는 바는 만약 예수님이 저와 같은 처지에 계신다면 결코 사심을 앞세우진 않을 거라는 겁니다. 예수님은 당신께서 고용한 이들을 모두 사랑하실 거예요. 예수님은 모든 사업의 주목적은 호혜에 있다고 여기실 테고, 하나님의 왕국이 명백히 추구해야 할 첫 번째 목적이 되게 하시기 위해서 오로지 그렇게 처신하실 겁니다. 이러한 일반적인 원칙에 따라, 말씀드린 대로, 저는 일하고 있습니다. 꼼꼼히 만전을 기하려면 시간이 걸리겠지요."

마침내 맥스웰 목사는 사무실을 나오면서 이미 실업계에서도 변혁이 시작되고 있다는 사실에 깊은 감동을 받았다. 그는 그 상점을 지나가며 그곳에 감도는 뭔가 새로운 활기를 느꼈다. 밀턴 라이트 씨와 그의 직원들 사이에 새로운 관계가, 채 2주도 안 지나서, 그의 사업장 전체를 이토록 빨리 변화시키고 있음은 의심할 여지없는 사실이었다. 이 점은 직원들의 행동과 얼굴을 보기만 해도 바로 알 수 있었다.

"만약 라이트 씨가 이대로 계속해 나간다면 그는 레이먼드 시에서 가장 영향력 있는 전도자들 중에 한 명이 되겠어."

자신의 서재로 돌아온 맥스웰 목사는 이렇게 혼잣말을 했다. 뒤이어 적자가 나게 생겨도 그가 이러한 방침을 중단 없이 밀고나갈 수 있을까 하는 의문도 떠올랐다. 맥스웰 목사는 예수님을 따르기로 서약한 제일교회 성도들에게 강력한 힘으로 임재하신 성령이, 그들 모두와 오래도록 함께해주시기를 기도했다. 그리고 가슴 속의 말을 소리 내어 기도하면서 그는 설교 준비에 마음을 다잡았다. 예수님이라면 그러시리라고 믿는 바에 따라, 이번 주일 예배에선 레이먼드 시의 술집을 주제로 설교할 계획이었다. 예전엔 이처럼 술집에 반대하는 설교를 한 적이 없었다. 그는 자신의 하고자 하는 말들이 심각한 결과를 초래할 거란 사실을 잘 알고 있었다. 그럼에도, 그는 설교 원고를 줄곧 써내려 갔고, 한 문장을 작성하거나 퇴고할 때마다 그에 앞서 '예수님이라면 어떻게 하실까?' 하고 이 질문을 스스로 물어보았다. 그는 자신의 서재에서 일단 설교 준비를 하게 되면, 내내 무릎을 꿇은 채로 했다. 그 자세가 의미하는 바를 맥스웰 목사 자신 말고는 아무도 알 수 없었다. 그리스도의 제자됨이 어떠해야 하는지 이 생각에 변화가 일어나기 전에는, 언제 그가 설교 준비를 하면서 무릎을 꿇은 적이 있었던가? 이제 그는 자신의 목사 직분을 헤아려볼 때, 지혜를 간청하는 기도 없이는 감히 설교할 엄두를 내지 못했다. 그는 극적인 설교 전달법이나 청중에게 미칠 그 효과를 더는 염두에 두지 않게 되었다. 지금 그에게 주어진 화두는 바로 이것이었다.

"예수님이라면 과연 어떻게 하실까?"

그레이 씨 부부가 이제껏 보았던 렉탱글의 야간 집회 중에서 가장 놀라운 광경이 토요일 밤에 벌어졌다. 레이첼이 찬송을 부르는 밤마다 그 집회는 성황을 이뤘다. 낮에 렉탱글을 지나가는 외지인도 어떤 식으로든 그 집회의 소문을 꽤나 들었을 정도였다. 그 토요일 밤까지 욕설과 추잡한 행위 그리고 고주망태가 눈에 띄게 줄었다고 말할 수는 없었다. 렉탱글 주민은 그곳이 차츰 좋아지고 있다거나 심지어 찬송 덕에 그들의 겉으로 드러난 태도가 부드러워졌다는 사실을 인정하려고 들지 않았으리라. 그들은 스스로 '거칠다'고 하는 지역적 자부심이 지나치리만큼 컸다. 그러나 그 자부심에도 불구하고 렉탱글은 결코 측정할 수 없으며 또 우리가 저항할 수 있으리라고 미리 짐작도 못하는 그런 힘에 감화되고 있었다.

그레이 씨는 평상시 목소리를 회복하여 이 토요일에는 설교할 수 있었다. 그렇지만 조심스럽게 목을 써야 했기 때문에 야간 집회에 모인 사람들은 그의 말을 듣기 위해선 아주 조용히 있어야 했다. 차츰차츰 그들은 이 남자가 오로지 순수하게 비이기적인 사랑을 자기들에게 베푸신, 구세주에 대한 지식을 자신들한테 전해주기 위해서 몇 주간 설교를 해왔고 시간과 정력을 고스란히 받쳐왔다는 사실을 깨닫게 되었다. 오늘 밤 수많은 군중은 헨리 맥스웰 목사의 점잖은 청중 못지 않게 조용했다. 천막 주변은 더욱 고요했고 술집들은 거의 비다시피 했다. 마침내 성령이 임하셨고, 그레이 씨는 자기 평생의 기도 중에서 그 하나가 응답받고 있음을 알았다.

그리고 레이첼의 찬송은, 버지니아나 재스퍼 체이스가 이제껏 들었던 노래 중에서, 최고였고, 가장 훌륭했다. 오늘 밤에도 그들은 다 같이 왔는데, 이번엔 웨스트 박사도 함께했다. 그는 이 주간에 남는 시간을 렉탱글에서 의료봉사 활동을 하며 보냈었다. 버지니아가 오르간 반주를 했고, 재스퍼는 앞자리에 앉아 레이첼에게서 눈을 떼지 못했다. 레이첼이 다음과 같은 찬송을 부를 때, 한 남자가 강단을 향해서 다가왔고 렉탱글 주민들은 동요했다.

큰 죄에 빠진 날 위해
주 보혈 흘려주시고
또 나를 오라 하시니
주께로 거저 갑니다.

그레이 씨는 거의 말 한 마디도 하지 못했다. 그는 손을 내밀어 환영한다는 뜻의 몸짓을 해보였다. 그러자 천막 안의 두 통로로, 남녀를 가리지 않고, 상처 입고, 죄 많은 사람들이 강단 쪽으로 비치적비치적 걸어왔다. 거리의 여자 한 명은 오르간 가까이로 와 있었다. 버지니아는 그녀의 얼굴 표정을 살펴보며, 이 죄 많은 여인에겐 예수님이란 어떤 존재일까 하는 생각이 갑작스럽고도 강력하게 떠오르자 마치 새롭게 다시 태어난 느낌이 들었다. 이런 경험은 부자 아가씨로 살아온 자신의 인생에서 난생처음이었다. 버지니아는 오르간에서 일어나, 그녀에게 다가가서는, 얼굴을 응시하며 두 손을 맞잡았다. 그 여자는 몸을 떨더니, 무릎을 꿇고 흐느껴 울면서, 자기 앞에 놓인 엉성한 벤치의 등에 머리를 숙였다, 여전히 버지니아에게 매달린 채로. 그리고 버지니아는, 한순간 망설이다가, 그 여자 곁에서 무릎을 꿇었고 숙여진 두 머리는 서로 맞닿아 있었다.

한편 몰려나온 사람들이 강단 주위를 두 겹으로 에워싸며, 그들 거의가 무릎을 꿇고서 울부짖고 있었을 때, 여기 사람들과는 확연히 다른 티가 나는 정장 차림의 한 남자가, 좌석을 비집고 들어와선 맥스웰 목사가 설교할 때 집회를 방해했던 그 주정뱅이 옆에 무릎을 꿇고 기도했다. 그는 레이첼— 여전히 부드럽게 찬송가를 부르고 있던— 과는 몇 걸음 떨어져 있지 않았다. 이윽고 그녀가 잠시 몸을 돌려 그 남자가 있는 쪽을 바라보게 되자, 롤린 페이지의 얼굴을 알아보고는 깜짝 놀랐다! 순간 그녀의 목소리가 흔들렸다. 그렇지만 찬송은 이어졌다.

죄 용서하여 주시고
내 마음 위로하심을
나 항상 믿고 고마워
주께로 거저 갑니다.

10장

사람이 나를 섬기려면 나를 따르라

렉탱글에서 열린 집회는 거의 자정이 되어서야 끝났다. 그레이 씨는 주일 새벽까지 자리를 뜨지 못하고, 작은 무리를 이룬 회심자들과 함께 기도하며 이야기를 나눴다. 그들은 새 생명을 얻은 굉장한 경험을 했고 마치 육적인 죽음에서 자기들을 구원하기 위해 줄곧 그레이 씨에게 의지해왔다는 듯이 그들 각자가 스스로 어쩌지 못하는 막막함으로 이 전도사에게 매달렸다. 그 때문에 그레이 씨는 이들을 내버려 둘 수 없었다. 그 회심자들 중에는 롤린 페이지도 있었다.

버지니아와 그녀의 삼촌은 11시 무렵 집으로 떠났고, 레이첼과 재스퍼 체이스는 버지니아 집과 가까운 큰길까지 그들과 동행했다. 웨스트 박사는 얼마쯤 다 함께 걷다가 귀가했으며, 그 뒤에 레이첼과 재스퍼는 둘이서 레이첼 집으로 향했다.

시간은 11시를 훌쩍 넘었다. 바야흐로 자정을 알리는 종소리가 울리려고 할 때쯤, 재스퍼 체이스는 자기 방 책상에 앉아 원고를 빤히 들여다보며 고통스러우리만치 같은 자세로 거의 30분 가까이 그대로 있었.

그는 레이첼 윈슬로우에게 사랑한다고 고백했고, 그녀는 자기 마음을 그에게 주지 않았다. 오늘 밤 그로 하여금 그녀에게 고백하도록 만든 그 걷잡을 수 없는 충동이 무엇이었는지 이해하기 어려우리라. 그는 레이첼이 자신의 사랑을 받아줄 거라고 확신했기 때문에, 어떤 결과가 자기에게 일어날지 특별히 생각해보지 않고 제 감정에 따랐다. 그는 처음 고백했을 때 그녀의 반응이 어떠했는지 기억하려고 애썼다.

그녀의 아름다움과 용기가 오늘 밤처럼 그를 사로잡았던 적은 한 번도 없었다. 그녀가 찬송을 부르는 동안에 그의 눈과 귀엔 오직 그녀만 들어왔다. 그 천막은 종잡을 수 없는 군중으로 미어터졌고 하층민 무리로 둘러싸인 곳에 자기가 앉아 있다는 사실을 알았지만, 그들은 자신한테 아무 의미로 다가오지 않았다. 그는 그녀에게 고백하지 않고선 못 배기겠다고 느꼈다. 그는 단둘이 있게 되면 그때 자기 속마음을 털어놓아야겠다고 마음먹었다.

사랑을 고백해버린 지금, 그는 레이첼에 대해서나 자기 마음을 알릴 그 기회에 대해서 뭔가 오판했구나 싶었다. 그는 그녀도 자기한테 얼마큼 관심을 갖고 있는 줄 알았다, 아니 그렇게 생각했다. 재스퍼의 첫 번째 소설 그 여주인공은 그의 이상형인 레이첼이었으며, 또 남자 주인공은 바로 그 자신이었고 책 속에서 둘이 서로 사랑한다는 사실은 그 두 사람 사이에선 비밀도 아니었다. 그리고 그것에 레이첼은 싫은 내색을 보이지 않았었다. 그 사실을 다른 사람들은 아무도 몰랐다. 레이첼만 알아챌 수 있게끔 그 이름들과 성격들을 교묘한 솜씨로 그렸기 때문에, 재스퍼한테서 그 소설책을 받았을 때, 그녀는 그가 자기를 마음에 품고 있다는 사실에, 불쾌해하지 않았다. 그것이 거의 일 년 전의 일이었다.

오늘 밤 재스퍼는 기억에 남아 있는 두 사람 사이에 있었던 일들을 그 억양이나 몸짓 하나하나까지 떠올려보았다. 심지어 그는 자기가 그녀에게 막 고백하려던 길거리 바로 그곳에서, 며칠 전에, 롤린 페이지와 함께 걸어가는 레이첼을 만났었던 사실도 생각났다. 그 당시 그는 롤린이 무슨 말을 하고 있었는지 궁금해 했었다.

"레이첼,"

하고 재스퍼는 입을 열었고, 그가 그녀를 이렇게 이름만으로 부른 것은 이번이 처음이었다.

"오늘 밤 비로소 내가 당신을 얼마나 사랑하는지 알게 됐어요. 서로 눈에 보듯 뻔한 사실을 왜 더 애써 숨겨야 하지요? 내가 당신을 내 생명처럼 사랑한다는 걸 당신도 알 거예요. 이 마음을 감추려고 해도 더는 감출 수가 없어요."

그가 첫 번째로 눈치 챈 거절의 징조는 자기에게 팔짱을 낀 레이첼 팔의 떨림 그것이었다. 그녀는 그가 말하도록 가만히 있었으며 그를 향해 자기 얼굴을 돌리거나 그를 피하려고도 하지 않았다. 그녀는 앞만 바라보고 있었고 말할 때 그녀의 목소리는 슬픔에 잠겨 있었지만 단호하고 차분했다.

"왜 하필 지금이에요? 참을 수가 없어요, 오늘 밤 그런 일을 보고도……"

"왜…… 뭐가……"

이렇게 말을 더듬거리다가 그는 입을 다물고 말았다.

레이첼은 팔짱을 풀었지만 여전히 그의 옆에서 걸었다. 그때 재스퍼는 큰 기쁨을 기대했다가 큰 낭패를 본 사람처럼 괴로워하며 소리쳤다.

"레이첼! 당신은 나를 사랑하지 않나요? 당신을 향한 내 사랑보다 살면서 더 소중한 뭔가가 있다는 말인가요?"

그녀는 그 말을 들은 뒤에도 묵묵히 몇 걸음을 걸었다. 둘은 가로등 밑을 지나갔다. 그녀의 얼굴은 창백했고 아름다웠다. 그는 그녀의 팔을 잡으려고 했지만 그녀는 그에게서 떨어져 좀 더 앞으로 나아갔다.

"그래요," 그녀가 대답했다. "지금은 뭐라 할 말은 없지만, 다 때가 있는 법이에요, 나에게 그런 고백은 하지 말았어야 했어요."

그는 이 말 속에 그녀의 대답이 들어 있음을 알아챘다. 그는 몹시 예민한 사람이었다. 그의 사랑 고백에 그녀가 무척 기뻐했다면 그도 만족했을 텐데 말이다. 그렇다고 그는 그녀에게 긴 말을 늘어놓을 수 없었다.

"어떤 때, 훨씬 좋은 기회를 마련한다면요?"

하고 그는 나직한 목소리로 물었다. 하지만 그녀는 들은 체도 하지 않았고, 이윽고 두 사람은 그녀의 집 앞에서 헤어졌다. 그리고 서로 작별 인사도 나누지 않았다는 사실이 그에게 지금 생생하게 떠올랐다.

이제 와서 그 짧지만 의미심장했던 장면을 돌이켜봤을 때 그는 자신의 바보 같은 경솔함을 스스로 자책했다. 그녀는 자기 마음속에서 아주 새삼스럽게 되살아나는 그 천막 집회의 광경에 긴장한 채 열정적으로 온 감정을 몰입하고 있었는데, 그런 레이첼의 심정을 그는 헤아리지 못했었다. 하지만 그는 아직도 그녀를 충분히 이해하지 못했고 그녀가 왜 거절했는지 그 까닭도 알 수 없었다. 제일교회 시계가 한 시를 쳤을 때도 그는 줄곧 책상에 앉아서 자신의 미완성 소설 그 원고의 마지막 페이지를 물끄러미 쳐다보고 있었다.

레이첼은 자기 방으로 올라가서 서로 충돌하는 두 가지 감정으로 오늘 밤에 겪은 일을 직시했다. 자기가 재스퍼 체이스를 사랑했던가? 그래. 아니야. 한순간 그녀는 자기 삶의 행복이 자신의 처신 탓에 위태로워졌음을 직감했다. 다른 한편으로는, 할 말을 했다는 이상야릇한 안도감이 들기도 했다. 한편 그녀의 마음속엔 한 가지 고귀한, 억제할 수 없는 감정이 자리하고 있었다. 자신의 찬송에 천막 집회의 가없은 사람들이 보여준 반응은, 곧 성령의 그토록 신속하며, 강력하고, 경외로운 임재는 여태 살면서 한 번도 느껴보지 못한 감동을 그녀에게 선사했다. 재스퍼가 자기 이름을 부르던 그 순간에 또 자신에게 사랑을 고백하고 있음을 알아챘던 그 순간에 그녀는 그에게서 갑작스러운 혐오감을 느꼈다, 그들이 방금 지켜봤던 그 성스러운 사건의 여운을 그가 무시한 듯싶었기 때문이었다. 그녀는 마치 그 순간엔 그러한 회심을 허락하신 하나님께 그 영광을 돌리는 일 말고 딴데 정신이 팔려 있어선 안 된다고 느꼈다. 천막 안을 가득 채운, 죄에 물든 사람들의 양심을 일깨우기 위한 그 한 가지 열망으로 혼신을 다해 자기가 찬송가를 부르는 내내, 재스퍼는 그것에 마음이 움직이지 않은 채 자신을 향한 사랑에만 빠져 있었다는 생각이 들자, 그녀는 재스퍼뿐만 아니라 자기도 불경죄를 저지른 듯한 충격을 받았다. 왜 이런 느낌이 드는지 알 수 없었다, 그녀가 아는 유일한 사실은 만약 그가 오늘 밤 고백하지 않았더라면 항상 그에게 품어왔던 감정은 변함없이 그대로였을 것이란 점이었다. 그 감정은 뭐였지? 그 사람은 자신에게 어떤 의미였나? 자기가 실수를 한 걸까? 그녀는 책장으로 가서 재스퍼가 준 소설책을 꺼냈다. 재스퍼가 자기를 위해 썼다고 알고 있었던, 이따금 읽기도 했던 부분들을 찾아 펴들었을 때, 그녀는 낯뜨거워졌다. 그녀는 그 부분들을 다시 읽었다. 웬일인지 이전엔 강렬하게 느꼈던 감흥이 일지 않았다. 그녀는 책을 덮고는 탁자에 올려놓았다. 어느새 그녀는 자신의 생각이 그 천막 집회에서 목격했던 광경들로 꽉 차 있음을 느꼈다. 남녀 할 것 없는, 성령의 영광에 난생처음 감화된 그 얼굴들— 구원이란 얼마나 경이로운 일인가! 그 완벽한 영적 신생은 술에 절고, 상스럽고, 타락한 인간성이 그 자신을 그리스도께 귀의한 순결한 삶에 바치겠다고 무릎을 꿇은 모습에서 나타났다. 오, 그것은 분명히 이 세상에 초인간적인 존재가 있다는 증거였다! 그리고 빈민가의 볼품없는 사람들 곁에 있는 롤린 페이지의 얼굴도! 그녀는 천막을 떠나기 직전에 자기 오빠를 껴안은 채 울던 버지니아와, 또 그 근처에서 무릎을 꿇고 기도를 드리던 그레이 씨와, 그리고 버지니아가 가슴으로 받아들였던 그 여자— 떠나기에 앞서 버지니아에게 뭐라 귓속말을 하던— 가 지금 눈앞에서 보듯이 생생하게 기억났다. 인간의 비극들 속에 성령이 가져다준 이러한 모든 장면들은 레이먼드 시를 통틀어 가장 버림받은 지역에서 최고조에 달하였고, 지금 레이첼의 기억에 뚜렷이 떠올랐다. 그 기억은 너무나 새삼스러워서 자신의 방이 그 사람들과 그 움직임들도 모두 한동안 품고 있을 듯싶었다.

"그래! 맞아!" 그녀가 큰 소리로 말했다. "어쨌든 그는 그렇게 고백해선 안 되는 거였어! 그는 우리 생각이 그대로 유지될 수 있도록 주의해야 했어. 내가 그를 사랑하지 않는 건 확실해. 내 인생을 맡길 만큼은 아니란 말이야!"

그리고 그녀가 이렇게 말하고 나자, 오늘 밤 천막 집회의 경험이 다시 생생하게 떠올라서, 여타 잡념들을 죄다 몰아냈다. 그 경험은 그때 렉탱글에 대단한 영적인 기운이 임했었음을 알려주는 가장 놀라운 증거여서 레이첼은, 심지어 재스퍼가 자기에게 사랑을 고백해 왔을 때조차도, 재스퍼가 개인적으로 자기한테 또는 자기가 재스퍼한테 느꼈을 어떤 감정보다도 훨씬 강력한 흥분으로 그 성령의 현현이 자기를 감동시켰을 것이란 생각이 들었다.

주일 아침에 레이먼드 시민은 이 도시의 여러 관례와 관습에 변혁의 시작을 알리는 사건들이 갈수록 늘어나고 있음을 알게 됐다. 철도회사의 부정과 비리를 고발한 알렉산더 파워즈의 행동은 레이먼드 시뿐만 아니라 전국에 큰 파장을 불러일으켰다. 신문사 경영의 정책 변화로 에드워드 노먼의 일간 신문은 최근에 일어난 어떤 정치적 사건보다도 더 많이 사람들 입에 오르내렸다. 렉탱글 집회에서 찬송을 부른 레이첼은 사회에 신선한 충격을 안겼고 그녀의 친구들은 다들 놀라움을 감추지 못했다.

버지니아의 처신, 곧 그녀의 잘사는, 상류층 지인들과 으레 가졌던 모임에는 나타나지 않고 매일 밤 레이첼과 어울려 다니는 행동은 무성한 뒷말과 쑥덕공론을 낳았다. 이러한 익히 잘 알려진 사람들을 중심으로 일어난 사건들에 더하여, 이 도시 곳곳에 수많은 가정과 회사와 사회 각계에서 이상한 일들이 벌어졌다. 헨리 맥스웰 목사의 교회에 다니는 성도들 거의 백 명이 매사에 '예수님이라면 어떻게 하실까?' 하고 이 질문을 먼저 묻고 나서 일을 해나가기로 서약했고 그 결과, 갖가지 상황에서 아주 유별난 일들이 생겼다. 레이먼드 시는 전에 없이 술렁거렸다. 이번 주 사건들 중에서 최고의 사건은 렉탱글 집회에서 있었던 성령의 현현이었고, 또 유명한 사교계 사람이자 클럽 죽돌이인 롤린 페이지의 회심과 함께, 저 지역에서 최악의 인물들 오십 여명이 그 천막에서 정말로 회심했다는 소식이 대다수 교인에게 예배 시간 전에 퍼졌다.

 이러한 모든 상황에 떠밀려서 레이먼드 시의 제일교회 교인들이 어떤 전체적인 진실에 몹시 예민해진 상태로 오전 예배를 드리러 온 것도 당연했다. 그런데 어쩌면 교인들이 가장 놀랐던 일은, 예수님을 본받아 행동하자고 그들에게 제안한 이래로 맥스웰 목사 자신에게 닥친 크나큰 변화였다. 그는 이제 더는 설교에서 억지 감동을 주기 위해 연극조의 화법을 사용하지 않았다. 강대상에 섰을 때 세련된 풍채와 품위 있는 용모에서 풍기는 그 자기 만족의, 느긋하고, 여유로운 태도는 사라졌고 예전에 설교하던 옛 모습을 찾아볼 수 없을 만큼 아주 딴판으로 바뀌어 있었다. 그의 설교는 일종의 메시지가 되었다. 더 이상 연극조의 설교는 없었다. 맥스웰 목사는 진리를 향한 열의를 설교에 쏟아부으며 사랑, 진심, 열정, 열망, 겸손도 함께 그들에게 전해서 그러한 설교가 설교자를 부각시키지 않는 것과 마찬가지로 그의 말은 마치 하나님의 생생한 목소리 같았다. 또 그의 기도는 이제껏 교인이 들어왔던 그의 기도와는 달랐다. 그는 기도하면서 자주 띄엄띄엄 말했고, 심지어 그리 길지 않은 말임에도 실제로 한두 번 어법을 틀리기도 했었다. 그 언제 헨리 맥스웰 목사가 그런 실수를 할 만큼 완전히 기도에 몰입했던 적이 있었는가? 그는 자기가 설교할 때뿐만 아니라 기도할 때도 자신의 어법과 말투에 큰 자부심을 지녀왔다는 사실을 잘 알고 있었다. 그런데 공적 기도에서 보이는 그 공들인 티를 지금은 너무나 싫어하게 돼서 일부러 그는 예전의 정교했던 기도 방식을 멀리하게 된 것일까? 그는 그런 생각을 전혀 하지 않았으리라. 오히려 자기 성도들의 요구와 소망을 아주 간절히 기도로 말하느라고 그는 자기도 모르게 가끔 말실수를 했다. 분명한 사실은 그가 지금처럼 정말로 은혜롭게 기도한 적은 한 번도 없었다는 점이다.

　설교는 그 설교가 참신하다거나 깜짝 놀랄 내용을 담고 있어서 또는 감동적인 한 마디 말이나 논쟁거리를 제공한다는 그런 이유보다는 오히려 그 설교를 듣는 청중이 처한 상황 때문에 어떤 가치나 권위를 지니는 경우도 더러 있다. 헨리 맥스웰 목사는 지난주에 마음먹었던 대로, 술집에 반대하는 설교를 하는 오늘 아침 그러한 상황에 직면했다. 그는 레이먼드 시의 술집이 끼치는 나쁜 영향에 대해선 일절 새로운 말을 보태진 않았다. 거기에 무슨 새로운 사실이 있었겠는가? 그는 재계나 정계에서 술집이 갖고 있는 영향력에 대해서도 공분을 살 어떤 실례도 들지 않다. 금주운동의 활동가들이 숱하게 해왔었던 말 이외에 무슨 말을 더할 수 있었겠는가? 오늘 아침 그가 전한 메시지의 영향력은 술집을 주제 삼아 설교했다는 여하튼 그 이상한 사실에서 나왔다, 물론 교인들을 흥분시켰던 저 여러 사건들도 더불어 힘입었지만 말이다. 그는 지난 십 년간 목회를 해오면서 그 술집을, 가난하고 유혹받기 쉬운 사람들한테도, 또한 지역 경제계와 교회 자체에도 유해를 끼치는 어떤 것으로 언급한 적이 한 번도 없었다. 이제 그는 예수님도 자기처럼 그렇게 말씀하셨을 거라는 완벽한 확신 속에서 자유로이 설교했다. 설교를 끝낼 무렵 그는 렉탱글에서 거듭나기 시작한 새 생명을 기억해 달라고 성도들에게 간청했다. 시 공무원을 뽑는 통상선거가 임박했다. 술집 허가의 문제가 이번 선거에서 쟁점이 될 지도 모른다. 이제 막 죄로부터 구원된 기쁨을 누리려고 하는데 저 가난한 사람들을 술이라는 지옥이 에워싸고 있다면 어찌 되겠는가? 그들이 처한 환경의 문제점을 누가 알릴 수 있겠는가? 그리스도의 제자이면서, 사업가요, 시민인 사람의 입에서 죄와 수치를 낳는 법령에 그 허가 존속을 찬성하는 말이 한 마디라도 나올 수 있겠는가? 이 문제에 시민으로서 취할 수 있는 가장 크리스천다운 일은, 투표로 술집에 반대하고, 올바른 사람들을 시 공무원으로 선출해서, 시 당국을 정화하는 것이 아닐까? 그동안에 사실상 예수님과 대적하는 쪽으로 투표가 이뤄지고 조치가 취해져 온 마당에 기도를 많이 한다고 해서 레이먼드 시가 더욱 좋아지겠는가? 예수님이라면 이렇게 하지 않으셨을까? 과연 어떤 제자가 이 일에서 예수님이 수난을, 아니 당신의 십자가를 짊어지시기를 마다할 것이라고 상상할 수 있겠는가? 제일교회 교인들은 이제껏 예수님을 본받으려고 하면서 얼마나 많은 고생을 겪어봤는가? 그리스도의 제자됨은 그저 양심에, 관습에, 전통에 따르면 그냥 얻어지는 것인가? 예수님의 발자취를 따른답시고 변화산은 물론 갈보리 산도 반드시 올라가야만 할까?

이렇게 호소하는 맥스웰 목사의 말투는 지금 자기가 아는 것보다 훨씬 격렬했다. 성도들의 정신적인 긴장이 바로 그 점에서 최고조에 이르렀다고 해도 지나친 말은 아니었다. 제일교회에서 지원자들과 함께 시작한 예수님 본받기 운동은 효모처럼 제일교회 내부로 퍼져갔고, 헨리 맥스웰 목사는 아직은 젊은 나이임에도 무척 놀랐으리라, 만약 그가 십자가를 지려고 하는 성도의 그 열망이 어느 정도인지 헤아릴 수 있었다면 말이다. 이윽고 그가 이천 년을 이어온 주 예수 그리스도를 따르는 진정한 길에 대해 애정 어린 호소로써 설교를 끝마치려 할 때, 남녀 할 것 없이 많은 교인들이 마치 레이첼이 자기 어머니에게 아주 열정에 차서 했던 말처럼 이렇게 토로했다.

"스스로 희생을 치르게 하는 그런 일을 하고 싶어."

"기꺼이 수난을 감수하고 싶어."

진실로, 마치니— Mazzini(1805~1872), 19세기 이탈리아를 통일로 이끈 건국 영웅, 편집자 주— 는 옳았다, 마지막에 이르러 요청으로써 다음과 같은 말처럼 아주 강력한 호소력을 지닌 말도 없다고 그가 말했을 때.

"오라, 그리고 고난을 받으라."

예배가 끝나자, 많은 교인들은 돌아갔고, 맥스웰 목사는 지나간 두 번의 주일과 마찬가지로 강당에 모인 사람들과 또다시 마주했다. 그는 그리스도 제자의 길을 따르겠다고 서약했던 그 모든 사람들과,

새로 동참하기를 바라는 다른 사람들도 남아줄 것을 부탁했었다. 예배를 마친 뒤에 갖는 이 모임은 이제 꼭 필요한 일 같았다. 그가 강당에 들어서서 사람들을 대면했을 때 가슴이 떨렸다. 적어도 백 명은 모인 듯했다. 성령이 이번처럼 강하게 임재하신 적은 이전엔 결코 없었다. 재스퍼 체이스는 보이지 않았다. 그렇지만 그를 제외하곤 다들 참석해 있었다. 맥스웰 목사는 밀턴 라이트에게 기도를 청했다. 강당의 공기는 신성한 기운으로 충만했다. 이러한 권능의 세례를 누가 마다할 수 있을까? 그것을 받지 않고서 사람들은 어떻게 그 숱한 세월을 살아왔을까?

11장

링컨대학의 도널드 마쉬 총장은 맥스웰 목사와 함께 집으로 걸어갔다.

"목사님, 한 가지 결론을 얻었습니다."

하고 마쉬 총장은 입을 열면서, 천천히 말을 이어갔다.

"제가 져야 할 십자가를 찾았는데 그것이 무겁다 할지라도, 그 십자가를 짊어지고 가야만 비로소 스스로 만족할 듯싶습니다."

맥스웰 목사가 침묵을 지키고 있어서 총장은 하던 말을 계속했다.

"오늘 목사님 설교를 듣고 제가 해야만 한다고 오랫동안 줄곧 느껴왔던 일을 확실히 알 수 있었습니다. 서약한 이후로 저는, '예수님이 나와 같은 처지에 놓이신다면 어떻게 하실까?' 하는 이 질문을 몇 번이고 자문해 보았습니다. 제가 해오던 대로 예수님도 그렇게 하시며, 대학에서 맡은 바 업무를 열심히 보고, 학생들에게 윤리학과 철학을 가르치실 거라는 사실에 애써 스스로 만족하려고 했습니다. 그러나 예수님이라면 더 가치 있는 일을 해내시리란 생각을 떨칠 수 없었습니다. 그 일이란 제가 하기를 바라지 않는 일입니다. 그 일을 하면 진짜 고통이 따를 겁니다. 저는 진심으로 그것이 두렵습니다. 목사님은 그 일이 무엇인지 짐작하실 수 있을 테지요."

"네, 알다마다요. 그 일은 역시나 제 십자가이기도 합니다. 저도 차라리 딴 일을 하고픈 심정입니다."

도널드 마쉬는 놀란 표정을 짓더니, 곧 안도하는 모습으로 바뀌었다. 그 뒤엔 슬프지만 매우 확신에 찬 목소리로 이렇게 말했다.

"맥스웰 목사님, 당신과 저는 전문가 계급에 속해 있으면서 시민의 의무를 항상 회피해왔습니다. 우리 두 사람은 문학과 학문이란 작은 세계에 머물며 세상과는 멀리 떨어져서 살았고, 스스로 좋아하는 일만 했으며 시민의 삶에 따르기 마련인 탐탁찮은 의무들은 꺼려왔습니다. 부끄러움을 가지고 고백하건대 저는 이 도시에 개인적으로 져야 할 책임을 일부러 피해왔습니다. 저는 우리 시의 공무원들이 부패하고, 부도덕한 패거리이며, 주류 관련업자의 손에 아주 놀아나고 시정 업무에 관한 한 철저히 행정편의주의적이란 사실을 잘 알고 있습니다. 그럼에도 최근까지 저는, 대학의 거의 모든 교수들과 더불어서, 시정을 다른 사람들이 맡아본다는 사실에 만족해왔고, 사람들이 살아가는 현실 세계와는 거리를 둔 채 무관하게, 제 자신만의 작은 세계에 갇혀 살아왔습니다. 심지어 '예수님이라면 어떻게 하실까?'란 이 질문에 그 정직한 답을 스스로 외면하려고도 했었습니다. 하지만 이제 더는 그렇게 할 수 없습니다. 저의 단순한 의무는 다가오는 선거에 직접 뛰어드는 것인데, 예비선거에 참여하여 바람직한 사람이 입후보할 수 있도록, 그것이 뭐든, 제 영향력을 행사하는 겁니다. 또 지금 레이먼드 시에서 볼 수 있는 사기, 뇌물, 정치적 술수, 그리고 이권 개입이라는 매우 끔찍한 소용돌이의 저 깊숙한 속으로 투신하는 겁니다. 이 일을 하기보단 차라리 대포의 포구 쪽으로 걸어가는 게 나을 겁니다. 저는 그 모든 문제에 관계되는 게 싫기 때문에 두렵습니다. '예수님은 그런 종류의 어떤 일도 하지 않으실 거야.' 하고, 만약 이렇게 스스로 말할 수 있다면, 저는 거의 아무 일도 안 할 겁니다. 하지만 예수님은 그렇게 하시리란 확신은 갈수록 더욱더 커져 갑니다. 바로 여기에서 고난이 저를 덮치려고 합니다. 그 고난은 직장이나 집을 잃는 것만큼이나 저를 괴롭히지는 않을 겁니다. 그렇지만 이러한 시정 문제에 엮이는 것 자체가 몹시 싫습니다. 윤리학과 철학을 가르치며 학자로서 저의 생활을 조용히 지켜가는 편이 훨씬 더 좋습니다. 그러나 주님의 부름심이 너무나 분명해서 저는 피할 수 없어요. '도널드 마쉬, 나를 따르라. 레이먼드 시민의 한 사람으로서 네 시민정신이 너에게 희생을 요구하는 곳에서 너의 의무를 다하라. 네 귀족적 감정이 다소 더럽혀질지라도, 이 도시의 마구간을 깨끗하게 하는 일을 거들라.' 맥스웰 목사님, 이것이 저의 십자가입니다. 이 십자가를 지든가, 아니면 주님을 부인하든가, 둘 중의 하나를 선택해야 합니다."

"제가 할 말을 하셨군요." 맥스웰 목사는 슬픈 미소를 지으며 말했다.

"그저 목사라는 이유로, 왜 제가 고상한, 섬세한 감정 뒤에 자신을 숨기고, 게다가 겁쟁이처럼, 설교할 때는 예외로 쳐도, 시민의 의무를 행하는 일에 몸을 사려야 합니까? 저는 이 시의 정치 역학 관계에 대해선 문외한입니다. 바람직한 인물들이 입후보할 수 있도록 일찍이 제가 적극적으로 나섰던 적도 없었습니다. 저와 같은 목사들도 많을 겁니다.

이 부류의 목사들은 강대상에서 시민 생활의 의무와 권리를 설교하면서도 정작 본인들은 그것들을 실천하지 않습니다. '예수님이라면 어떻게 하실까요?'란 이 질문에, 저도 총장님처럼, 이제 어떤 식으로든 답해야 할 처지에 놓여 있습니다. 제 의무는 간단합니다. 저는 수난을 감수해야 합니다. 제가 맡은 모든 교회일, 저의 사소한 시련이나 자기희생은 모두 별것 아닙니다, 우리 시를 정화하기 위한 이 공공연하고, 추잡하고, 공개적인 싸움에 제 학문적이고, 지적이며, 자족적인 생활습관들을 팽개쳐야 한다는 사실과 비교한다면 말입니다. 저는 렉탱글로 가서 그곳에서 여생을 보내며 헐벗은 사람들이 사는 빈민굴에서 일할 수도 있습니다. 그러면 술에 찌든 이 도시를 개혁하기 위한 싸움에 투신하겠다는 생각보다 오히려 그 편을 더 즐길 수 있을 듯싶습니다. 그렇게 하면 덜 고생하겠지요. 하지만, 총장님처럼 저도, 자신의 책임을 떨쳐낼 수 없었습니다. 이번 경우에서 '예수님이라면 어떻게 하실까?' 이 질문의 대답은, 말하자면 예수님이 저에게 크리스천 시민의 본분을 다하라고 명하시는 것 말고는, 그 어떤 대답도 마음에 편치 않습니다. 마쉬 총장님, 당신의 말마따나, 목회자, 교수, 예술가, 문인, 학자 같은 우리 전문직 사람들은 거의 언제나 정치적 겁쟁이로 지내왔습니다. 그동안 우리는 몰라서, 그렇지 않으면 이기적이어서 시민의 신성한 의무를 회피해 왔습니다. 확실히 예수님이 우리 시대에 사신다면 그렇게 하시지 않을 겁니다. 우리는 이 십자가를 짊어지지 않고서는, 그분을 따라갈 수 없습니다."

두 사람은 한동안 말없이 걸었다. 이윽고 마쉬 총장이 입을 열었다.

"이 문제를 두고 각자 따로 움직여선 안 됩니다. 그 서약을 했던 사람들과 다 함께 우리는 확실히 연대할 수 있고, 더욱 강해질 수 있습니다, 수적으로도 말입니다. 술과 부정부패에 맞서는 싸움에 레이먼드 시의 크리스천 세력을 조직해 나갑시다. 우리는 시위 참가보다 더 많은 일을 할 수 있는 하나의 세력으로 예비선거에 반드시 참여해야 합니다. 술집 옹호자는 불법과 위법을 저질러왔으므로 겁을 집어먹고 곧 두려워할 게 분명합니다. 정당성을 갖췄으니까 뭔가 의미 있는 캠페인을 계획해 봅시다. 예수님이라면 이 문제에 탁월한 지혜를 발휘하실 겁니다. 여러 가지 수단도 쓰실 겁니다. 큰 계획도 세우실 겁니다. 우리도 그렇게 합시다. 우리가 이 십자가를 져야 한다면 용감하게 짊어집시다, 대장부처럼 말입니다."

두 사람은 이 문제를 오랫동안 논의했고 구체적인 계획을 세우기 위해서 그 다음날 맥스웰 목사의 서재에서 다시 만났다. 시 예비선거는 금요일로 예정되어 있었다. 이 주 들어서 일반 시민에게 잘 알려지지 않은 이상한 사건들에 대한 소문이 레이먼드 시 전역에서 돌았다. 레이먼드 시가 속해 있는 이 주에선 대의원 선출의 선거 방식인 크로포드 시스템을 채택하고 있지 않아서, 예비선거는 법원 청사에서 공개 모임으로 열렸다.

레이먼드 시민이라면 그 모임을 결코 잊지 못하리라. 이전에 레이먼드 시에서 열렸던 어떤 정치적 모임과도 전혀 달라서, 비교 그 자체를 불허했다. 여기서 뽑아야 할 입후보자들은 시장, 시의원, 경찰국장, 시행정관, 그리고 시 재무관이었다.

데일리 뉴스의 토요일판 석간에는 예비선거를 아주 상세하게 보도하였고, 사설에서 에드워드 노먼은 직설적이고 확신에 찬 논조로 레이먼드의 크리스천 시민들이 선거에 깊이 관여하는 법을 배우게 되었고, 그것은 전혀 의심할 바 없이 성실한 믿음과 사심 없는 마음 때문이라고 밝혔다. 여기서 그 사설을 소개하자면 다음과 같다.

어제 저녁 법원 청사에서 진행된 예비선거는 일찍이 레이먼드 시 역사상 그 같은 선거는 없었다고 해도 무색하지 않다. 무엇보다도, 시의 행정 업무를 마치 자기들만이 맡아서 보고, 게다가 그 밖의 다른 사람을 모두 단지 도구나 들러리로 여기는 타성에 젖어 있었던 정치인들에겐 아주 경악할 일이었다. 어젯밤 그들을 주체할 수 없는 충격 속으로 몰아넣은 것은 이제껏 시정에 전혀 참여하지 않았던 수많은 레이먼드 시민들이, 예비선거에 개입하여 주도권을 쥐고, 다가오는 본선거에 나설 모든 선출직 공직 후보들을 가장 바람직한 사람들로 내세웠다는 사실에 있다.

그것은 훌륭한 시민정신이란 점에서 굉장한 교훈이었다. 링컨대학의 도널드 마쉬 총장— 전에는 한 번도 시 예비선거에 참석하지 않아서, 지역 정치인들에게 전혀 그 얼굴이 알려지지 않은— 은 레이먼드 시에서 행해진 최고의 연설들 가운데 하나로 뽑힐 연설을 했다. 마쉬 총장이 연설을 하기 위해 일어났을 때, 수년간 자신들 뜻대로 해왔던 그 정치인들의 얼굴을 지켜보는 일은 우습기 짝이 없었다. 그들 중 상당수가 '저 사람은 누구지?' 하고 물었다. 예비선거가 진행될수록 놀라움은 경악으로 바뀌었고 이 시를 주무르는 옛 패거리들이 수적으로 열세에 몰리게 되었다는 사실이 명백해졌다. 제일교회의 헨리 맥스웰 목사, 밀턴 라이트, 알렉산더 파워즈, 브라운 교수, 링컨대학의 윌러드와 파크 교수, 웨스트 박사, 필그림 교회의 조지 메인 목사, 홀리 트리니티 교회의 딘 워드 목사, 그리고 다수의 유명한 사업가들과 전문직 종사자들이 참석했는데, 이들은 대부분 교회 성도들이었고, 되도록 최적의 인물을 후보로 세우겠다는 직접적이고 뚜렷한 한 가지 목적을 가지고 다들 이 자리에 나왔다는 것을 금세 알아볼 수 있었다. 그들은 거의가 예비선거에는 한 번도 참여해본 경험이 없었다. 그들은 그 정치인들에겐 생소한 타인이나 다름없었다. 그러나 그들은 그 정치인들이 쓰는 방법으로 소기의 목적을 이뤘으며 조직되고 일치단결된 노력으로 모든 선출직에 입후보자들을 낼 수 있었다.

구태 정치인들은 자기들 뜻대로 예비선거를 움직일 수 없음이 확실해지자마자 못마땅하게 여기며 퇴장했고 다른 입후보자들을 내세웠다. 본지는 그들의 공천 후보자들 가운데 주류업계 관계자들의 이름이 올라와 있다는 사실을 양식 있는 시민들은 모두 주목하길 바랄 뿐이다. 또한 우리가 오랫동안 익히 잘 아는 바대로 술집 업주와 악덕 경영자들과, 모든 선량한 시민들이 원하는 바인 청렴결백하고, 유능하며, 수완 좋은 시행정가들 사이엔 뚜렷하고 분명한 선이 그어져 있다는 사실도 마찬가지다. 이번 선거에서 로컬 옵션local option— 지방정부가 갖는 주류 판매 금지권, 편집자 주— 의 문제가 부각되고 있다는 사실을 레이먼드 시민들에게 상기시킬 필요는 없다. 그것은 공천 후보자들 간의 가장 중요한 쟁점이 될 것이다. 우리의 시정은 위기에 봉착했다. 그 파국이 바로 우리 앞에 있다. 술과 뇌물, 그리고 파렴치한 무능력자들의 지배를 앞으로도 받을 것인가? 아니면 마쉬 총장이 그 훌륭한 연설에서 했던 말마따나, 우리는 선량한 시민의 자격으로 떨치고 일어나서 새로운 질서를 세워 나가며, 바람직한 시정과는 양립할 수 없는 구악을 일소하기 위해, 또 우리의 시민 생활을 정화하기 위해 투표할 수 있는 권한을 제대로 행사할 것인가?

본지는 이 새로운 동향을 적극적으로 그리고 조건 없이 지지하는 바이다. 지금부터 우리는 술집을 몰아내고 그 정치적 힘을 무력화하는 데 우리의 모든 힘을 경주할 것이다. 우리는 1차 예비선거에서 시민들 다수가 후보로 내세운 사람들이 선출되도록 옹호할 것이고 모든 크리스천들, 교인들, 정의와 청렴과 절제의 애호자들, 그리고 가정이 있는 사람들에게 마쉬 총장과 우리 시의 개혁을 숙원으로 삼아왔던 시민들을 모두 지지해줄 것을 부탁하는 바이다.

마쉬 총장은 이 사설을 읽었고 에드워드 노먼에 대하여 하나님께 감사를 드렸다. 동시에 그는 이미 레이먼드 시의 다른 신문들은 모두 반대편으로 돌아섰다는 사실을 충분히 잘 알고 있었다. 그는 이제 막 시작된 싸움의 그 중요성과 심각성을 과소평가하지 않았다. 데일리 뉴스가 '예수님이라면 어떻게 하실까?'란 이 기준에 따라 운영된 이후로 엄청나게 손실을 보고 있다는 것은 비밀도 아니었다. 그런데 문제는,

레이먼드 시의 크리스천이 데일리 뉴스를 지지해줄 것인가? 노먼이 기독교 일간신문을 발행할 수 있도록 도와줄 것인가? 아니면 이른바 범죄, 스캔들, 당리당략에 따른 패거리 정치에 대한 뉴스를 읽고자 하는 바람 때문에, 그리고 신문업계에서 개혁의 투사를 자처하고 나선 그 아주 유난스러운 모습에 대한 혐오 때문에, 데일리 뉴스의 구독을 중단하고 재정상의 지원을 거부할 것인가? 하는, 이런 것들이었다. 이 질문은, 사실상, 에드워드 노먼이 저 토요일자 사설을 쓰는 도중에 스스로 물어보았던 것이기도 했다. 그는 사설에서 밝힌 자신의 방침 탓에 레이먼드 시의 수많은 사업가들한테서 아주 혹독한 대가를 치르게 될 것을 잘 알고 있었다. 그러나 줄곧 사설을 써내려가면서, 그는 또 한 번 이렇게 자신한테 물어보았다. '예수님이라면 어떻게 하실까?' 이 질문은 이제 그의 모든 일상생활에 한 부분이 되었다. 또 무엇보다도 훨씬 중요했다.

어쨌거나 레이먼드 시 역사상 처음으로 전문직 종사자들, 교사들, 대학 교수들, 의사들, 목사들이 정치적 행동을 취했고, 게다가 오래 토록 시 정부의 조직을 장악해왔던 사악한 세력들에게 분명하고 뚜렷이 공개적으로 반기를 들었다. 이 사실 자체가 놀라운 일이었다. 마쉬 총장은 시민의 정의로움으로 뭔가 성취할 수 있다는 사실을 이전에는 결코 몰랐다고, 부끄러운 마음으로 스스로 인정했다. 그 금요일 밤의 예비선거 이후로 그와 대학 앞에는 '정치적인 학자'라는 상투적인 문구의 새로운 꼬리표가 함께했다. 교육은 이제 그 자신에게나 그의 영향을 받은 사람들에게나 불가결의 고난을 뜻했다. 희생은 이제 성장의 요소가 되어야 했다.

  이 주 들어 렉탱글에선 영성 생활의 물결이 고조되고 있었고, 예전 그 모습으로 되돌아갈 낌새는 보이지 않았다. 레이첼과 버지니아는 매일 밤 천막 집회에 참석했다. 버지니아는 자기 재산의 상당액을 어디에 써야 할지 신속하게 결론에 도달하고 있었다. 그녀는 레이첼과 더불어 그 문제를 상의했고 두 사람은 만약 예수님에게 막대한 금액의 돈이 당신의 처분에 맡겨진다면 버지니아가 계획한 대로 그 일부를 쓰셨을 것이라는 데 의견이 일치했다. 아무튼 그런 경우 예수님은 그 돈의 용처가 어떻든 간에 여기 관련된 사람과 상황도 천차만별이니만큼 아주 다양하게 사용하실 거라고 느꼈다. 크리스천이라고 해서 돈을 쓰는데 정해진 방식이 따로 있는 건 아니었다. 다만 그 문제에서 돈의 용도를 정하는 규칙은 이타적으로 사용되어야 한다는 것이었다.

  그러는 사이에 영광스러운 성령의 힘이 그 두 사람에게 임해서 최선의 생각을 할 수 있도록 역사하셨다. 물 위를 걷는다든지 몇 안 되는 떡과 물고기로 수천 명을 먹이신 일만큼 놀라운 기적이 이 주에는 밤마다 일어났다. 말하자면 새 사람으로 거듭남보다 더 큰 기적이 어디 있겠는가? 추악하고, 난폭하며 술에 찌든 생활이 기도하는 생활로 바뀌고, 주정뱅이가 그리스도를 열렬히 사랑하는 사람으로 변하는 모습은 죽은 나사로가 무덤에서 살아나오는 광경을 사람들이 목격했을 때 느꼈을지도 모르는 그 같은 감정으로 매번 레이첼과 버지니아에게 큰 감명을 주었다. 그것은 두 사람에겐 심오한 흥분으로 가득 찬 경험이었다.

롤린 페이지도 빠지지 않고 집회에 참석했다. 그에게 변화가 일어났다는 사실은 의심할 바 없었다. 레이첼은 아직 그와는 많은 이야기를 나누지 못했다. 롤린은 놀랍게도 말수가 없는 사람으로 변했다. 마치 항상 사색에 잠긴 듯했다. 확실히 그는 예전의 롤린이 아니었다. 그는 다른 누구보다도 그레이 씨와 더 많이 대화했다. 레이첼을 피하지는 않았지만, 그는 그녀와 관계를 새롭게 하려는 어떤 기색도 보이지 않았다. 레이첼은 새로운 삶을 살게 된 그에게 자신의 기쁜 마음을 표현하는 일조차 쉽지 않다는 사실을 깨달았다. 그는 이 새 생활을 시작하기 전에 맺었던 인간관계를 재정립하기 위해 기다리는 듯싶었다. 그는 이전의 저 관계들을 잊지 않고 있었다. 그러나 아직은 자신의 생각만큼 새로운 관계를 정립하기란 만만치 않았다.

주말에 렉탱글 지역에서 서로 적대하는 두 세력 간의 치열한 싸움이 있었다. 성령이 성스러운 힘을 다해서 오랫동안 노예들을 꽉 움켜쥐고 있었던 술집이라는 이름의 악마와 싸움을 벌이고 있었다. 만약 레이먼드 시의 크리스천들이 보다 순결한 삶에 새로이 눈을 뜬 그 영혼들에게 이 싸움이 어떤 의미를 갖는지 깨닫기만 한다면 이번 선거의 결과가 옛 방식의 주류판매 허가제를 존속하는 쪽으로 나올 리 없을 듯했다. 하지만 결과는 아직 지켜봐야 했다. 버지니아와 레이첼은 많은 회심자들의 일상생활 환경이 얼마나 끔찍한지 차츰 사무치게 절감하기 시작했고, 매일 밤 자기들의 호사스러운 집을 향해 걸어갈 때면 마음이 무거워졌다.

이따금 그레이 씨는 눈물로도 모자랄 듯싶게 침통한 얼굴로 말하곤 했다.

"이 불쌍한 사람들 가운데 많이들 도로 옛 생활로 돌아가겠지요. 사람은 환경에 큰 영향을 받기 마련이니까요. 이 사람들이 눈앞의 광경과 악마 같은 술 냄새에 언제까지 버텨낼 수 있다고 보는 건 당치 않습니다. 오, 주님, 크리스천들이 이 나라에서 알려진바 가장 오래된 노예제도를 침묵으로써, 그리고 투표로써 얼마나 더 지지해야 할까요?"

그는 이렇게 묻기는 했지만, 즉각적인 응답을 들으리라곤 크게 바라지 않았다. 금요일 밤의 예비선거 활동에는 한 가닥 희망의 빛이 있었지만, 과연 그 결과가 어떨지 그는 예측해볼 엄두도 내지 못했다.

술을 비호하는 세력들은 조직을 갖췄고, 용의주도하며, 싸우기 좋아해서, 천막 집회와 레이먼드 시에서 있었던 지난주 사건들에 남다른 증오를 분출했다. 크리스천 세력들이 하나로 뭉쳐서 술집에 맞설 것인가? 아니면 사업상의 이익 때문에 또는 술집 비호세력이 항상 일치 단결하듯이 그렇게 행동하는 데엔 서툴기 때문에 분열하고 말 것인가? 아직은 더 지켜봐야 했다. 그러는 동안에 술집은 쉿쉿 소리를 내며 똬리를 튼 치명적인 독사처럼 렉탱글 곳곳에서 그 고개를 쳐든 채, 방심하고 있는 곳은 어디든 독을 내뿜을 태세였다.

토요일 오후 버지니아가 자신의 새 계획을 상의하기 위해 레이첼을 만나러 막 집을 나서려고 하는데, 그녀의 상류층 친구들 세 명을 태운 마차가 멈춰 섰다. 버지니아는 차도로 나가서 그들과 이야기를 나눴다. 의례적인 방문은 아니었지만 그들은 버지니아에게 같이 마차 드라이브를 즐겨보자며 청했다. 공원에서 밴드 공연이 있다고 했다. 집 안에서 보내기엔 날씨가 너무 상쾌했다.

"버지니아, 도대체 그동안 어디에 있었니? 네가 연예사업에 뛰어들었다는 소문을 들었어. 얘기 좀 해봐." 하고 한 친구가 빨간 실크 양산으로 버지니아의 어깨를 장난스럽게 두드리며 물었다.

버지니아는 얼굴을 붉혔지만, 잠시 망설이고 나서 렉탱글 지역에서 경험했던 일들을 솔직하게 들려주었다. 마차 안에 있던 친구들은 정말로 관심을 보이기 시작했다.

"내 말 좀 들어봐, 얘들아, 우리 오후에 밴드 공연에 가는 대신 버지니아와 함께 '판자촌 탐방' 가는 건 어때. 난 렉탱글에 한 번도 가본 적이 없거든. 몹시 험한 곳이긴 해도 볼거리가 많다고 들었어. 버지니아를 따라가면 될 테고, 그리고……."

그녀는 '정말 재미있을' 거야 하고 말하려다가 버지니아의 표정을 보고는 '흥미로울' 거야로 바꿨다.

버지니아는 화가 났다. 이러한 사정으로는 결코 데려가지 않겠다고 처음엔 마음속으로 다짐했다. 다른 친구들도 먼저 말을 꺼낸 그 친구와 똑같은 생각인 듯했다. 그들은 진지하게 맞장구를 치면서 버지니아에게 렉탱글로 자기들을 데려가 달라며 졸랐다.

갑자기 그녀는 제 친구들의 할 일 없는 호기심이 어쩌면 좋은 기회일지도 모른다는 생각이 들었다. 그들은 여태껏 레이먼드 시의 죄악과 빈곤을 살펴본 적이 없었다. 왜 그들이 그것을 살펴봐선 안 된단 말인가, 렉탱글에 가려는 그들의 동기가 단지 오후 시간을 때워보겠다는 꿍꿍이일지라도 말이다.

12장

내가 온 것은 사람이 그 아비와, 딸이 어미와, 며느리가 시어미와 불화하게 하려 함이니 사람의 원수가 자기 집안 식구리라 그러므로 사랑을 입은 자녀같이 너희는 하나님을 본받는 자가 되고 그리스도께서 너희를 사랑하신 것같이 너희도 사랑 가운데서 행하라

"경찰과 같이 가는 게 더 낫지 않을까? 너희도 알다시피, 그곳은 정말 위험해."

하고 친구들 중 한 명이 초조하게 웃으며 말했다.

"위험하지 않아."

이렇게 버지니아는 짧게 말했다.

"네 오빠 롤린이 새사람이 되었다는 게 사실이야?"

한 친구가 호기심 어린 표정으로 버지니아를 보면서 물었다. 렉탱글로 마차를 타고 가는 도중 내내 버지니아는 세 친구가 자기를 유심히 살펴보며 마치 별난 사람처럼 여기는 듯한 느낌을 받았다.

"응, 확실히 변했어."

"그럼 이제 클럽에 가서 옛 친구들과 이야기를 나누며, 그들에게 설교하려고 애쓰겠네. 웃기지 않아?"

하고 빨간 실크 양산을 든 친구가 말했다.

버지니아는 아무런 대꾸도 하지 않았고, 마차가 렉탱글로 이어지는 거리에 접어들었을 때 그 세 친구들은 긴장하기 시작했다. 그곳이

가까워 오자 그들은 더욱더 긴장했다. 버지니아에겐 어느새 익숙해진 그 광경과 냄새와 소리가 이들 세련되고, 우아한 상류층 여자들한테는 끔찍스러운 것으로 느껴졌다. 그 지역 안쪽으로 더 깊숙이 들어갔을 때, 렉탱글 주민들은 최신 유행대로 잘 차려입은 아가씨들을 태운 이 멋진 마차를, 흐리멍덩하고, 술에 찌든 표정으로 휘둥그레 바라보는 듯했다.

'판자촌 탐방'은 레이먼드 시 상류사회에서 일찍이 한 번도 없었던 변덕이었고, 어쩌면 이런 식으로나마 두 계층이 서로 조우하는 것은 이번이 처음 있는 일이었다. 그 아가씨들은 자기들이 렉탱글 지역을 구경하는 게 아니라 오히려 호기심의 대상이 된 것 같았다. 그들은 무서웠고 또 역겹기도 했다.

"돌아가자, 충분히 구경했어."

버지니아 곁에 앉아 있던 친구가 말했다.

그 순간 그들은 악명 높은 술집과 도박장 바로 맞은편에 있었다. 차도는 좁았고 인도는 사람들로 붐볐다. 갑자기, 저 술집에서 한 여자가 휘청휘청 걸어 나왔다. 그녀는 자기도 자신의 끔찍한 처지를 얼마큼 알고 있다는 투로, "큰 죄에 빠진 날 위해……" 하고 갈라지고 술 취한 목소리로 노래를 부르고 있었다. 그때 마차가 비틀걸음으로 걷는 그 여자 곁을 지나갔는데, 마침 여자가 얼굴을 들어서 버지니아는 그 얼굴을 바로 앞에서 볼 수 있었다. 그 얼굴은 그날 밤 천막 집회에서 무릎을 꿇고 흐느껴 울던, 버지니아가 그 곁에서 함께 무릎을 꿇고 있었고 또 그녀를 위해서 기도했던, 바로 그 여자였다.

"멈춰요!"

하고 버지니아는 소리치며, 주위를 살펴보는 마부에게 손짓으로도 알렸다. 마차가 멈추자, 버지니아는 곧장 마차에서 내린 뒤 그 여자 쪽으로 가서 그녀의 팔을 붙잡았다.

"로린!"

버지니아는 이름을 불렀고, 말은 이게 다였다.

그 여자는 버지니아 얼굴을 보았고, 순간 완전히 공포에 사로잡힌 표정으로 바뀌었다. 마차 안에 있던 친구들은 놀라서 어쩔 줄 몰라 했다. 술집 손님이 그 문 쪽으로 나와서 제 엉덩이에 손을 얹은 채 구경하며 서 있었다. 그리고 창문들에서, 술집 계단에서, 지저분한 인도에서, 길가 하수구와 차도에서, 가던 길을 멈춘 채, 렉탱글 주민들은 공공연한 호기심으로 두 여자를 빤히 쳐다보았다. 따스한 봄 햇살이 두 사람에게 부드럽게 내리쬐고 있었다. 공원에서 열린 밴드 공연의 음악 소리가 희미하게 이곳 렉탱글까지 들려왔다. 공연은 시작됐고, 레이먼드 시의 상류층과 부유층 사람들은 시내 위쪽에 위치한 공원의 넓은 가로수 길에서 자신들을 과시하고 있었다.

마차에서 내려 로린에게 다가갈 때, 그녀는 자기가 무엇을 해야 할지 아니면 자신의 행동이 어떤 결과를 빚게 될지 그에 대한 뚜렷한 생각은 없었다. 다만 그녀는 더 나은 삶의 기쁨을 맛보았던 한 영혼이 또다시 수치와 죽음의 옛 지옥으로 슬그머니 되돌아가려 하는 모습을 보았을 뿐이었다. 그리고 이 술 취한 여자의 팔을 붙잡기 전에, '예수님이라면 어떻게 하실까?' 하고 스스로 물어보았을 뿐이었다. 그 질문은,

서약을 했던 다른 많은 사람들과 마찬가지로, 버지니아에겐 일상의 버릇처럼 되어 있었다.

그녀는 이제 로린 옆에 바짝 붙어 서서 주위를 둘러보았고, 모든 광경이 잔인하리만치 생생하게 와 닿았다. 먼저 마차 안의 친구들이 생각났다.

"그냥 가, 기다리지 말고. 이 친구를 집으로 바래다줘야겠어."

그녀는 차분한 목소리로 말했다.

빨간 실크 양산을 든 아가씨는 버지니아의 입에서 나온 저 '친구'란 말에 숨도 못 쉴 만큼 깜짝 놀란 듯싶었다. 하지만 아무 말도 하지 않았다.

다른 친구들도 다들 말문이 막힌 것 같았다.

"먼저들 가. 아무래도 같이 못 갈 것 같아."

하고 버지니아가 말했다. 마부는 천천히 말을 몰기 시작했다. 친구들 가운데 하나가 마차에서 머리를 살짝 내밀며 이렇게 말했다.

"우리가 좀…… 그러니까…… 도와줄까? 너 혼자선 할 수 없잖아?"

"아니야, 됐어!" 버지니아가 외쳤다. "도와주지 않아도 돼."

마차는 떠나갔고 버지니아는 로린을 떠맡은 채 혼자 남았다. 그녀는 고개를 들고 이리저리 둘러보았다. 많은 사람들이 안쓰러워하는 얼굴을 하고 있었다. 그들이 모두 다 잔인하거나 난폭하지는 않았다. 이미 성령께서 많은 렉탱글 사람들을 순하게 변모시키셨다.

"여기 어디에 살죠?"

버지니아가 물었다.

아무도 대답하지 않았다. 잠시 뒤 버지니아에게 생각해볼 겨를이 생겼을 때, 렉탱글 주민들은 이 거리 여자의 면목을 세워주고 싶어서 슬픈 침묵으로써 세심한 마음씨를 보여준 것이라는 생각이 들었다. 그리고 술집이라 불리는, 때 이른 지옥의 해안가에서 난파된 배처럼 팽개쳐진 이 불멸의 존재에겐 집이라 부를 수 있는 곳이 어디에도 없다는 생각이, 처음으로 퍼뜩 지나갔다. 갑자기 그 여자는 자기를 붙들고 있는 버지니아의 손을 뿌리쳤다. 그래서 버지니아는 거의 뒤로 자빠질 뻔했다.

"내 몸에 손대지 마! 내버려둬! 지옥으로 갈 테야! 거기가 내 집이라구! 악마가 날 기다리고 있어. 저길 봐!"

로린이 거친 목소리로 외쳤다. 그녀는 몸을 돌려 이리저리 흔들리는 손가락으로 술집 주인을 가리켰다. 그러자 사람들이 한바탕 웃었다. 버지니아는 로린에게 다가가 그녀를 안았다.

"로린," 버지니아가 단호하게 말했다. "나와 함께 가요. 당신은 지옥에 갈 사람이 아녜요. 당신이 거할 곳은 예수님 품이고 그분이 당신을 구원해주실 거예요. 자, 가요."

로린은 불쑥 울음을 터트렸다. 그녀는 버지니아를 만난 충격으로 얼마간 술이 깨 있었다.

버지니아가 다시 주위를 둘러보았다. 그리고 이렇게 물었다.

"그레이 씨는 어디에 사시죠?"

버지니아는 그 전도사가 천막 근처에서 묵고 있음을 알고 있었다. 여러 목소리들이 거기를 가르쳐주었다.

"가요, 로린, 나와 함께 그레이 씨 집으로 가요."

버지니아는 몸을 떨면서 휘청휘청하는 로린을 꽉 잡으며 말했다. 그녀는 신음을 내며 흐느끼면서 아까 버지니아를 뿌리쳤던 것만큼이나 강하게 지금은 그녀에게 매달리고 있었다.

그리하여 두 사람은 렉탱글 지역을 가로질러 그 전도사의 거처로 향했다. 이 모습이 렉탱글 주민에게 진정 어린 감동을 준 듯싶었다. 술에 취해 있었을 때는 진정으로 받아들이지 않았지만, 이번에는 달랐다. 레이먼드 시를 통틀어 최고 부자들 중에 한 명이며, 아주 옷을 잘 차려입은 아가씨가 렉탱글에서 얼굴이 팔릴 대로 팔린, 술에 절어 비틀걸음을 걷는 여자를 돌보고 있다는 사실은, 로린을 다소 품위 있고 중요한 사람으로 만들기에 충분할 만큼 놀라운 일이었다. 평소에 렉탱글 사람들은 곤드레만드레 취해서 도랑을 휘청휘청 가로질러 걸어가는 로린의 모습을 보며 비웃고 조롱했다. 하지만 부자 동네에서 사는 상류층 아가씨가 비틀걸음의 로린을 부축하는 일은 다른 문제였다. 렉탱글 주민들은 그 모습을 진지하게 또 얼마큼 놀라운 경외심으로 바라보았다.

이윽고 두 사람은 그레이 씨의 숙소에 도착했고 그때 버지니아의 노크 소리를 듣고 나온 여자는 그레이 씨 부부가 외출 중이며 6시쯤 돌아올 것이라고 말했다.

버지니아는 그레이 씨에게, 로린을 잠시 돌봐주거나 아니면 술이 깰 때까지 안전한 곳을 찾아봐달라고, 도움을 청해야겠다는 생각 말고는 다른 계획은 없었다. 버지니아는 여자의 그 말을 듣고 나서도 문 앞에 그대로 서 있었고, 어떻게 해야 할지 몰라서 정말 당황스러웠다. 로린은 바보같이 계단에 주저앉아서 두 손에 얼굴을 파묻었다. 버지니아는 혐오감이 들까봐 두려운 마음을 느끼면서 로린의 비참한 모습을 바라보았다.

마침내 버지니아에게 떨쳐버릴 수 없는 한 가지 생각이 떠올랐다. 로린을 자기 집으로 데려가지 못하는 이유는 뭘까? 술 냄새 풍기는, 집 없고, 불쌍한 이 여자를 어느 병원이나 보호시설의 낯선 관계자들에게 맡기는 대신 자신의 집에서 돌보면 왜 안 되는 걸까? 사실 버지니아는 여성의 집 같은 그러한 보호시설에 대해서 아는 바가 전혀 없었다. 실제로, 물론 레이먼드 시에는 그런 시설이 두세 곳 있었지만, 그 가운데 어디도 현재 로린과 같은 처지에 놓인 사람을 받아줄지 의심스러웠다. 하지만 지금 그것은 버지니아한테 중요한 문제가 아니었다.

"예수님이라면 로린에게 어떻게 하실까?"

이것이 버지니아가 직면한 문제였고, 드디어 답을 찾았다는 듯이 버지니아는 로린의 팔을 잡았다.

"로린, 가요. 나와 함께 우리 집으로 가요. 여기 길모퉁이에서 기차를 타면 되요."

로린은 비틀거리며 일어섰고, 버지니아가 놀라게도, 아무런 애도 먹이지 않았다. 로린이 움직이는 것을 저항하거나 완강히 거부하리라고 지레짐작했기 때문이었다. 두 사람이 길모퉁이 도착하여 기차를 탔을 때 그 안은 시내로 가려는 사람들로 거의 꽉 차 있었다. 버지니아는 기차 안으로 들어서면서부터 자신과 자기 친구에게 쏟아지는 따가운

시선을 고통스럽게 의식했다. 그렇지만 버지니아의 생각은 이윽고 할머니와 맞닥뜨리게 될 상황으로 더욱더 치우치고 있었다. 할머니는 뭐라고 말하실까?

이제 로린은 얼추 술이 깼다. 그러나 차츰 혼수상태로 빠졌다. 버지니아는 로린의 팔을 꽉 붙들고 있어야만 했다. 로린은 몇 번이나 비틀거리며 버지니아에게 기댔고, 이 둘이 길거리를 걸어가자 소위 교양 있는 사람들이 눈길을 돌려가며 빤히 그 두 사람을 쳐다보았다. 이윽고 버지니아는 자신의 훌륭한 집 계단을 올라갈 때, 할머니와 대면하게 될 상황을 걱정하면서도, 안도의 한숨을 내쉬었고, 문을 닫고 로린과 함께 넓은 집안으로 들어서면서 바야흐로 닥쳐올 어떤 일도 감당할 수 있다고 느꼈다.

할머니는 서재에 있었다. 버지니아가 들어오는 소리를 듣고, 그녀는 현관으로 내려왔다. 버지니아는 로린을 부축한 채 서 있었고, 로린은 주위의 호화로운 가구들을 멍청하게 바라보았다.

"할머니, 렉탱글에서 사는 친구 한 명을 데려왔어요. 곤란한 처지에 놓였고 집이 없어요. 며칠 여기서 돌봐줄 생각이에요."

하고 버지니아는 망설임도 없이 똑 부러지게 말했다.

페이지 여사는 소스라치며 손녀딸에게서 로린으로 눈길을 옮겼다.

"저 여자가 네 친구라고 말했니?"

할머니는 차갑게 말했고, 그 경멸하는 말투에 버지니아는 이제껏 느꼈던 어떤 말보다도 더 큰 상처를 받았다.

"네, 그렇게 말했어요."

버지니아는 얼굴을 붉혔지만, 그레이 씨가 지난 설교에서 인용한 '세리와 죄인의 친구'라는 성경 말씀을 떠올렸다. 확실히, 자기처럼 예수님도 이렇게 하셨으리라.

"뭐하는 여자인지 알고나 말하는 거니?"

할머니는 버지니아에게 바짝 다가서며, 화난 목소리로 작게 말했다.

"아주 잘 알아요. 로린은 부랑자예요. 말하실 필요 없어요, 할머니. 할머니보다 훨씬 더 잘 알고 있다구요. 로린은 지금 술에 취해 있어요. 하지만 로린도 하나님의 자녀예요. 로린이 무릎을 꿇고 회개하는 모습을 봤어요. 그런데 지옥의 무시무시한 손가락이 그녀에게 또다시 뻗치는 것도 보았어요. 그리고 그리스도의 은혜로써 적어도 제가 할 수 있는 일은 로린을 그 위험에서 구해내는 것이라고 느꼈어요. 할머니, 우리는 크리스천이잖아요. 여기 가련하고, 집도 없이 길 잃은 영혼이, 모든 것을 송두리째 잃게 될지도 모르는 비참한 생활로 다시 돌아가려고 해요. 그런데 우린 필요 이상으로 더 많이 가졌잖아요. 그래서 로린을 이리로 데려왔고, 제가 돌볼 거예요."

할머니는 버지니아를 쏘아보며 두 주먹을 꽉 쥐었다. 이 모든 것은 자신의 사회적 행동 기준에 반하는 일이었다. 어떻게 상류층 사람이 길거리의 인간쓰레기와 절친함을 변명할 수 있을까? 버지니아의 행동 탓에 우리 가문이 비난도 받고 평판도 잃는다는 점에서 어떤 대가를 치를 것이며, 게다가 부와 높은 신분을 지닌 사람이 상류사회 지도층과 유지해야만 하는 그 필수불가결한 이런저런 모든 관계들에 어떤 해를 입힐 것인가? 버지니아의 할머니 페이지 여사에게 상류사회는 교회나 여타 기관보다 더 큰 의미가 있었다. 그것은 두려워하고 복종하는 힘이었다. 상류사회에서 친분을 잃는 일은 재산 자체를 잃는 것 다음으로 가장 두려운 상실이었다.

할머니는 등을 꼿꼿이 세우고 단호한 얼굴로 버지니아를 마주보며, 굳은 각오를 다졌다. 버지니아는 자신의 팔로 로린을 부축하며 할머니를 침착한 표정으로 바라보았다.

"이래선 안 돼, 버지니아! 저 여자를 무의탁 여성보호시설로 보내거라. 그 비용을 모두 우리가 대면 돼. 저런 여자를 맡아서 우리 가문의 명성에 누를 끼칠 순 없다."

"할머니, 할머니를 언짢게 할 행동은 하나도 하고 싶지 않지만, 로린은 오늘 밤 여기서 지내야만 하고, 또 그게 최선이라면 더 오래 머물도록 할 거예요."

"그렇다면 그 결과를 네가 책임져라! 나는 더는 한집에 있지 않겠다, 비렁뱅이와는……"

할머니는 자제심을 잃었다. 버지니아는 할머니가 말을 더 잇기 전에 가로챘다.

"할머니, 이 집은 제 소유예요. 할머니가 여기 머무르기로 정하시는 한 내 집이면서 동시에 할머니 집이기도 해요. 하지만 이 문제는 예수님이 나와 같은 처지라면 어떻게 하실까, 이를 완전히 믿는 바에 따라 행동할 수밖에 없어요. 상류사회에서 뭐라 말하든 뭔 짓을 하건 기꺼이 참을 거예요. 상류사회는 제 하나님이 아니니까요. 이 가엾은 영혼을 두고 난 상류사회의 판단 따윈 개의치 않아요."

"내가 여길 떠나마, 그렇다면!"

하고 할머니가 소리쳤다. 그녀는 갑자기 몸을 돌리더니 현관 저쪽으로 걸어갔다. 그러더니 도로 되돌아와서, 버지니아에게 다가가 흥분으로 아주 격앙된 목소리로 이렇게 말했다.

"넌 술 취한 여자를 위한답시고 이 할머니를 집에서 내쫓았다는 사실을 늘 기억해야 할 거야."

그런 뒤, 버지니아의 대답도 기다리지 않고, 다시 몸을 돌려 위층으로 올라가버렸다. 버지니아는 가정부를 불러 즉시 로린을 돌봐주도록 했다. 로린의 상태는 빠르게 나빠졌다. 할머니와 얘기를 나누는 그 짧은 동안 로린은 버지니아에게 너무나 힘껏 매달렸기 때문에 버지니아의 팔은 그 잡혔던 부분이 욱신거렸다.

13장

티타임을 알리는 벨 소리가 울리자 버지니아는 아래층으로 내려갔고 할머니는 나타나지 않았다. 그녀는 할머니 방으로 가정부를 보냈고 가정부는 돌아와서 할머니가 방에 안 계신다고 전했다. 얼마 뒤 롤린이 들어왔다. 그는 버지니아에게 할머니가 남부행 저녁 기차를 탔다고 알렸다. 자기는 친구들을 배웅하려고 기차역에 있었는데, 거기서 나오는 길에 우연히 할머니를 만났다고 했다. 할머니가 떠나는 이유를 자신에게 밝혔다고 했다.

버지니아와 롤린은 진지하고도, 슬픈 얼굴로 티테이블에서 마주하며 서로 위로했다.

"오빠, 오빠도 내 탓이라고 생각해? 내가 잘못한 걸까?"

버지니아가 말문을 열었고, 오빠의 회심 이후 새사람이 된 그의 삶이 버지니아 자신에게 얼마나 경이로운 일로 받아들여졌는지, 새삼스럽게 느껴졌다.

"아니, 네가 잘못했다고 생각하지 않아. 이번 일은 아주 가슴 아프지만 말이야. 그렇지만 이 불쌍한 여자를 돌보고 구하는 게 네 책임이라고 생각했다면, 그건 바로 네가 해야 할 일이야. 오, 버지니아, 여태껏 우리가 이 멋진 집과 이러한 모든 사치품들을 이기적으로 누리며 살아왔다고 생각하면, 이 여자 같은 처지의 많은 사람들을 잊은 채로 말야! 틀림없이 예수님도 우리 집에 계셨다면 네가 한 대로 하셨을 거야."

이렇게 롤린은 버지니아를 위로해주었고 또 이날 저녁에도 조언해주었다. 자신의 위대한 서약 덕택에 지금껏 겪게 된 여러 놀라운 변화 중에서, 오빠의 거듭남만큼 버지니아에게 크나큰 영향을 끼친 일은 아무것도 없었다. 진실로, 그리스도 안에서 이 남자는 새사람이 되었다. 헌 것은 소멸했다. 보라, 이 남자 안의 모든 것들이 새롭게 되었다.

이 저녁에 웨스트 박사가 버지니아의 부탁으로 와서 로린을 위해 필요한 조치들을 모두 취했다. 로린은 술독에 빠져 살아서 거의 정신 착란 상태에 빠져 있었다. 지금 그녀를 위해 할 수 있는 최선의 일이란 조용히 간호하며 세심히 살펴주면서 인격적으로 사랑해주는 것이었다. 그리하여, 아름다운 방 안에서, 한쪽 벽엔 그리스도가 물 위를 건너가시는 그림이 걸려 있는 그곳에서, 어리둥절한 눈으로 저 그림의 숨겨진 뜻을 날마다 더 많이 알아가며 로린은 누워 있게 되었고, 또 자기가 어떻게 이러한 안식처로 옮겨졌는지 알지 못한 채 뒤숭숭해하기도 했다. 그리고 버지니아는 자신의 발 앞에 만신창이가 된 몸으로 내동댕이 쳐진 이 비참한 여자에게 애정을 기우리면서, 여태 해왔던 것보다 더욱 가까이 주님께 다가가고 있었다. 그러는 동안에 렉탱글 주민은 선거 쟁점에 보통 이상의 관심을 보였다. 그레이 씨 부부는 가난하고, 불쌍한 사람들을 위해 눈물을 흘리기 일쑤였는데, 그들은 날마다 자기들을 유혹하는 주위 환경과 싸움을 벌인 뒤, 너무나 쉽게 그 싸움에 지친 나머지, 마치 로린처럼, 자포자기하여 그들의 예전 상태인 부글부글 끓는 나락 속으로 소용돌이치는 물결에 휩쓸려 들어갔기 때문이었다.

제일교회에서 예배를 드리고 난 뒤 갖는 모임은 이제 열심히 자리를 잡아가고 있었다. 헨리 맥스웰 목사는 예비선거가 치러진 그 다음 주일에 강당에 들어섰고, 맨 처음 자신을 전율하게 만든 그때 감격을 고스란히 느꼈다. 그는 또다시 재스퍼 체이스의 불참을 알아차렸지만, 나머지 사람들은 모두 이 자리에 나왔고, 그들은 서로 간에 신뢰를 필요로 하며 또 누릴 줄 아는 그 공유한 동료 의식의 유대로써 매우 가까워진 듯했다. 예수님의 영은 경험의 솔직한 고백에, 아주 너그러운 영이시라는 게 대체적인 의견이었다. 그리하여, 에드워드 노먼이 여기 모든 사람들에게 자기 신문사의 사정을 소상히 이야기하는 일은 아주 자연스러워 보였다.

"사실은, 지난 3주 동안 엄청난 금액의 손실을 입었습니다. 정확히 얼마인지는 말씀드릴 수 없군요. 날마다 독자들도 많이 떨어져나가고 있구요."

"독자들이 신문 구독을 중단하는 이유가 무엇입니까?"

하고 맥스웰 목사가 물었다. 나머지 사람들은 모두 열심히 들었다.

"이유는 여러 가지로 많습니다. 어떤 사람들은 모든 방면의 뉴스를 다룬 신문을 원한다고 말하더군요. 그러니까, 범죄 사건의 상세 보도나, 프로권투 같은 화제성 경기, 각가지 스캔들과 참사들을 말입니다. 다른 사람들은 일요일판의 발행 중단에 반대합니다. 그 조치로 수백 명의 독자들을 잃었죠. 비록 예전 일요일판보다 더 많은 기사를 토요일 특별판에 실어서 기존 독자들과 만족스러운 합의를 보았지만요. 가장 큰 손실은 광고 매출의 하락에서, 또 정치적 문제들에 제가 취할 수밖에 없는 태도에서 기인합니다. 그 태도의 변화야말로 다른 무엇보다 더 큰 대가를 치러야 했지요. 우리 구독자들은 대부분 열혈 당원들이었거든요. 만약 예수님이 정치적 쟁점들을 추구하는 데 있어서 그것들을 초당적이고 도덕적인 관점으로 처리해 나가시리라고 제가 정직하게 믿는 그 계획을 줄곧 따른다면, 레이먼드 시의 한 가지 요소에 희망을 걸지 않는 한 데일리 뉴스는 운영비도 댈 수 없는 형편이라고 여러분들 모두에게 솔직하게 털어놓는 게 나을 듯싶군요."

그는 잠시 말을 멈췄고 강당 안은 무척 조용했다. 버지니아는 특히 관심이 있는 듯했다. 그녀의 얼굴은 호기심으로 붉게 상기되어 있었다. 그것은 노먼이 뒤이어 말하려는 내용과 똑같은 것을 곰곰이 생각해온 사람의 관심 어린 표정 같았다.

"그 한 가지 요소란 바로 레이먼드 시의 크리스천입니다. 말하자면 데일리 뉴스는 기독교 신문을 달가워하지 않는 사람이 많이들 절독했기 때문에, 게다가 신문을 온갖 종류의 오락거리나 흥밋거리를 전달해주는 매체로 단순히 간주하는 다른 사람들도 그랬기 때문에, 예수님이 발행했음직한 신문을 지지하기 위해 모여들 진실한 크리스천이 레이먼드 시에 충분히 있지 않습니까?

또는 기독교적이고 도덕적인 목적의 기사들이 지면의 대부분을 차지하면 신문답지 않다고 여기는 그렇고 그런 저널리즘에 교인들도 너무나 익숙해져 있는 걸까요? 저는 동료애 넘치는 이 자리를 빌려 제 신문사 바깥의 최근 사업상 여러 복합적인 문제들 탓에 엄청난 재정적 손실을 입었다는 사실을 말하고자 합니다. 어떤 업무 처리에서 예수님이라면 하셨을 법한 행동의 그 똑같은 원칙을 저는 제 마음 같지 않은 다른 사람들에게도 적용해야 했고, 그 결과로 많은 돈을 잃었습니다. 우리가 했던 서약을 제가 이해한 바로는, '이것은 돈벌이가 되는가?' 하고 묻는 게 아니라, '예수님이라면 어떻게 하실까?'란 이 한 가지 질문에 입각하여 우리는 매사 행동해야 한다는 것이었습니다. 그러한 행동의 원칙에 따르면서, 제가 신문사를 경영하며 그동안 모아왔던 돈을 거의 다 잃게 되었습니다. 자세히 말씀드릴 필요는 없겠지만요. 지난 3주간의 제 경험을 비춰보면, 만약 현재의 비즈니스 시스템 아래에서 이러한 예수님의 기준을 정직하게 적용한다면 수많은 사람들이 엄청난 금액의 돈을 잃게 됨은, 저한테는 의심의 여지가 없습니다. 이곳에서 저의 손실을 언급한 까닭은 제가 최근에 정한 노선을 따르다 보면 결국엔 신문사가 성공하리라고 완전히 믿기 때문입니다. 그래서 최후의 승리를 거두기 위해 저의 전 재산을 쏟아부을 계획입니다. 지금 상황에서는, 제가 말씀드렸다시피, 만약 레이먼드 시의 크리스천과 교인들 그리고 예수님의 제자임을 자처한 사람들이, 정기구독이나 광고로써 신문사를 지원해주지 않는다면, 지금 상황에서는 신문 발행을 계속할 수 없습니다."

버지니아가 다음과 같이 질문했다. 그녀는 노먼의 솔직한 고백을 가장 열심히 듣고 있었다.

"그러니까 기독교 신문도 적자를 보지 않기 위해선 신학교처럼 많은 기부를 받아야 한다는 뜻입니까?"

"네, 바로 그렇습니다. 저는 데일리 뉴스에서 기독교 정신에 반하는 소재를 다룬 칼럼은 없애버리고 그 빈자리에다 감동적이고 정말 흥미로운 방식으로 다양한 읽을거리를 채워 넣을 계획입니다. 하지만 이 계획은 대단히 많은 돈이 듭니다. 제가 아주 확신하건대 예수님이라면 승인하시고, 발행하실 기사만을 싣고 있는 그러한 기독교 신문은 재정적으로도 성공을 거둘 겁니다, 그 올바른 방침을 따른다면 말이죠. 그렇지만 이 계획을 실행하는 데 큰돈이 필요합니다."

"얼마나 많이 필요하다고, 생각하시죠?" 하고 버지니아가 나직이 물었다.

노먼은 예리한 눈빛으로 그녀를 보았고, 그 질문의 목적이 무엇인지 자기 머릿속에 떠오르자 얼굴이 잠시 붉게 달아올랐다. 그는 주일학교에 다니는 어린 소녀였을 때부터 버지니아를 알아왔고, 또 그녀의 아버지와도 가까운 사업상의 관계를 맺기도 했었다.

"레이먼드 같은 도시에선 50만 달러면 우리가 마음먹은 대로 그러한 신문을 제대로 자리 잡도록 할 수 있을 것 같군요."

하고 그는 대답했다. 그의 목소리는 떨렸다. 회색빛 얼굴에 감도는 열정에 찬 표정은 신문업계에서 위대한 업적을 달성하겠다는 단호하지만 참으로 기독교도다운 기대감으로 번뜩이고 있었고, 바야흐로 기회의 문이 그에게 열리려 하고 있었다.

"그렇다면," 버지니아가 충분히 생각했다는 듯이 말했다. "저는 한 가지 조건을 달고 그 금액의 돈을 기부하겠습니다, 물론, 처음 시작하셨던 그대로 꾸준히 지켜가셔야 한다는 조건으로 말입니다."

"하나님, 감사합니다!"

맥스웰 목사가 부드러운 탄성을 질렀다. 노먼 사장의 얼굴은 창백해졌다. 나머지 사람들은 버지니아를 바라보았다. 그녀는 말을 더 이어갔다.

"친애하는 여러분,"

이렇게 그녀가 입을 열었고, 그 목소리에는 나중에 그들이 돌이켜 생각해봤을 때 감동의 깊이를 더해준 슬픔이 깃들어 있었다.

"여러분 중에 누구도 제가 엄청난 기부 행위를 했다고 생각하지 말아주시길 바랍니다. 요즘에 저는 제 소유라고 알았던 돈이 사실은 제 것이 아니라, 하나님의 것이란 사실을 알게 됐어요. 그분의 시종으로서, 만약 제가, 그분의 돈을 투자할 어떤 현명한 방법을 찾아냈다면, 이것은 다만 그분의 영광을 위해 사용하라고 제게 부탁하신 자금을 제가 집행하는 것이기에 헛되이 뽐낼 일도 누구한테 감사 받을 일도 아닙니다. 저는 바로 이런 계획을 한동안 줄곧 생각해왔었습니다. 여기서 빼놓을 수 없는 사실은, 친애하는 여러분, 이제 막 시작했지만 앞으로 레이먼드 시에서 벌어질 술집과의 전쟁에서, 우리에겐 기독교 편에 서서 싸워줄 데일리 뉴스가 필요하다는 점입니다. 여러분들도 아시다시피 나머지 다른 신문들은 술집을 편들고 있어요. 술집이 있는 한, 렉탱글 지역의 죽어가는 영혼들을 구하는 사역은 내내 끔찍한 곤경에 처하고 말 겁니다. 그레이 씨가 복음 집회를 열어본들 새사람이 된 사람들 그 절반은 음주자이고, 날마다 술집이 이 구석 저 구석에서 유혹하고 꼬드기는데 무슨 소용이 있을까요? 데일리 뉴스 신문사를 파산하게 놔둔다면 적에게 항복하는 꼴이 됩니다. 저는 노먼 사장님의 능력을 전적으로 믿습니다. 그분의 계획을 미처 알지 못하지만, 그 계획을 보다 큰 규모로 밀고 나가신다면 신문사를 성공시킬 수 있다는 그분의 확신에 저도 뜻을 같이합니다. 저널리즘에서 크리스천의 지성이 반기독교적 지성보다 열등할 리가 없습니다. 이 점은 심지어 신문사의 재정상 수익 문제에도 마찬가지입니다. 이러한 이유로써 이 돈을, 다시 말하지만 제 것이 아닌 하나님의 것을, 예수님이라면 하셨을 법한 일을 실행하기 위해서 이 유능한 주님의 대리인인 노먼 사장님께 기부하고자 합니다. 데일리 뉴스 같은 이러한 신문이 일 년간 지속할 수 있다면, 기꺼이 저는 이 실험에 돈을 쓸 겁니다. 저에게 고마워하지 마세요. 제가 대단한 일을 했다고 생각하지 말아주세요. 하나님의 돈으로 제 자신의 이기적인 욕망을 채우는 일 말고 이제껏 제가 한 일이라곤 뭐가 있을까요? 하나님에게서 도둑질해온 것을 보상하는 일 외에 그 나머지 돈으로 제가 할 수 있는 일이 뭐가 있을까요? 이것이 제 나름의 유일한 방법입니다. 저는 예수님도 그렇게 하시리라 믿습니다."

눈에 보이진 않지만 분명하게 느낄 수 있는 성령 임재의 그 충만한 기운이 강당 안을 온통 휩쓸고 지나갔다. 얼마 동안 누구도 말하지 않았다. 맥스웰 목사는 서 있는 채로, 뭇 얼굴들이 강렬한 눈빛으로 그를 올려다보는 그 자리에서, 이미 전부터 느껴왔었던 감정을 새삼 다시 느꼈다. 그것은 현재에서 19세기만큼의 세월을 거슬러 올라가 예수님의 제자들이 모든 물건을 공용했던 그 기원 일세기로 돌아간 듯한 느낌이었다. 또 레이먼드 제일교회가 생긴 이래로 일찍이 이러한 일이 없었던 것처럼 사귐의 영이 확실히 그들 사이로 자유롭게 돌아다니고 있었다. 이 작은 무리의 사람들이 예수님이라면 하시리라고 그 믿는 바대로 행동하기 전에는 제일교회 성도들이 일상의 이해관계 속에서 이러한 사귐을 얼마나 많이 알고 있었을까? 간신히 맥스웰 목사는 생각을 지금 이 자리로 돌릴 수 있었다. 다른 사람들의 생각도 모두들, 또한, 맥스웰 목사와 똑같았다. 그들이 이제껏 알지 못했던 이심전심의 동지애가 함께했다. 그것은 버지니아가 이야기하는 동안에도, 그리고 한동안 침묵이 흐르는 사이에도 함께했다. 만약 그들 가운데 누군가가 이 감동을 기록했다면 다음과 같이 적었으리라.

"비록 내가, 내 서약을 스스로 지켜가는 동안에, 뜻하지 않은 손해를 보고 곤란을 겪게 될지라도, 나는 이 강당에 모인 크리스천들의 그 진심에서 우러난, 실질적인 공감과 동료 의식을 신뢰할 수 있으리라. 나와 마찬가지로, 그들도 한 가지 원칙에 따라 매사에 행동하기로 서약했다. 그 원칙은 이것이었다. '예수님이라면 어떻게 하실까?'"

이 모두가, 영적인 기운이 뚜렷이 고조되고 있음을 역설했다. 이는 눈에 보이는 기적을 체험한 예수님의 초기 제자들이 주님에 대한 더욱 강한 확신을 지닌 채 용감하게 심지어 기뻐하며 희생과 순교를 감당했던 것과 같은 효과를 주었다.

모임을 끝내고 돌아가기 전에 몇 사람이 더 에드워드 노먼처럼 자기 속내를 털어놓았다. 어떤 젊은이들은 자신들의 서약을 정직하게 따르노라고 일자리를 잃게 된 사연을 말했다. 알렉산더 파워즈는 자기가 제출한 증거 자료를 근거로 상법위원회가 최대한 빠른 시일 내로 조치를 취하기로 약속했다고 간략히 설명했다.

14장

그 강당 모임에선 다른 어떤 감정보다도 서로 간의 동료애가 밀물처럼 일었다. 맥스웰 목사는 그 모양을 지켜보면서, 차츰 최고조로 향해 가는 것에 전율을 느꼈다. 동지애가 절정에 달할 때, 그들에게 어떤 일이 생길까? 그는 알 수 없었지만, 그 결과에 지나치게 놀라지도 않았다. 다만 그는 다양한 일상생활 속에서 사람들이 그 간단한 서약을 지켜나감으로써 일어나는 여러 결과들을 더욱더 놀라운 마음으로 지켜볼 따름이었다. 그러한 결과들은 벌써 도시 곳곳에서 느낄 수 있었다. 일 년이 끝나갈 무렵에 그 영향력이 어떠할지 누가 헤아릴 수 있겠는가?

이 동료애의 실질적인 모습은 에드워드 노먼의 신문사를 위한 후원 약속에서 그대로 나타났다. 그 모임이 끝나자 그에게로 사람들이 모여들었고, 이 작은 무리의 사람들은 노먼 사장의 호소에 대한 응답이 레이먼드 시의 그리스도를 따르는 제자들에게서 왔음을 십분 이해했다. 일반 가정에서 그리고 선량한 시민의식을 옹호하기 위해서도 이러한 신문의 가치는, 특히 현재 이 도시가 처한 위기 속에서는, 가늠할 수조차 없었다. 신문사가 아주 넉넉하게 지원금을 받았으니 이젠 어떻게 잘 운영되는지 지켜보는 일만 남아 있었다. 그러나 노먼 사장의 말마따나, 오로지 돈만의 힘으로 신문사가 강해질 수 없다는 건 변함없는 사실이었다. 시에서 큰 영향력을 발휘하는 신문사들 가운데 하나로 자리매김할 수 있으려면 먼저 레이먼드 시 크리스천들의 지원과 공감을 받아야만 했다.

　이 주일 모임 뒤 새로 시작하는 한 주에는 레이먼드 시를 엄청나게 흥분시킬 일이 하나 있었다. 바로 이 주에 선거가 있었다. 마쉬 총장은, 자신의 서약에 충실하기 위해, 십자가를 짊어지고 남자답게 견뎌냈지만, 몸서리를 치면서, 신음과 그리고 심지어 눈물조차도 흘려야 했다. 그에게 가장 깊은 확신이 있었다고 해도 말이다. 그래서 그는 수십 년간의 학문적 은둔에서 나와 그리스도의 추종자로서 이전에 수행하였던 어떤 일보다도 더 혹독한 대가의 고통과 고뇌를 치러야 했다. 마쉬 총장과 함께 제일교회에서 서약했던 대학교수는 몇 명 더 있었다. 그들의 경험과 고충은 마쉬 총장과 다름없었다. 말하자면 시민의 의무로부터 되도록 동떨어져 살아온 삶은 똑같았다. 그 점은 맥스웰 목사도 마찬가지였다. 하지만 이번에는 술과 그 관련 업자들과 벌이는 무시무시한 싸움에 뛰어들었고 공포가 넌더리나도록 날마다 새로 찾아왔다. 그는 이러한 십자가를 일찍이 짊어진 적이 없었다. 그 십자가에 짓눌려 그는 비틀거렸으며, 하던 일에서 잠깐 짬을 내어 자신의 조용한 서재로 쉬러 들어가면, 이마에 땀이 흥건히 배어 있기 일쑤였고, 또 그는 보이지 않는, 미지의 공포를 향해 한 발 한 발 다가가는 사람이 맛보는 두려움을 실제로 느끼곤 했다. 나중에 돌이켜 생각해봤을 때 그는 자기가 이런 일을 겪었다는 사실에 깜짝 놀랐다. 그는 겁쟁이는 아니었지만, 타성에 젖어 있던 사람이 갑작스럽게 너무나 생경한 일을 수행해야 하는 의무감에 맞닥뜨렸을 때 그 일과 관련된 실제적인 세부 사항을 어떻게 해야 할지 몰라서 자신의 무지를 드러내고 굴욕의 수치심으로 가득한 그러한 두려움을 느꼈다.

토요일, 곧 선거날이 다가오자, 사람들의 흥분은 최고조에 달했다. 그 당일에는 술집이란 술집은 죄다 임시휴업을 하게 하려는 시도도 있었다. 그것은 단지 부분적으로 성공했다. 종일토록 상당한 음주 행태가 이어졌다. 렉탱글 주민들은 잔뜩 술에 취했고 토했으며 악다구니를 퍼붓는 그러한 최악의 일면을 도시 사람들의 눈앞에 드러냈다. 그레이 씨는 이 주간 내내 집회를 열었고, 그 결과는 기대했던 것보다 훨씬 좋았다. 그런데 막상 토요일이 되자, 그레이 씨는 그동안 해왔던 자신의 전도 사업에 위기가 찾아온 듯싶었다. 성령과 술의 사탄이 서로 필사적으로 격돌하는 것 같았다. 그 집회에 관심이 쏠리면 쏠릴수록, 그 천막 바깥의 사나움과 야비함은 더욱 심해졌다. 술집 주인들은 더는 자기들의 감정을 숨기려 들지 않았다. 대놓고 폭력의 위협을 가하기도 했다. 그 주간에 한 번은 그레이 씨와 자원봉사자들 몇 명이 한밤에 천막에서 나오다가 돌멩이 세례를 받기도 했다. 경찰이 특별기동대를 파견했으며, 버지니아와 레이첼은 매번 롤린이나 웨스트 박사의 보호를 받았다. 레이첼이 지닌 찬송 사역의 능력은 조금도 위축되지 않았다. 오히려, 매일 밤마다, 성령의 임재가 더욱 강렬하고 박진하게 일어나는 것 같았다.

그레이 씨는 처음엔 이날 토요일 밤에 집회를 여는 것에 망설였다. 그렇지만 그에겐 단순한 행동 규칙이 있었고, 언제나 그 규칙에 따랐다. 성령께서는 천막 집회를 이어가도록 그를 이끄시는 듯했고, 그래서 평소대로 토요일 밤에 집회를 열었다.

투표가 6시에 종료됐을 때 도시 전체의 흥분은 절정에 달했다. 레이먼드 시에서 이처럼 치열한 선거전은 여태껏 한 번도 없었다. 술집 허가 또는 그 불허가 이러한 분위기 아래서 선거 쟁점이 된 적도 없었다. 또 일찍이 이 도시에서 각계각층의 사람들이 서로 맞서며 편을 가른 적도 결코 없었다. 링컨대학 총장, 제일교회 목사, 성당의 주임사제, 큰길 주택가에 사는 전문직 종사자들이 직접 그 선거구에 뛰어들어, 그들의 참여와 본보기로써 레이먼드 시의 기독교적 양심을 대변하는 것은 전대미문의 일이었다. 선거구의 정치인들은 그 광경에 기겁했다. 하지만, 아무리 놀랐을지라도 그들은 물러서지 않았다. 유세전은 매시간 더더욱 뜨거워졌으며, 6시가 됐을 때에는 양쪽 어느 편도 그 결과를 장담하지 못했다. 사람들은 다들 지금껏 레이먼드 시에서 이런 선거는 없었다고 하나같이 입을 모았고, 양 진영은 엄청난 관심을 갖고 개표 결과를 기다렸다.

천막 집회는 10시가 넘어서 끝났다. 이날 집회는 이상하기도 했고 그리고, 어떤 면에서는, 놀라운 집회였다. 맥스웰 목사는 그레이 씨의 요청을 받고 또다시 집회에 참석했다. 그는 선거에 관련된 일 때문에 아주 파김치가 되었지만, 그레이 씨가 간절히 부탁해오자 차마 거절할 수 없었다. 또한 마쉬 총장도 함께했다. 그는 렉탱글 지역에 한 번도

와본 적이 없었는데, 그 전도사가 이 도시 최악의 지역에 끼친 영향력을 알게 되고는 호기심이 일었다. 물론 웨스트 박사와 롤린이 레이첼과 버지니아와 같이 와 있었다. 또 로린— 그녀는 여전히 버지니아와 함께 지냈다— 도 와서 오르간 근처에 있었는데, 지금은 멀쩡한 정신으로, 술에 취하지 않은 상태였고 자기 자신에 대한 수치심과 두려움 때문에 마치 충성스러운 개처럼 버지니아 곁에 붙어 다녔다. 예배시간 내내 로린은 고개를 숙인 채 앉아 있었고, 레이첼이 찬송가 '양떼를 떠나서'를 부를 때는 이따금 눈물을 흘리며, 흐느껴 울기도 했다. 그녀는 자기가 발견한 희망 하나를 손에서 놓치지 않으려고, 집착하는 모습이 거의 역력했으며, 아직 완전한 새사람으로 거듭나지 못했는데도, 그 몫을 고스란히 누릴 권리가 자신에게 있는지 두려운 사람처럼, 자기 주위에서 들려오는 기도와 간청 그리고 고백의 모든 소리에 귀를 기울였다.

천막 안은 사람들로 붐볐다. 여느 때와 마찬가지로, 천막 바깥쪽이 좀 더 소란스러웠다. 이 소란은 밤이 깊어갈수록 더해갔고, 그레이 씨는 예배를 이쯤에서 그만 끝내는 게 좋겠다고 생각했다.

때때로 많은 군중이 내지르는 야유 소리가 천막 안으로 들려왔다. 개표 결과가 전해지기 시작했고, 렉탱글 주민들이 하숙집에서, 빈민가와 판잣집에서 죄다 길거리로 쏟아져 나왔다.

이러한 소동에도 레이첼의 찬송은 천막 안의 사람들을 흩어지지 않게 하나로 결집시켰다. 이날에도 열두 명 이상의 사람이 회심했다. 이윽고 사람들이 동요하게 되자 그레이 씨는 예배를 마쳤으며, 그 회심한 사람들과 함께 얼마쯤 더 천막에 머물러 있었다.

레이첼, 버지니아, 로린, 롤린, 마쉬 총장, 맥스웰 목사, 그리고 웨스트 박사가 함께 밖으로 나왔고, 평소대로 기차를 타기 위해 정거역으로 걸어 내려갔다. 그들은 천막 밖으로 나오게 되자 곧 렉탱글 사람들이 술에 취한 채 폭동을 일으키기 직전까지 와 있다는 사실을 알게 됐고, 좁은 길거리를 따라 모여 있는 군중을 헤치며 지나갈 때는 자기들이 큰 주목을 끄는 대상이 되었다는 사실을 알아챘다.

"저기 모자를 쓴 저놈이다! 저놈이 우두머리야!"

하고 어느 거친 목소리가 외쳤다.

그들 가운데서 마쉬 총장은, 그 꼿꼿하고, 자신만만한 모습 때문에, 유달리 눈에 띄었다.

"선거는 어떻게 됐소? 결과를 알기엔 아직 너무 이른가요?"

마쉬 총장이 큰 소리로 묻자, 어떤 사람이 이렇게 대꾸했다.

"2선거구와 3선거구는 술집 불허 쪽으로 판세가 거의 굳어져간다고 하던걸요. 만약 그렇다면, 술집 장사치들은 한 방 얻어먹은 셈이지요."

"하나님 감사합니다! 정말 사실이었으면 좋겠어요!" 맥스웰 목사는 환호성을 질렀다. "마쉬 총장님, 여기는 위험합니다. 우리가 처한 상황을 아시겠죠? 여자들부터 일단 안전한 곳으로 피신시켜야겠습니다."

"그렇게 합시다."

마쉬 총장이 무겁게 말했다. 그 순간 돌멩이와 이것저것 잡다한 것들이 소나기처럼 그들 일행에게 퍼부었다. 그들 앞의 좁은 거리와 인도는 최악의 렉탱글 사람들로 꽉 막혀버렸다.

"이거 상황이 심각한걸."

맥스웰 목사가 말했다. 그는 마쉬 총장, 롤린, 그리고 웨스트 박사와 함께 사람들 사이로 작은 틈을 헤치며 앞으로 나아갔고, 그 뒤를 버지니아, 레이첼 그리고 로린이 바짝 붙어 따라가면서, 뭔가 위험을 알아차리기 시작한 남자들한테서 보호를 받았다. 렉탱글 사람들은 취해 있었고 또 잔뜩 화가 나 있었다. 그들은 자기들이 애용하는 술집을 없애자는 선거 유세에서 그 누구보다 앞장섰던 두 사람인 마쉬 총장과 맥스웰 목사를 알아보았다.

"저 잘난 것들한테 본때를 보이자!"

이렇게 외치는 날카로운 목소리가 터져 나왔는데, 남자보다는 여자가 소리 지르는 것 같았다. 욕설과 돌멩이가 쏟아졌다. 레이첼은 자기 앞으로 곧장 롤린이 뛰어들어 만약 보호해주지 않았더라면 아마도 자기가 맞았을 돌을 그가 머리와 가슴에 많이 맞았다는 사실을 나중에서야 알게 되었다.

경찰은 아직 도착하기 전이었는데, 바로 그때, 로린이 버지니아 쪽으로 몸을 날리면서 그녀를 옆으로 밀쳐내고는, 위를 쳐다보며 비명을 질렀다. 너무나 급작스러운 일이라서 아무도 그런 짓을 한 사람의 얼굴을 목격할 겨를도 없었다. 그렇지만 일주일 전에 로린이 비틀거리면서 나왔던 바로 그 술집 위 어느 방 창문에서 누군가가 묵직한 술병을 던졌던 것이다. 로린은 이마를 맞았고 땅에 쓰러졌다. 버지니아는 몸을 돌려서 곧장 로린 곁에 무릎을 꿇었다. 경찰들은 이제야 도착했다.

마쉬 총장은 팔을 들고 군중들 사이에서 터져 나오는 야수의 울부짖음에 맞서 이렇게 외쳤다.

"멈추시오! 당신들이 여자를 죽였소!"

이 말에 군중들은 얼마간 제 정신을 차렸다.

"정말인가요?"

하고 맥스웰 목사는 물었는데, 그때 웨스트 박사는 로린의 또 다른 한쪽 편에 무릎을 꿇고 앉아 그녀를 떠받치고 있었다.

"죽어가고 있습니다!"

웨스트 박사가 짧게 말했다.

로린은 눈을 떠서 버지니아한테 미소를 지었고, 버지니아는 로린의 얼굴에서 피를 닦아낸 뒤 몸을 숙여 그녀에게 키스했다. 로린은 또다시 미소를 보이고, 다음 순간 천국으로 갔다.

15장

나를 따르는 자는 어둠에 다니지 아니하고

　로린의 시신은 큰 거리와 면한 페이지 가 저택에 안치되었다. 바로 주일 아침이었다. 맑고 싱그러운 봄바람이, 숲과 들판에서 일찍 꽃피운 꽃들의 향기를 이제 막 도시 곳곳으로 실어 나르기 시작하고 있었고, 웅장한 저택의 한쪽 끝 열린 창문들 가운데 하나로 들어와서 로린의 관을 휘감고 지나갔다. 교회 종소리가 울리자 예배를 드리러 가던 큰 거리의 행인들은 발걸음을 멈춘 채 호기심 어리고, 캐묻는 듯한 얼굴로 대저택을 쳐다보고 나서 갈 길을 재촉했다, 이 시에서 너무나 이상하게 시작됐고 새로운 역사를 만든 최근의 여러 사건들을 서로 이야기하며.
　제일교회에서, 맥스웰 목사는, 자기가 겪었던 어젯밤 사건의 충격이 고스란히 담긴 얼굴로, 엄청나게 모인 교인들과 마주했고, 지난 밤 뼈 아픈 체험에서 너무나 자연스럽게 우러나오는 열정과 힘으로 그 사건에 대해 이야기했으며, 성도들은 자기들이 한때 맥스웰 목사의 그 연극적인 투의 설교에서 느꼈던 자부심과 비슷한 옛 감정을 다시금 그에게서 느꼈다. 하지만 이번에는 그 설교 태도가 확연히 달랐다. 그리고 오늘 아침 줄곧 열정적으로 호소하는 그의 설교에는, 비애와 비난 그리고 호된 꾸짖음이 섞여 있어서 많은 성도들은 자책하는 마음에서 그렇지 않으면 마음속 분노로 해서 그 얼굴들이 창백해졌다.

왜냐하면 오늘 아침 레이먼드 시민들은 투표 결과가 마침내 술집 허가 쪽으로 넘어갔다는 사실을 알게 되었기 때문이었다. 렉탱글에서 들은 2선거구와 3선거구가 술집 불허 쪽으로 기울었다는 소식은 거짓으로 드러났다. 사실 그 승리를 아주 박빙의 표 차이로 빼앗겼다. 하지만 그 결과는 압도적으로 진 것이나 다름없었다. 레이먼드 시민들은 또다시 일 년간의 시간을 술집에 연장해주는 데 투표했다. 이 결과를 두고 레이먼드의 크리스천들은 비난받을 처지에 놓여 있었다. 스스로 기독교인이라고 자처하는 수백 명 이상의 사람들이 투표권을 행사하지 않았으며, 그 사람들보다 훨씬 더 많은 크리스천들이 술집 옹호에 찬성표를 던졌다. 만약 레이먼드 시의 모든 교인들이 술집을 반대하는 편에 투표를 했다면, 지금 술집은 이 시에서 왕의 자리에 오르는 대신 법적 금지의 처분을 받게 되었으리라. 지난 몇 해 동안 레이먼드 시에서 술집이 왕 노릇을 해왔다는 건 주지의 사실이었다. 술집이 지배했다. 그 사실을 아무도 부인하지 못했다. 예수님이라면 어떻게 하실까? 그리고 그녀 자신을 세속적으로 타락시키기 위해서 아주 열심히 거들었던 바로 그 손에 의해 잔인하게 죽임을 당한 그 여인은 어떠했는가? 술집 허가의 아주 끔찍한 제도 탓에 빚어진 필연적 결과 그 이상의 뭐가 있다면, 그것은 다음과 같으리라. 곧, 그녀를 그토록 자주 받아들여주었고 그녀를 타락한 생활에서 못 벗어나게 만들었던, 그리고 그녀에게 집어던져져서 그녀를 숨지게 만들었던 그 무기의 출처인 바로 술집이,

또 일 년 동안, 레이먼드 시의 크리스천들이 찬성표를 던진 그 법률 덕에 내일 문을 열 게 될 것이고, 그렇다면, 참혹하게 그 일 년이 끝나기 전에 다수의 로린을 삶의 지옥으로 떨어뜨리지 않겠는가?

이 모든 말을, 높고 떨리면서 또한 그 선거 결과에 대한 고통으로 갈라지는 목소리로, 이 주일 아침에 맥스웰 목사는 자신의 성도들에게 쏟아냈다. 그의 말에 남녀 할 것 없이 교인들은 다들 눈물을 흘렸다. 마쉬 총장은, 평소의 꼿꼿한 자세와, 단정함, 확고함, 자기 확신의 밝은 태도는 모두 사라진 채, 그의 머리는 한껏 숙여져 있었고, 굵은 눈물이 그의 뺨을 흘러내리고 있었으며, 자기가 회중 예배에선 감정을 밖으로 내보였던 적이 한 번도 없었다는 사실을 개의치 않았다. 마쉬 총장 곁에는 에드워드 노먼이 그 윤곽이 뚜렷하고, 날카로운 인상의 얼굴을 똑바로 들고 있었지만, 그의 입술은 바르르 떨고 있었고 또 그는 맥스웰 목사의 설교를 들으면서 갑자기 진실을 알게 된 그 격한 감정에 의자 모서리를 두 손으로 꽉 움켜잡았다. 그 선거주간에 노먼만큼 대중의 여론에 영향을 주었고 또는 주려고 고생한 사람도 달리 없었다. 크리스천의 양심이 너무 늦게 그렇지 않으면 너무 약하게 일깨워졌다는 생각은, 그 신문 발행인의 마음에 무거운 죄의식이 들게 했다. 좀 더 일찍, 예수님이라면 하셨을 법한 일들을 시작했더라면 어떻게 됐을까? 그랬다면 지금쯤 무슨 일이 이뤄졌을까! 그리고 성가대석에서, 레이첼 윈슬로우는, 참나무 칸막이 난간에 머리를 수그린 채, 북받쳐 오르는 감정을 억제하지 못하고 있었고, 맥스웰 목사의 설교가 끝난 뒤 기도도 마친 다음에 그녀가 이 예배를 마무리하는 찬송 독창을 불러야 할 때는 너무나 목이 메어서 갈라진 목소리가 나왔다. 그래서 난생처음으로 그녀는 자리에 주저앉지 않을 수 없었다, 흐느껴 울며, 노래를 더 이어가지 못하고.

교회 안에는, 이 어색한 상황을 뒤따라 침묵이 흘렀고, 이곳저곳에서 흐느낌과 울음소리가 들렸다. 그 언제 제일교회가 이와 같은 눈물의 세례에 무너진 적이 있었던가? 어떠한 삿된 감정에도 어떠한 어리석은 흥분에도 동요되지 않았던, 제일교회의 한결같고, 정확한, 판에 박힌 예배 순서가 어쩌다 이렇게 됐을까? 하지만 요즘 들어 교인들은 아주 깊게 뉘우치고 있었다. 그들은 너무나 오랫동안 피상적인 감정으로 살아와서 그보다 훨씬 깊은 생명의 근원을 거의 잊은 채 지내왔던 것이다. 이제 그들은 그 피상적 감정을 부숴버렸기 때문에, 그리스도 제자 됨의 그 의미를 깨닫게 되었다.

오늘 아침에, 맥스웰 목사는 예수님이라면 하심직한 행동 그대로 따르겠다고 이미 서약한 사람들과 합류할 자원자가 있느냐고 묻지 않았다. 그렇지만 그가 예배를 모두 마치고, 강당 안으로 들어섰을 때는, 언뜻 봐도 원래 지원자들보다 더 많은 수의 성도들이 모여 있는 모습을 볼 수 있었다. 이 모임은 온화하게 시작해서, 성령의 임재로 차츰 열띤 분위기로 바뀌었다. 곧, 레이먼드 시의 술집 옹호세력과 싸움을 새로 벌여서 그들의 권세를 아주 끝장을 내버리자는 강력하고도 굳은 결의로 모임은 활기를 띠었다. 예수님이라면 하실 법한 행동을 따르기로 서약한 최초의 지원자들은 그 첫 번째 주일 이후로, 매번 이 모임에서 독특한 자극과 감동을 받곤 했다. 그런데 오늘, 이 자리에 모인 사람들은 온 힘을 기울여 저 하나의 큰 목적을 추구하는 듯했다. 오늘 모임에선 회개하는 기도와, 참회의 기도, 그리고 새롭고 더 나은 도시의 삶을 열망하는 기도가 꼬리에 꼬리를 물듯 잇달았다. 또 그 모든 기도에는 술집과 그 무서운 저주에서 영혼들을 구원해달라는 한 가지 공통된 간청이 들어 있었다.

그런데 제일교회 교인들이 지난주에 일어난 사건들로 깊이 동요했다면, 렉탱글 주민들은 그들 나름대로 또한 기묘하게 동요되었다. 로린의 죽음은 그 자체로 그렇게 놀랄 만한 일은 못 되었다. 그녀가 최근에 도시 사람들과 알고 지냈다는 그 사실이야말로 그녀를 특별한 사람으로 올려다보게 했으며 그녀의 죽음을 보통보다 훨씬 더 큰 중요성으로 감싸이게 했다. 렉탱글에 사는 사람들은 다들 로린의 시신이 지금 큰 거리와 면한 페이지 저택에 안치되어 있음을 알고 있었다. 그녀의 관이 으리으리하다고 부풀려진 소문은 이미 사람들 입방아에 오르내리기 일쑤였다. 렉탱글 주민은 장례식의 시시콜콜한 부분까지 알고 싶어 안달이 났다. 장례식이 사람들에게 공개될까? 페이지 양은 장례식을 어떻게 치를 생각인가? 렉탱글 사람들은 따로 멀찌감치 떨어져 있을지라도 일찍이 큰 거리의 귀족들과 한데 어울렸던 적은 없었다. 그렇게 할 기회조차도 거의 없었다. 로린의 친구들과 지인들은 마지막으로 그녀에게 어떻게 조의를 표해야 할지 알고 싶어서 그레이 씨 부부를 에워쌌다. 그녀를 아는 지인들은 많았고 그녀의 친구들 가운데 최근에 회심한 사람들도 많았기 때문이었다.

그렇게 하여 월요일 오후에, 천막에서, 그 안이 숨 막힐 정도로 또 사전에 미리 쳐 놓은 경계선을 넘쳐날 정도로 수많은 조문객들 앞에서 로린의 장례 예배를 치르게 되었다. 그레이 씨는 버지니아의 집을 방문했었고, 그녀와 맥스웰 목사와 함께 의논하고 나서, 그 장례 절차를 결정했었다.

"저는 지금이나 예전이나 늘 뭇사람을 위한 공개 장례식에 반대해왔습니다. 하지만 로린과 알고 지냈던 저 가엾은 사람들이 너무나 간절히 요청해서 그들의 소망을 어떻게 거절해야 할지 모르겠습니다. 그들은 그녀를 보고 그 가련한 시신에 마지막으로 조의를 표하고 싶어합니다. 맥스웰 목사님, 어떻게 생각하십니까? 이 문제는 목사님 판단에 따르겠습니다. 저는 목사님과 페이지 양이 어떤 최선의 생각을 하시든, 옳으리라고 확신합니다."

하고 그레이 씨가 말했다. 건전하고 순수한 성격은 그가 지닌 위대한 힘의 원천이었다.

"저도 그레이 씨와 같은 생각입니다. 과시적으로 장례를 치르는 건 싫습니다. 하지만 이번 경우는 다르다고 봅니다. 렉탱글 사람들은 예배를 드리기 위해서 이곳으로 오려고 하지 않을 겁니다. 제 생각에 가장 기독교다운 일은 장례 예배를 천막에서 드리는 것입니다. 그렇게 생각하죠, 페이지 양?"

맥스웰 목사가 대답했다.

"네," 버지니아가 말했다. "불쌍한 영혼! 로린은 자기 생명을 저를 위해서 희생했어요. 당연히 우리는 장례식을 저속한 과시용 행사로 이용할 수도 이용하지도 않을 거예요. 로린의 친구들 그 바람대로 그들이 참석할 수 있도록 천막에서 예배를 드리기로 해요. 그런다고 아무 탈도 생기지 않을 겁니다."

이렇게 합의는 이뤄졌고, 약간의 어려움은 있었지만, 천막에서 장례식을 치르기로 했다. 맥스웰 목사는 레이첼, 마쉬 총장, 그리고 제일교회 성가대와 함께, 또 버지니아는 그녀의 삼촌과 오빠 롤린과 함께 천막에 갔다. 그리하여 그들의 인생에서 기이한 일 하나를 지켜보게 되었다.

그런데 그날 오후에 제법 유명한 신문기자가 이웃 도시에서 열리는 편집자 회의에 참석하러 가는 도중에 레이먼드 시를 지나가고 있었다. 그는 천막에서 뜻 깊은 장례식이 열린다는 소식을 듣고 그곳으로 갔다. 다음날 실린 장례식에 관한 그의 기사는 생생한 문체로 씌어져 많은 독자들의 관심을 끌었다. 그 기사의 일부를 소개하면 아래와 같다.

오늘 오후 렉탱글 빈민지역에 위치한, 전도사 존 그레이 씨의 천막에서 아주 독특하고 보기 드문 장례 예배가 거행되었다. 이것은 지난 토요일 밤에 일어났던 선거 소요사태로 희생된 한 여인의 장례식이었다. 고인은 최근에 그 전도사의 집회를 통해 회심한 듯했고, 여기 집회를 마치고 다른 회심자들 몇 명과 함께 돌아가는 도중 목숨을 잃은 것으로 알려졌다. 그녀는 회심하기 전에는 흔한 거리의 여자로 술에 취해 살았다고 하는데, 천막에서 치러진 예식은 지금껏 내가 지켜봤던 대도시 교회에서 거행된 최고 명사의 장례식만큼이나 인상 깊었다.

맨 처음으로, 잘 훈련된 성가대가 아주 절묘한 화음으로 찬송가를 합창했다. 물론 나는 이곳에서는 외지 사람이지만, 대형교회나 공연장에서나 들을 수 있는 찬양을, 이러한 장례 집회에서, 들었다는 사실은 나에게 큰 놀라움으로 다가왔다. 그런데 이 성가 합창에서 가장 훌륭한 부분은 매우 뛰어난 미모의 레이첼 윈슬로우 양이 부르는 독창이었다. 그녀는, 내 기억이 맞다면, 국립오페라단의 크랜덜 단장에게서 입단 제의를 받았지만, 무슨 이유에서 그 제의를 거절한 젊은 성악가였다. 그녀는 아주 빼어난 솜씨로 찬송을 불렀고, 그녀가 채 몇 소절을 부르기도 전에 사람들은 다들 눈물을 흘렸다. 그야, 당연히, 장례식에선 우는 분위기가 쉽게 잡히는 것도 이상한 일은 아니지만, 그녀의 목소리 자체는 수천 명 중에서 하나 나올까 싶었다. 내가 알기로 윈슬로우 양은 레이먼드 시의 제일교회에서 찬송을 부르고 있었고 만약 대중 가수로서 활동한다면 상당한 보수를 받을 만한 값어치가 있었다. 아마도 조만간 그녀는 유명세를 타게 될 것이다. 그런 목소리는 어디에서든 성공하게 될 테니까 말이다.

 그 찬송을 따로 떼어놓고 보아도 다른 예식도 특이했다. 겉보기에는 아주 순박한 사람으로 보이는, 그 전도사는 젠체하지 않는 말투로, 몇 마디 말을 했으며, 또 그 다음으로 잘 생긴 용모의, 레이먼드 시 제일교회의 헨리 맥스웰 담임목사가 뒤따랐다. 맥스웰 목사는 고인이 기꺼이 천국으로 갈 준비가 되어 있었다고 말하는 한편, 이번 경우처럼 주류 업계가 남녀를 막론하고 보통 사람들의 일상생활에 어떤 영향을 끼치는지 몹시 예민한 말투로 설교했다. 레이먼드 시는, 철도 도시이자 이 지역 통조림 산업의 중심지라서, 물론, 술집도 넘쳐났다. 나는 그 목사의 말을 통해 술집 허가제에 대한 그의 견해는 겨우 최근에야 바뀐 것임을 알 수 있었다. 틀림없이 그는 아주 공격적인 언사를 했지만, 그것은 장례식에 결코 부적절한 말은 아니었다.

그 뒤에 이어진 순서가 어쩌면 이 생소한 예식의 기묘한 부분일지도 몰랐다. 천막 안의 여성들이, 관을 둘러싸고 앉아 있었던 그들 상당수가, 부드러우면서도 눈물겨운 목소리로 찬송가 '양떼를 떠나서'를 부르기 시작했다. 그러고 나서 이 노래가 불러지는 동안, 여자들이 한 줄씩 일어나서 천천히 관 쪽으로 다가갔고, 또 그들은 관 옆을 지나가면서, 한 사람씩 차례로 꽃 한 송이를 관 위에 올려놓았다. 꽃을 다 놓은 뒤에, 그 줄은 앉았고 다른 줄이 일어나서 잇따라 가며, 꽃을 놓았다. 그 동안에도 줄곧 노랫소리는 마치 바람이 잔잔히 불 때 천막 위로 내리는 비처럼 부드럽게 이어졌다. 그것은 이제껏 내가 보았던 광경 중에서 가장 소박하면서도 가장 인상 깊은 장면이었다. 천막의 한 측면은 위로 말려져 있었고, 그 안으로 들어올 수 없었던 수많은 사람들이, 바깥에 선 채로, 다들 쥐죽은 듯이, 우악한 생김새임에도 놀랄 만큼 슬프고도 엄숙하게 있었다. 그들 중에 여자들도 다수 있었는데, 내가 듣기론 그 여자들은 거의가 최근 집회에서 회심했다고 한다. 그 노래의 감동을 나는 도저히 설명할 수 없다. 어떤 남자도 찬송을 부르지 않았다. 모두 여자들의 목소리였는데, 너무나 부드럽고, 또한 너무나 독특해서, 그 감동은 깜짝 놀랄 정도였다.

이 장례식은 윈슬로우 양의 또 다른 독창곡으로 끝났는데, 그녀는 '양 아흔아홉 마리는'이라는 곡명의 찬송가를 불렀다. 그런 뒤 그 전도사가 머리를 숙여 기도하자고 그들 모두에게 청했다. 나는 기차를 타야 했기에 기도를 드리는 도중에 자리를 떠야 했다. 그리고 기차가 철도공장 옆을 지날 때 바라본 장례식의 마지막 장면은 천막 밖으로 쏟아져 나오는 많은 사람들이 자유롭게 줄을 지어 여섯 명의 여자가 운구하는 그 뒤를 따라가는 모습이었다. 이 범속한 나라에서 그러한 광경을 목격한 일은 실로 오랜만이었다.

만약 로린의 장례식이 스쳐가는 외지인에게도 이와 같은 감동을 주었다면, 그녀의 삶과 죽음에 아주 긴밀한 관계를 맺고 있었던 사람들에게는 얼마나 깊은 감동을 주었는지 상상하기란 어렵지 않다. 이제껏 렉탱글에서 일어난 어떤 사건도 관 속에 누워 있는 로린의 시신만큼 사람들의 마음을 깊이 움직이지는 못했다. 또 성령께서 이 무감각한 육신을 그런 용도로 쓰시고자 특별한 권능으로 축복해주신 듯싶었다. 왜냐하면 이날 밤에 성령의 역사로, 스무 사람 이상의 길 잃은 영혼들이, 거의가 여자들이었지만, 선한 목자의 품에 안겼기 때문이었다.

16장

렉탱글을 포함하여, 레이먼드 시의 그 누구도 버지니아보다 로린의 죽음을 아파한 사람은 없었다. 그녀에게 로린의 죽음은 마치 신체 한 부분이 떨어져나가는 것 같았다. 로린이 버지니아 집에 머물렀던 그 짧은 기간은 버지니아의 마음을 새로운 삶으로 열어주었다. 장례식 다음날 버지니아는 레이첼과 함께 서로 이야기를 나누고 있었다. 둘은 페이지 저택의 응접실에 앉아 있었다.

"로린 같은 여자들이 더 나은 생활을 살도록 돕기 위해서 내 재산으로 뭔가 할 생각이야."

버지니아는 응접실 저 한쪽 끝을 바라보았다. 거기는 어제까지만 해도, 로린의 시신이 안치되어 있었던 곳이었다. 곧 버지니아는 이렇게 말을 덧붙였다.

"좋은 계획을 세워놨어, 내 딴엔 그래. 롤린 오빠와도 상의를 했어. 오빠도 내 계획에 많은 돈을 투자하기로 했어."

"얼마나 돈이 들 것 같니, 버지니아, 이번 일에 말야?"

하고 레이첼이 물었다. 예전 같으면, 그녀는 이러한 사사로운 질문은 결코 하지 않았으리라. 그런데 이제는, 하나님에게 속한 여타 것들과 마찬가지로 돈에 대해서도 솔직하게 이야기하는 일이 자연스러웠다.

"최소한 45만 달러는 사용할 수 있을 것 같아. 오빠도 그만큼 기부하겠대. 오빠는 새사람이 되기 전 방탕한 생활의 낭비벽 탓에 아버지가 물려주신 유산을 거의 절반이나 날려 먹은 걸 지금은 무척 후회하고 있어. 아무튼 우리 둘은 힘을 모아서 만반의 준비를 할 거야. '예수님이라면 이 돈으로 무엇을 하실까?' 이 질문에 우리는 정직하고 지혜롭게 대답을 찾고 싶어. 데일리 뉴스에 기부할 돈도, 난 확신해, 예수님이라면 그렇게 하셨으리라고 말야. 특히나 이제부터는 술집의 영향력에 대항해나가기 위해서라도, 레이먼드 시에 교회나 대학을 세우는 일 못지않게, 기독교 신문을 발행하는 일도 필요하니까. 그래서 내 장담컨대 노먼 사장님이 그 50만 달러를 잘 쓰신다면 신문사는 레이먼드 시에서 예수님이라면 하심직한 일들을 이뤄나가는 데 강력한 요소가 될 거야.

다른 계획도 있는데, 레이첼, 네가 나와 함께 일해주면 좋겠어. 오빠와 나는 렉탱글에 있는 넓은 땅을 매입할 계획이야. 현재 그 천막이 있는 벌판인데, 몇 년째 소송 중에 있어. 법원에서 최종 판결이 나는 대로 그 땅을 살 거야. 한동안 나는 대도시 슬럼가 한복판에서 이뤄지는 다양한 형태의 인보사업— 빈민의 실태를 조사하여, 그들의 보건과 위생, 의료와 교육 및 복지 향상을 위해 노력하는 사회사업, 편집자 주— 과 거주 공동체 방식의 선교 사업이나 교회의 자선 사업을 특별히 공부해왔어. 레이먼드 시에서 할 수 있는 가장 현명하고 가장 효과적인 복지 사업은 뭐라고 딱히 말할 순 없지만 말야. 그렇지만 이것만은 잘 알고 있어. 내 돈, 그러니까 나를 통해서 쓰시고자 하는 하나님의 돈으로 위생적인 하숙집과, 불쌍한 여성들을 위한 은신처, 여공들을 위한 숙소, 또 로린과 같은 처지의 흔하디흔한 길거리 여자들을 위한 쉼터를 세울 수 있어. 그리고 나는 단순히 돈만 투자하고 싶지는 않아. 하나님 저를 도와주세요! 난 직접 그 일에 뛰어들 생각이거든. 하지만 너도 알다시피, 레이첼, 무한정 돈을 쏟아붓고 끝없이 개인이 희생을 해도, 거기에서 술집이 합법적으로 자리 잡고 있는 한 렉탱글의 끔찍한 상태는 조금도 개선되지 않을 거란 예감이 늘 들었어. 어느 대도시든 그곳에서 실행하고 있는 기독교 사업은 뭐가 됐든 마찬가지라고 생각해. 인보사업이나 주거안정사업 또는 구제사업을 통해 구하는 것보다 더 빨리 술집이 사람들을 악의 구렁텅이로 빠뜨리기 때문이야."

갑자기 버지니아는 일어나서 응접실을 거닐었다. 레이첼은 슬프지만, 희망이 깃든 목소리로 이렇게 대답했다.

"네 말이 맞아. 하지만, 버지니아, 이 돈으로 우리는 얼마나 놀라운 일들을 할 수 있겠니! 또 술집이라고 언제까지 여기에 있으란 법은 없어. 이 도시에서 기독교 세력이 승리하는 날이 반드시 올 거야."

버지니아는 레이첼 옆으로 다가왔는데, 그녀의 창백할 정도로 희고, 진지한 얼굴이 빛났다.

"나도 그렇게 생각해. 예수님이라면 하심직한 행동 그대로 따르겠다고 서약한 사람들이 갈수록 늘어나고 있어. 음, 그러니까, 일단 레이먼드 시에 그러한 사람들이 오백 명만 된다고 해도, 술집은 망하고 말 거야. 하지만 지금부터, 친구야, 난 네가 렉탱글 사람들을 술집에

빼앗기지 않고 구원하는 이 계획에 동참해줬음 해. 네 목소리에는 힘이 있어. 요즘에 많은 생각을 해봤어. 그중 하나가 이거야. 네가 여성들을 모집해서 음악학교를 세우는 거야. 넌 그들을 가르칠 수 있어. 그 거친 곳에서도 훌륭한 목소리들은 존재해. 어제 저 여자들이 불렀던 것처럼 그런 노래를 누가 들어봤겠니? 레이첼, 얼마나 멋진 기회인지 몰라! 돈으로 살 수 있는 최고의 오르간과 오케스트라를 마련해줄게, 게다가 더 고귀하고 더 순수한 그리고 더 나은 삶으로 영혼들을 인도하는데 음악만큼 좋은 게 뭐가 있겠어?"

버지니아의 말이 채 끝나기도 전에 레이첼은 일생의 사업이 생겼다는 기쁨으로 얼굴 표정이 싹 바뀌었다. 그 기쁨은 홍수처럼 그녀의 가슴과 마음속으로 밀려들었고, 주체할 수 없을 만큼 감정이 격해져서 눈물을 쏟아냈다. 그것은 일찍이 그녀도 꿈꿔왔던 일이었다. 또 자기 재능을 올바로 사용하는 데 딱 들어맞는 일이라고도 느꼈다.

"그래, 알았어, 그런 일이라면 기꺼이 내 삶을 바치겠어. 예수님도 내 삶이 그렇게 쓰이길 바라신다고 믿어. 버지니아, 하나님께 봉헌된 돈을 지렛대 삼아 여러 일들을 해나간다면 사람됨으로 이루지 못할 기적이 뭐가 있겠니!"

하고 레이첼도 자리에서 일어나, 두 팔로 버지니아를 안으며 말했다. 그리고 두 사람은 감격스러운 흥분에 싸여 응접실을 거닐었다.

"거기에 너처럼 자신의 신성한 열정까지 보탠다면, 틀림없이 굉장한 일을 해낼 수 있을 거야."

버지니아가 웃으면서 말했다. 그런데 레이첼이 대꾸하려던 참에,

롤린이 집 안으로 들어왔다.

그는 잠시 머뭇거리더니, 응접실 바깥쪽을 지나 서재로 가고 있었다. 그때 버지니아가 롤린을 불러세웠고, 그의 일에 대해 몇 가지를 물어봤다.

롤린은 돌아와서 자리에 앉았고, 세 사람은 다 같이 자기들의 장래 계획들을 의논했다. 롤린은 버지니아가 함께하고 있어선지 레이첼의 면전에서도 전혀 당황하는 기색을 내비치지 않았는데, 레이첼을 대하는 그의 태도는 거의 딱딱했지만, 차갑지는 않았다. 놀랍도록 새사람이 된 뒤 그의 과거란 시간은 흔적조차 없이 사라진 듯했다. 그는 과거를 잊은 것은 아니었지만, 현재 이 새로운 삶의 목적에 철저히 매달리는 것처럼 보였다. 잠시 뒤 롤린은 자리를 떴고, 레이첼과 버지니아는 다른 이야기를 나누었다.

"그런데, 재스퍼는 어떻게 된 거야?"

버지니아가 순진한 표정으로 말했다. 레이첼은 얼굴이 빨개졌고 버지니아는 미소를 지으며 이렇게 말을 보탰다.

"아마 다른 소설을 쓰고 있겠지. 이번에도 그가 소설 속에 너를 집어넣을 것 같니, 레이첼? 난 재스퍼 체이스가 첫 번째 소설에서 그랬지 않았나 항상 의심했었거든."

"버지니아," 레이첼은 둘 사이에 늘 그래 왔듯이 솔직하게 털어놓았다. "재스퍼 체이스가 요전 밤에, 실은, 나에게 청혼을 했어, 아니 하려고 했어, 만약……."

레이첼은 잠시 말을 멈췄고 자리에 앉아 두 손을 깍지 낀 채 무릎

위에 올려놓더니, 눈에 눈물이 고였다.

"버지니아, 나도 얼마 전까진 그를 사랑한다고 생각했었어, 그가 나를 사랑한다고 말했던 것처럼 말이야. 그런데 그가 막상 고백하니까, 내 마음에 혐오감이 들어서, 그래서 할 말을 다 해버렸어. 난 그에게 이건 아니라고 말했어. 그 이후로 그를 다시 보지 못했어. 렉탱글에서 첫 번째 회심자들이 나왔던 바로 그날 밤이었거든."

"너에게는 다행이라고 생각해."

버지니아가 나직이 말했다.

"왜?"

레이첼은 조금 놀란 얼굴로 물었다.

"왜냐하면, 난 정말로 재스퍼 체이스를 좋아한 적이 없었거든. 그는 아주 냉정하고, 그러니까 그를 판단하고 싶지는 않지만, 교회에서 다른 사람들과 함께 그 서약을 했을 때 그의 진심이 난 늘 미심쩍었어."

레이첼은 생각에 잠긴 표정으로 버지니아를 바라보았다.

"그에게 결코 내 마음을 준 적이 없다는 건 확실해. 그가 나를 감동시키긴 했어도, 난 작가로서 그의 재능을 높이 샀을 뿐이야. 이따금 그를 상당히 좋아한다고 생각하곤 했어. 어쩌면 그날 밤 말고 다른 기회를 잡아서 그가 내게 고백했다면, 나도 그를 사랑한다고 순순히 확신했을 지도 몰라. 하지만 이젠 아니야."

또 레이첼은 말을 멈췄고, 그녀가 버지니아를 다시 쳐다보았을 때 그 얼굴에 눈물이 흘렀다. 버지니아는 레이첼에게 다가와서 부드럽게 안아주었다.

이윽고 레이첼은 자기 집으로 돌아갔고, 버지니아는 제 친구가 방금 털어놨던 속내를 곰곰이 생각하며 응접실에 앉아 있었다. 레이첼의 태도로 봐서, 뭔가 할 말이 더 남아 있는 게 분명했지만, 버지니아는 레이첼이 그 속마음을 감춘 사실에 섭섭해 하지 않았다. 버지니아는 레이첼의 마음속에는 그녀가 내보였던 것보다 더 많은 속내 말이 있음을 알고 있었을 따름이었다.

그때 롤린이 되돌아왔고, 그와 버지니아는, 요즈음 생긴 버릇인 듯이 서로 팔짱을 낀 채, 기다란 응접실을 따라 왔다갔다했다. 두 사람은 렉탱글의 땅을 구입하려고 하는 계획을 이야기하다가 그 계획엔 레이첼도 관련되어 있어서 마침내 이 대화는 선뜻 레이첼에게로 옮겨갔다.

"오빠는 레이첼처럼 성악에 그토록 타고난 재능을 지녔으면서 장차 자기 인생을 기꺼이 다른 사람들을 위해 바치려고 하는 여자를 본 적 있어? 레이첼은 앞으로 이 시에서 음악을 가르칠 거래. 일단 생계를 꾸리기 위해 개인 레슨을 하면서 말야. 그런 뒤엔 렉탱글 사람들에게 노래를 배우게 하고 자선 공연도 할 계획이래."

"확실히 자기희생의 좋은 본보기야."

하고 롤린은 조금 딱딱하게 대꾸했다.

버지니아가 약간 날카로운 눈빛으로 그를 쳐다보았다.

"하지만 아주 진기한 사례란 생각은 안 들어? 오빠는……" 이 부분에서 버지니아는 유명한 오페라 가수 대여섯 명의 이름을 늘어놓았다.

"그들이 이러한 종류의 일을 하는 모습을 상상할 수 있기나 해?"

"물론, 그야 상상할 수 없지." 롤린이 짧게 대답했다. "또한 그 애가……" 하고 그는 버지니아에게 렉탱글 구경을 시켜달라고 졸랐던 그 빨간 양산을 든 처녀의 이름을 말했다. "네가 하려는 일을 하는 모습도 상상이 안 돼, 버지니아."

"난 더더욱 상상이 안 가, 그 남자가……" 버지니아는 사교계 리더인 한 청년의 이름을 댔다. "클럽에 가서 오빠가 하는 일을 하는 모습도 말야."

두 사람은 응접실 한쪽 끝까지 아무 말 없이 걸었다.

"다시 레이첼 얘긴데," 버지니아가 운을 뗐다. "오빠, 왜 이토록 티 나게 레이첼한테, 딱딱하게 구는 거야? 내 생각엔 오빠, 마음 상하게 했다면 미안해, 그러니까 레이첼이 불편해하는 듯해. 좀 편안하게 대해줘. 이렇게 변한 오빠를 레이첼이 좋아할 리 없어."

롤린은 불쑥 걸음을 멈췄다. 그는 무척 심란한 듯싶었다. 그는 버지니아에게서 팔짱을 풀어내더니 응접실 저 끝으로 혼자 걸어갔다. 그런 뒤 뒤돌아서서, 뒷짐을 진 채, 제 여동생에게 가까이 다가와 이렇게 말했다.

"버지니아, 너 내 비밀 모르니?"

버지니아는 당황스러운 표정을 짓더니, 뭔가 낌새를 알아차렸다는 듯, 평소와 다른 얼굴빛으로 바뀌었다.

"지금껏 레이첼 말고 내가 사랑한 사람은 아무도 없어."

이제 롤린은 제법 침착하게 말했다.

"레이첼이 여기 와서 너와 오페라단 입단 문제로 상의했던 그날 말이야, 레이첼한테 내 아내가 돼달라고 청혼했어. 저 길거리에서 말야.

그녀는 내 청혼을 거절했어, 그럴 거라 짐작했지만. 내가 인생의 목적이 없다는 게 그 거절 이유였는데, 사실 틀린 말도 아니었지. 지금은 목적도 지녔고, 또 이젠 새사람이 됐다지만, 모르겠어, 버지니아, 내가 무슨 말을 할 수 있겠어? 레이첼의 찬송 덕분에 나는 회개하게 됐어. 그런데 그 밤 레이첼이 찬송을 부르는 내내 솔직하게 말하면, 얼마 동안, 그녀의 목소리가 바로 하나님의 전언처럼 나에게 여겨졌어. 그녀를 향한 내 자신의 모든 사랑이 하나님과 구세주를 향한 사랑으로 합쳐진 거야."
롤린은 말을 끊고, 한층 고조된 감정으로 말을 이어갔다.

"여전히 나는 그녀를 사랑해, 버지니아. 그렇지만 그녀가 나를 사랑할 수 있으리라고는 생각지 않아."

이렇게 말을 끝내고 그는 슬픈 미소를 띤 얼굴로 누이동생을 바라보았다.

"난 전혀 몰랐어."

버지니아가 중얼거렸다. 그녀는 오빠의 잘생긴 얼굴을 유심히 바라보았는데, 방탕의 흔적은 거의 다 사라졌고, 굳게 다문 입술에서는 남자다움과 용기가 엿보였으며, 그 맑은 눈은 자기를 솔직하게 응시했고, 얼굴 윤곽은 강인하면서도 기품 있었다. 롤린은 이제 성숙한 남자가 되었다. 조만간 레이첼이 그를 사랑하지 않을 수 있을까? 확실한 건 그 두 사람은 서로 잘 어울렸고, 특히 똑같은 기독교적 힘이 바로 그들의 저 인생 목적을 움직여 가고 있었다.

17장

 다음날 버지니아는 에드워드 노먼을 뵈러 데일리 뉴스 사장실을 찾아갔고 새로운 재단 위에 재출발하는 신문사에서 자신의 역할에 대한 세부 사항을 의논했다. 맥스웰 목사도 이 회의에 함께했고, 세 사람은 만약 예수님이 신문사의 발행인으로서 매사 어떤 일을 하시든, 구세주로서 당신의 처신을 규정하는 그 동일한 행동 원칙에 따르실 거라고 의견이 일치했다.

 "예수님이라면 하실 법한 일들을 몇 가지 구체적으로 적어 보았습니다."

 하고 에드워드 노먼이 말했다. 그는 책상 위에 놓여 있던 종이 한 장을 읽었고, 맥스웰 목사는 자기도 예수님께서 취하실 만한 행동을 제 나름의 생각으로 정리하여 글로 옮기려 애썼던 일과, 또한 밀턴 라이트도 자신의 사업에서 똑같이 그랬던 기억도 떠올랐다.

 "제목을 이렇게 달아봤습니다, '예수님이 에드워드 노먼처럼, 레이먼드 시 데일리 뉴스의 발행인이라면 어떻게 하실까?'"

"1. 예수님이라면 유해하거나 음탕하거나 외설스럽다고 비난받을 기사 또는 사진은 어쨌든 싣지 않으시리라."

"2. 당파를 뛰어넘는 애국심이란 관점에서 신문의 정치적 임무를 다하시고, 항상 하나님의 나라와 관련하여 모든 정치적 문제들을 살피시며, 또 사람들의 복지와 연계한 관점에서 정책들을 옹호하시고, 늘 '이 당이나 저 당에게 최선의 이익은 무엇인가?'가 아닌 '무엇이 옳은가?'란 이 질문에 입각하여, 바꿔 말하면, 예수님은 다른 온갖 문제를 다루시는 것처럼 각가지 정치 문제도 이 땅에서 하나님의 나라를 이룩한다는 관점에서 다루시리라."

노먼 사장은 읽기를 잠시 중단하고 고개를 들었다.

"이것은 예수님이라면 신문 지면에서 정치적 문제들을 이렇게 다루실 것 같다는 제 개인의 의견임을 이해해주세요. 예수님께서 취하실 법한 방침에 대해서 저와 생각을 달리하는 신문인들을 비판하려는 게 아닙니다. 다만 '예수님이 에드워드 노먼과 같은 처지에 놓이신다면 어떻게 하실까?' 하고, 이 질문에 정직하게 답하고자 애쓸 뿐입니다. 그리고 제가 찾은 답은 여기에 적어놓았습니다."

"3. 예수님께서 행하시고자 하는 일간신문의 목적과 목표는 하나님의 뜻을 실현하는 것이리라. 곧, 신문 발행의 주요 목적은 돈을 버는 것도, 정치적 영향력을 획득하는 것도 아니요, 오직 예수님의 첫 번째이자 주된 목적은 신문을 통하여 당신께서 무엇보다도 하나님의 나라를 추구하고자 하심을 모든 독자들에게 알리도록 그렇게 신문사를 이끄시리라. 이러한 목적은 목사나 선교사나 여느 사심 없는 순교자가 사역하는 곳은 그 어디든 그들의 목적처럼 분명하고 의심의 여지가 없으리라."

"4. 미심쩍은 광고들은 일체 게재하지 않으시리라."

"5. 신문사 직원들과 예수님은 가장 애정 어린 관계를 맺으시리라."

"여기서 제 소견을 말하자면," 또다시 고개를 들며 노먼이 말했다.
"예수님이라면 사실상 어떤 협력의 형식으로 사람을 고용하실 테고 그 형식은 공동의 위대한 목적을 위해 다 함께 움직여야 하는 사업에서 상호 이익을 대변하게 될 겁니다. 저는 그러한 계획을 실천할 것이고, 또 성공하리라 확신합니다. 아무튼, 일단은 이와 같이 사업에 인격적인 사랑의 요소를 도입하고, 개인이나 회사 차원에서 사익을 앞세우는 이기적 동기를 제거해 나갈 겁니다. 그러면 여하튼 편집자, 기자, 인쇄공, 그리고 신문업계에 종사하는 그 모든 사람들 사이에 아주 애정 어린 인격적 관심이 깃드는 걸 지켜보게 될 겁니다. 게다가 그런 관심은 서로 간의 사랑과 공감에서뿐만 아니라 사업상 이익을 분배하는 데도 드러나게 될 겁니다."

"6. 오늘날 일간신문의 발행인으로서, 예수님은 기독교 교계의 업무에 큰 지면을 할애하시리라. 가능하다면 한 면을 종단 개혁, 기독교와 관련된 각종 사회문제, 교회 단체의 자선사업 및 그 유사 활동을 알리는 기사들로 채우시리라."

"7. 인류의 해악이자 우리 문명의 불필요한 요소나 다름없는 술집과 싸우기 위해 신문으로 할 수 있는 일은 능력껏 모두 다하시리라. 예수님은 이 문제에서는 대중의 여론과는 무관하게 그리고, 당연히, 구독률에 미칠 영향 따위를 항상 아랑곳하지 않고서 그렇게 하시리라."

또 에드워드 노먼은 고개를 들었다.

"이 점에서 저의 솔직한 소신을 밝혔습니다. 물론, 오늘날 다른 성향의 신문을 발행하는 크리스쳔들을 비판하고자 함이 아닙니다. 하지만 제가 예수님을 이해하는 바로는, 그분은 이 국가의 정치계와 경제계에서 술집을 완전히 몰아내기 위해선 신문의 영향력을 활용하시리라 믿습니다."

"8. 일요일판 신문은 발행하지 않으시리라."

"9. 사람들이 꼭 알아야 하는 세계의 뉴스를 실으시리라. 사람들이 알 필요가 없는 소식들 가운데, 잔인한 프로권투 기사, 장광설의 범죄 기사, 사생활에 속하는 염문 기사, 또는 이 요강에서 첫 번째로 언급했던 사항에 어쨌든 위배되는 여타 사건들도 싣지 않으시리라."

"10. 만약 예수님이 신문에 사용할 거액이 있으시다면, 아마도 그분은 신문 기고문에 관해서 당신과 협력할 수 있는 최고이자 최강의 남녀 크리스쳔 필자들을 확보하시는데 쓰시리라."

"이것은 제 목적이 될 터이고, 며칠 있다가 두 분께 보여드릴 수 있을 겁니다."

"11. 뚜렷한 계획에 따라 신문이 발전하면서 요구되는 세부 사항이 뭐가 됐든 간에, 그것을 결정짓는 주요 원칙은 항상 이 세상에서 하나님의 나라를 이룩하는 것에 있으리라. 이 일반적인 대원칙이 반드시 갖가지 세부 사항을 규정하게 되리라."

에드워드 노먼은 이 계획안 읽기를 마쳤다. 그는 아주 신중했다.
"저는 대충 얼개를 잡아보았을 뿐입니다. 아직 생각이 충분치는 않지만 신문사를 강건하게 만들 수 있는 아이디어가 제법 많이 있습니다. 이것은 단지 맛보기일 따름입니다. 저는 다른 신문 경영자들과 이 문제를 이야기해 보았습니다. 그들 가운데 몇은 저보고 나약하고, 감상투성이인 주일학교 낱장 신문이 될 거라고 했습니다. 주일학교만큼 유익한 뭔가를 발행할 수 있다면 그것은 꽤 바람직합니다. 왜 사람들은, 오늘날 이 나라의 문명에 주일학교가 아주 강력하고도, 막대한 영향을 끼친다는 사실을 마땅히 알아야 함에도, 특히 힘없는 무엇을 규정하려고 할 때면 매번 주일학교를 비유로 들까요? 하지만 좋은 신문이라고 해서 반드시 약해빠지기만은 않을 겁니다. 좋은 것들은 나쁜 것들보다 훨씬 강합니다. 제게 남은 의문은 레이먼드 시의 크리스천들에게서 아낌없는 지지를 받을 수 있을까 하는 점입니다. 이 시에서 교인들은 2만 명 이상 됩니다. 만약 그들의 절반만이라도 데일리 뉴스를 성원해준다면 우리 신문사의 회생은 확실합니다. 어떻게 생각하세요, 맥스웰 목사님, 그러한 지지의 가능성이 있겠습니까?"

"그 질문에 현명한 답변을 할 수 있을지 잘 모르겠습니다. 저는 온 마음을 다해 데일리 뉴스를 믿습니다. 일 년 동안 신문사를 꾸려간다면, 버지니아 양의 말마따나, 어떤 일을 해낼지 아무도 장담하지 못합니다. 중요한 일은 이러한 신문을 발행하고, 우리가 내릴 수 있는 판단에, 그러니까 예수님이라면 그러실 만하다는 판단에 거의 가깝도록, 또 크리스천의 지력과, 용기, 지혜 그리고 분별력을 모두 신문에 담아내며, 편협하고, 광신적이며, 옹졸한 신앙이나 예수님의 정신과 어긋나는 여타 것들에서 해방되는 일을 중히 여기는 겁니다. 아무래도 이러한 신문은 사람한테서 최고의 사고력과 행동을 필요로 할 겁니다. 이 세상에서 가장 뛰어난 인물들이라고 해도 기독교 일간신문을 발행하기 위해선 자기들의 능력을 최대한 발휘해야 할 겁니다."

"맞습니다," 에드워드 노먼이 겸손하게 말했다. "저는 아주 많은 실수를 할 겁니다, 틀림없어요. 지혜도 많이 필요할 겁니다. 하지만 저는 예수님이라면 하실 일을 하고 싶습니다. '그분이라면 어떻게 하실까?' 하고 이 질문을 물어왔고, 앞으로도 줄곧 그렇게 할 것이며, 그에 따른 결과를 감수할 겁니다."

"제 생각엔 이제 비로소 우리가 '우리 주 곧 구주 예수 그리스도의 은혜와 저를 아는 지혜에서 자라가라'는, 그 명령의 의미를 알아가는 것 같아요. 제가 확신하는 건 예수님을 더 잘 알고 나서야 그때에 예수님이라면 어떻게 하실지 자세히 알 수 있다는 거예요."

하고 버지니아가 말했다.

"바로 그거예요." 맥스웰 목사가 말했다. "저도 예수님의 영을 더 잘 알게 돼서야 그때 비로소 예수님의 하심직한 행동을 헤아릴 수 있다는 사실을 이해하기 시작했습니다. '예수님이라면 어떻게 하실까?' 하고 우리가 물으면서, 그에 못지않게, 또한 예수님 그분 자체를 더더욱 많이 알아가는 과정에서 그 질문에 대한 답을 찾으려고 노력할 때, 인생을 통틀어서 가장 중요한 문제에 답할 수 있는 겁니다. 우리는 예수님을 본받으려고 하기에 앞서 먼저 그분을 알아야 합니다."

버지니아와 에드워드 노먼 사장 사이에 합의가 끝났을 때, 노먼 사장은 버지니아한테서 기독교 일간신문으로 거듭나기 위한 목적에 쓰일 돈 50만 달러를 받았다. 버지니아와 맥스웰 목사가 돌아간 뒤, 노먼 사장은 사무실 문을 닫고, 성령의 임재하심과 함께 혼자서, 전능하신 아버지께 도움을 청하는 어린아이처럼 기도했다. 책상 앞에 무릎 꿇고 기도하는 내내 다음과 같은 약속의 말씀이 떠올랐다. '누구든지 지혜가 부족하거든, 모든 사람에게 후히 주시고 꾸짖지 아니하시는 하나님께 구하라, 그리하면 주시리라.' 확실히 그의 기도는 응답받았고, 그동안 인간들의 탐욕과 야망이라는 천한 목적에 대체로 사용되었던, 이 강력한 신문, 곧 하나님 권능의 이 도구를 통해서 하나님의 나라가 더욱 빨리 이룩될 것이었다.

이로부터 두 달이 흘렀다. 그 사이에 레이먼드 시에서 특히 제일교회에선 여러 활동과 그에 따른 결과들로 넘쳐났다. 갈수록 더워지는 여름철임에도, 예수님이라면 하실 만한 행동 그대로 따르기로 서약한 제자들의 예배 후 모임은, 열정적이고도 강력하게 줄곧 이어졌다.

그레이 씨는 렉탱글 사역을 마쳤고, 그 지역을 지나쳐가는 외지인 눈에는 예전 상태와 별다르게 보이지 않았다, 비록 수많은 영혼들이 실제로 변화됐지만 말이다. 그렇지만 술집, 빈민굴, 판자촌, 도박장들은 여전했고, 그 전도사의 보호 아래 있었던 곳을 차지하기 위해 새로운 희생자들의 삶 속에 죄악을 흘려보내고 있었다. 그리고 사탄은 재빠르게 자신의 군졸들을 벌충했다.

맥스웰 목사는 해외로 나가지 않았다. 대신에 그는, 그 여행을 위해 모아왔던 돈으로 렉탱글에 사는 어느 한 가족— 그들이 사는 더러운 거주 지역 밖으로 한 번도 나가본 적이 없었던— 을 여름휴가 보낼 수 있도록 조용히 준비했다. 이 제일교회의 목사는 그 가족의 여행 준비를 하면서 보낸 그 한 주를 결코 잊지 못하리라. 어느 무더운 날 그는 렉탱글로 가서 그 끔찍스러운 집에 들어서자 무시무시한 열기 비슷한 것을 느끼기 시작하며, 그 가족이 기차역으로 갈 수 있게끔 도왔고, 그리고 그 다음엔 그들을 어느 해변에 아름다운 장소— 한 여신도의 집으로 거처를 마련해두었던— 로 데려갔다. 마냥 어리둥절해하는 이 도시 빈민들은 생애 처음으로 시원한 바다 공기를 마시고, 소나무 향기를 맡으며 새로운 삶의 활기를 느꼈다.

그 가족은 병약한 아기를 안고 있는 어머니와, 다른 세 명의 자식들로 이뤄졌는데, 그 하나는 절름발이였다. 그 아버지는, 오랫동안 실직 상태로 지냈고, 나중에 맥스웰 목사에게 실토한 것처럼, 몇 번이나 자살하려고 했었다. 그는 기차를 타고 오는 내내 병약한 아기를 품에 안은 채 앉아 있었다. 그 가족이 거처에서 편히 쉬도록 봐준 뒤에 맥스웰 목사가 레이먼드로 돌아가려고 했을 때, 그는 떠나려는 목사의 손을 부여잡고서, 목이 메는지 아무 말도 못하다가, 끝내 주저앉아 정신없이 울기 시작했다, 맥스웰 목사가 몹시 당황스럽게도. 지난해 렉탱글 지역을 휩쓸었던 열병으로 자식 셋을 잃었던 그 어머니는 몸도 지치고, 마음도 지친 상태로 있었는데, 기차 창문 옆에 앉아 있는 내내 바다와 하늘과 들판을 황홀한 기쁨으로 바라보았다. 이 모든 것이 그녀한테는 기적처럼 보였다. 한편 맥스웰 목사는, 그 주말에 레이먼드로 돌아왔는데, 잠깐 바닷바람을 쐬고 와서 그런지 타는 듯한, 훨씬 지독한 더위를 느꼈지만, 자기가 목격한 그 기쁨을 하나님께 감사드렸다. 그리고 지금껏 살아오면서 거의 처음으로 자기가 이 특별한 종류의 희생을 했다는 사실을 깨달으며, 겸손한 마음으로 그리스도 제자의 길에 다시 첫발을 내딛었다. 왜냐하면 그는 휴식의 필요성을 절감하든지 그렇지 않던 간에, 레이먼드 시의 더위를 피해 해마다 떠나는 여름휴가를 한 번도 스스로 사양한 적이 없었기 때문이었다.

"사실입니다," 교회 쪽에서 몇 가지 질문을 물어올 때 맥스웰 목사는 이렇게 말했었다. "올해는 휴가를 안 가도 됩니다. 몸도 건강하고 여기에 있는 편이 오히려 더 좋습니다."

그는 자기가 다른 가족을 휴가 보내줬던 일을 아내 말고는 아무도 모른다는 사실에 안도했다. 그는 그러한 일일수록 다른 사람들이 알지 못하게 하거나 동의를 구해선 안 된다고 생각했다.

그렇게 여름은 지나갔고, 맥스웰 목사는 주님을 더욱더 많이 알아가게 되었다. 제일교회는 여전히 성령의 권능 아래에 있었다. 맥스웰 목사는 줄곧 계속되는 성령의 임재하심에 놀랐다. 처음부터 그는 오직 성령의 임재 덕분에 그리스도를 따른다는 그 대단한 시험에서 교회가 갈가리 찢어지지 않았음을 잘 알고 있었다. 심지어 지금도 그 서약을 하지 않은 사람들이 많이 있었고, 그들 중에는 윈슬로우 부인처럼 하나부터 열까지 그러한 움직임을 크리스천의 의무에 대한 광신적인 해석에서 비롯된 일로 여기고, 예전의 정상적인 상태로 되돌아오길 바라는 사람도 있었다. 그럼에도 그리스도 제자로서 살기로 서약한 사람들은 모두 성령의 감화를 받았고, 맥스웰 목사는 제 나름대로 여름을 보내며, 큰 기쁨으로 교회 일을 해나갔고, 알렉산더 파워즈 씨와 약속한 대로, 철도공장 노동자들과 모임을 이어가면서, 주 예수 그리스도에 대한 지식을 날마다 더 잘 익혀나갔다.

8월의 어느 이른 오후, 기나긴 무더위가 물러가고 나서 시원한 바람이 불어오곤 했는데, 재스퍼 체이스는 길거리와 면한 자신의 아파트 창가로 걸어와서 밖을 내려다보았다.

그의 책상에는 원고 뭉치들이 쌓여 있었다. 레이첼 윈슬로우에게 고백을 했던 그날 저녁 이후로 그는 그녀를 만난 적이 없었다. 그의 야릇한 감수성은, 좌절을 겪게 되었을 때는 극도로 예민해질 대로 예민해져서, 작가로서의 습성이 한층 배가시킨 고독 속으로 그 자신을 몰아넣곤 했다.

무더운 여름 내내 그는 글만 썼다. 그의 소설은 이제 거의 완성 단계에 이르렀다. 그는 뜨거운 열정— 언제라도 자기를 버려두고 무력하게 놔두겠다고 위협하기 일쑤인— 으로 집필에 전념했다. 그는 제일교회에서 다른 교인들과 함께 서약했던 일을 잊지 않았다. 그 서약은 소설을 쓰는 동안에도 줄곧 머릿속에 떠올랐고, 레이첼이 자신의 청혼을 거절한 이래, '예수님이라면 이렇게 하실까? 그분은 이런 이야기를 쓰실까?' 하고 이렇게 수천 번 자문했다. 그가 집필 중인 소설은 이미 대중들의 인기가 확인된 스타일로 씌어진 통속 소설이었다. 재미 말고는 소설에 다른 목적은 없었다. 이 소설 속에 담긴 도덕적 교훈은 그다지 나쁘진 않았지만, 아무리 긍정적으로 보더라도 기독교적 가르침과는 멀었다. 재스퍼 체이스는 그런 소설이 잘 팔리리란 걸 알고 있었다. 그는 사교계가 총애하고 칭찬하는 이러한 소설 방식에 대한 자신의 능력을 자각하고 있었다.

"예수님이라면 어떻게 하실까?"

그는 예수님이라면 이러한 책을 결코 쓰시지 않으리라고 느꼈다. 이 질문은 가장 시기가 안 좋을 때 그에게 불쑥 떠올랐다. 그는 이 질문에 화가 났다. 작가에게 예수님의 기준은 너무 이상적이었다. 물론, 예수님이라면 뭔가 유용하거나 유익한, 아니면 한 가지 목적을 가지고 글을 쓰시기 위해 당신의 능력을 사용하시리라. 과연 무엇을 위해, 재스퍼 체이스는, 이 소설을 쓰고 있는가? 작가들 거의가 그 동기와 목적은, 돈, 바로 돈과, 그리고 작가로서의 명성 때문이 아니겠는가. 그런 이유로써 자기가 이 소설을 쓰고 있음은 스스로 새삼스러울 것도 없었다. 그는 가난하지 않았고, 그래서 돈 때문에 글을 쓰고픈 마음은 크게 들지 않았다. 그러나 명성에 대한 욕구만큼은 다른 무엇보다 강했다. 그래서 그는 이런 종류의 소재를 써야 했다. 그렇지만 예수님이라면 어떻게 하실까? 하고 자신에게 물어보는 이 질문은 레이첼의 거절보다 그에겐 훨씬 더 괴로웠다. 그는 자신의 서약을 깨뜨리고 말 것인가?

"결국 이 서약이 그 무엇보다 중요한 걸까?"

이렇게 그는 스스로 물었다.

재스퍼 체이스가 창가에 서 있을 때, 롤린 페이지가 바로 맞은편 클럽에서 나왔다. 재스퍼는 롤린이 거리를 따라 걸어가는 모습에서 그의 잘생긴 얼굴과 훌륭한 체격을 눈여겨보았다. 그는 책상으로 돌아와 원고지를 뒤적거렸다. 그러고 나서 다시 창가로 되돌아갔다. 롤린이 한 블록을 지나서 가고 있었고 레이첼 윈슬로우가 그의 곁에서 걸어가고 있었다. 롤린이 오늘 오후에 버지니아를 만나고 돌아가는 레이첼을 따라잡은 것이 틀림없었다. 재스퍼는 그 두 사람을 길거리 인파 속으로 사라질 때까지 지켜보았다. 그런 뒤에 책상으로 돌아가서 글을 쓰기 시작했다. 마침내 소설의 마지막 장 그 최후의 페이지가 완성되었을 때는 땅거미가 지고 있었다.

"예수님이라면 어떻게 하실까?"

끝내 그는 주님을 부정하는 것으로써 이 질문에 대답했다. 그의 방은 더더욱 어두워져 갔다. 그는 실망과 상실감에 쫓겨서, 짐짓 이러한 결정을 내리고 말았다.

18장

그것이 네게 무슨 상관이냐? 너는 나를 따르라

재스퍼가 창밖을 내다보며 서 있던 그날 오후에 롤린은 거리를 따라 걸어가면서 레이첼 윈슬로우를 생각했다거나 어디서 그녀를 만나리라고 전혀 기대하지도 않았다. 그런데 큰 거리로 들어섰을 때 그는 갑자기 그녀와 마주쳤고 그녀를 보자마자 가슴이 쿵덕거렸다. 이제 그는 그녀 곁에서 걸었고, 어쨌거나 자기 삶에서 몰아낼 수 없었던 이 지상의 사랑과 비록 짧은 한때라마 이렇게 함께할 수 있어서 기쁨을 느꼈다.

"방금 버지니아를 만나고 오는 길이에요." 레이첼이 말했다. "렉탱글 토지의 매입 문제는 거의 성사 단계에 이르렀다고 하더군요."

"그래. 지겹도록 끌어온 소송이었거든. 버지니아가 어떤 건물을 지을지 그 계획도 모두 설명해줬어?"

"우린 많은 걸 조사해봤어요. 이 일의 온갖 아이디어를 어디에서 얻었는지 그저 버지니아가 놀라울 따름이에요."

"이제 버지니아는 아널드 토인비— Arnold Toynbee(1852~1883) 영국의 경제학자이자 사회개혁가로 인보운동의 선구자로 알려져 있다. 편집자 주— 나 런던의 이스트앤드 지역— 산업혁명 이후 극빈 노동자의 빈민가로 유명했다. 1890년 노동자계급 주택법이 시행되면서 차츰 개선되었다. 편집자 주— 그리고 미국 교회기관의 빈민구제사업에 관해선 상당수의 빈민가 전문연구자들보다 더 많이 알고 있을걸. 거의 여름 내내 그 관련 정보를 모으며 보냈으니까 말야."

롤린은 장차 추진할 이 구제사업을 화제 삼아 서로 이야기하면서 한결 마음이 편안해지기 시작했다. 왜냐하면 이 화제는 서로에게 안전한, 공통의 관심사였기 때문이다.

"여름 내내 뭘 하며 지냈어요? 통 볼 수 없었어요."

레이첼은 이렇게 불쑥 물었고, 그런 뒤에 얼굴이 홍조를 띠며 화끈거리게 달아올랐다. 마치 롤린에게 너무 많은 관심을 보였다는 듯이, 아니면 그를 자주 보지 못한 아쉬움을 너무 드러냈다는 듯이.

"계속 바빴어."

롤린이 짧게 대답했다.

"좀 더 말해줘요," 레이첼은 고집을 부렸다. "그렇게 할 말이 없어요. 내가 이래도 괜찮은 거죠?"

하고 그녀는 아주 솔직하게 물으며, 롤린을 정말로 진지하게 바라보았다.

"물론, 괜찮아." 롤린은 근사한 미소를 지으며 대답했다. "이렇다 하게 속 시원히 말해줄 건 없어. 내가 이전에 알고 지냈던 친구들에게 다가갈 방법을 찾고 또 그들을 더욱 쓸모 있는 삶 쪽으로 설득시키려고 애쓰면서 보냈어."

그는 말을 이어가기가 못내 쑥스러운 듯 갑자기 입을 닫았다. 레이첼은 무슨 말을 할 엄두를 내지 못했다.

"나도 너와 버지니아가 속해 있는 그 모임의 같은 일원이야." 하고 롤린은 말을 꺼내며, 다시 이어갔다. "나도 내 믿음에 따라 예수님이라면 하심직한 행동을 그대로 따르겠다고 서약했고, 그동안 내 나름대로 이 질문에 답하려고 노력해왔어."

"그건 몰랐어요. 버지니아가 나한테 아무런 귀띔도 해주지 않았거든요. 오빠가 우리와 함께 그 서약을 지키기 위해 애쓴다니 생각만 해도 정말 놀라워요. 그런데 클럽 친구들을 어떻게 한다는 거죠?"

"네가 곧장 치고 들어오듯이 물으니까 나도 대답하지 않고선 못 배기겠는걸."

하고 롤린은 다시 웃으며, 이렇게 덧붙였다.

"너도 보았겠지만, 그날 밤 천막 집회가 끝난 뒤에 난 이렇게 스스로 물어봤어, 너도 말했었다시피, (여기서 그는 허둥지둥 말했고 목소리는 조금 떨렸다) 내가 과거의 삶을 속죄하고 새사람으로 살아가려면, 진정한 그리스도의 제자가 되려면 난 어떤 목적을 지녀야 할까? 그리고 이 물음을 생각하면 할수록, 더욱더 내가 십자가를 져야 하는 곳으로 가지 않을 수 없었어. 우리 사회제도 안에서 방치된 사람들 가운데 말야, 내가 과거에 그랬던 것처럼 시간과 돈을 클럽에다 갖다 바치는 방탕한 청년들만큼 철저히 고독하게 버려진 사람도 없을 거란 생각은 해본 적 있어? 교회는 렉탱글에 사는 주민들처럼 가난하고, 불쌍한 사람들을 돌봐준다구. 또 노동자들에게 다가가려는 노력도 하고, 교인들은 대부분 월급쟁이 보통 사람들이야. 그리고 교회는 해외의 이교도들에게 헌금과 선교사를 보내기도 해. 하지만 상류층 사람들, 도시 이곳 저곳에서 유흥에 빠진 청년들, 클럽 남자들은 복음 전파의 사각지대에 놓여 있어. 그들만큼 복음이 더욱 필요한 부류도 따로 없을 텐데 말이야. 그래서 난 스스로 이렇게 다짐했어. '난 이러한 사람들을 잘 알아, 그들의 단점과 장점까지도. 한때 나도 그들과 같았으니까. 난 렉탱글 사람들을 전도하기엔 적합하지 않아. 그 방법도 모르겠고 말야. 그렇지만 돈과 시간을 헛되이 쓰며 사는 청년들과 소년들의 마음을 내가 움직일 수 있을지도 몰라.' 그래서 이게 그동안 내가 애써 해왔던 일이야. 너와 마찬가지로, 나도 '예수님이라면 어떻게 하실까?' 하고 스스로 물었고, 내 대답은 저 일이었어. 또한 그것이 내 십자가이기도 해."

이 마지막 말에서 롤린의 목소리는 아주 작아졌고 레이첼은 주위의 소음 탓에 그 말을 알아듣는데 애를 먹었다. 하지만 그가 무얼 말하고자 했는지 잘 알았다. 그녀는 롤린에게 어떤 방법으로 그렇게 할 생각인지 묻고 싶었다. 그러나 어떻게 물어봐야 할지 몰랐다. 그의 계획에 대한 레이첼의 관심은 단순한 호기심 그 이상이었다. 이제 롤린 페이지는 자기에게 아내가 되어 달라고 청혼했었던 그때 상류층 젊은 남자의 모습과는 너무나 딴판이어서 레이첼은 마치 완전히 낯선 사람인 듯이 그를 여기며 대화할 수밖에 없었다.

어느덧 그들은 큰 거리를 벗어나 레이첼의 집으로 가는 거리로 들어섰다. 전에 롤린이 왜 자기를 사랑할 수 없는지 레이첼에게 물었던 바로 그 길이었다. 두 사람은 줄곧 걸어가면서 동시에 갑작스러운 부끄러움에 휩싸였다. 레이첼은 그날 일을 잊지 않고 있었고 롤린은 잊을 수가 없었다. 마침내 그녀는 긴 침묵을 깨고 아까부터 묻고 싶었지만 마땅한 말을 찾지 못해 망설였던 질문을 했다.

"클럽 사람들, 그러니까 오빠의 옛 지인들한테 복음 전도할 때, 그들은 어떤 반응을 보여요? 어떻게 그들에게 말을 붙이구요? 그들이 뭐라고 하나요?"

이렇게 레이첼이 입을 열자 롤린은 한결 마음이 풀렸다. 그는 바로 대답했다.

"아, 사람마다 달라. 많은 사람들이 나를 괴짜 취급해. 그래도 난 여전히 클럽의 회원 자격을 유지하며 전처럼 좋은 관계를 맺고 있어. 내가 현명하게 처신하면서 어떤 불필요한 비난도 받지 않으려고 노력하니까 말야. 그런데 얼마나 많은 사람들이 내 호소에 관심을 보였는지 네가 알면 깜짝 놀랄걸. 믿기지 않겠지만 며칠 전 밤에도 지인들 열두 명과 종교 문제를 두고 솔직하고 진지하게 이야기를 나눴거든. 그들 가운데 몇 사람이 나쁜 습관을 버리고 새 삶을 시작하는 모습을 보게 됐을 땐 정말 기뻤어. 난 '예수님이라면 어떻게 하실까?' 하고 거듭해서 스스로 물어왔어. 그 대답은 천천히 왔어, 왜냐하면 내가 천천히 나의 길을 가고 있어서 말야. 한 가지 사실을 깨달은 게 있어. 그 지인들이 날 싫어하지 않다는 거야. 난 그게 좋은 징조라고 생각해. 또 하나 빼놓을 수 없는 사실은 그들 가운데 몇 사람이 렉탱글 인보사업에 관심을 보였다는 점이고, 그 사업을 시작할 때 더욱 잘될 수 있도록 뭔가 도움을 보태겠다고 했어. 그리고 무엇보다도 특히, 몇몇 친구들을 도박에서 헤어나게 할 수 있는 방법을 찾아냈어."

롤린은 열정에 차서 말했다. 그의 얼굴은 이제 자기 실생활의 일부가 된 주제에 대한 관심으로 딴사람처럼 바뀌었다. 레이첼은 또다시 그의 말투에서 강인하고, 남자다운 구석을 느꼈다. 뿐만 아니라, 그 목소리에는 비록 기쁜 마음으로 십자가를 지고 가더라도 그 십자가의 무게를 절감하는 진지함이 깊이 배어 있었다. 곧이어 레이첼은 롤린과 그의 새로운 삶에 합당한 판결이 뒤따라야 한다고 언뜻 생각이 들어 이렇게 입을 열었다.

"예전에 오빠한테 인생의 목적이 없다고 비난했던 거 기억해요?"

이때 롤린은 자신의 감정을 충분히 잘 다스리고 있었지만 그의 눈에 레이첼은 그 어느 때보다 더욱 아름다운 얼굴을 하고 있었다.

"이 말을 하고 싶어요, 그래야 할 것 같아서요, 지금 오빠를 공평히 평하자면, 그 서약을 이해한 그대로 소신껏 서약을 지켜가는 오빠의 용기와 순종에 존경을 보내요. 고귀한 삶을 오빠는 살고 있어요."

롤린은 전율했다. 그의 흥분은 도저히 자제할 수 없을 만큼 커졌다. 레이첼에게도 그게 보일 정도였다. 둘은 아무 말 없이 걸었다. 마침내 롤린이 입을 열었다.

"고마워. 네가 그렇게 말해줘서 뭐라고 말할 수 없으리만치 마음 뿌듯해."

롤린은 한순간 레이첼의 얼굴을 바라보았다. 레이첼은 자기를 향한 사랑을 그의 표정에서 읽었지만, 그는 아무 말도 하지 않았다.

서로 헤어지고 나서 레이첼은 집으로 들어와, 자기 방 안에 앉은 채, 두 손으로 얼굴을 감싸며 이렇게 혼잣말을 했다.

"고귀한 남자한테서 사랑 받는 일이 어떤 건지 알 것 같아. 결국 나는 롤린 페이지를 사랑하게 될 거야. 아니, 내가 지금 무슨 말을 하고 있담! 레이첼 윈슬로우, 너 벌써 잊었니?"

그녀는 일어서서 방 안을 서성거렸다. 마음이 몹시 뒤흔들렸다. 그렇지만, 후회나 슬픔의 감정이 아닌 것만은 확실했다. 아무튼 새로운 기쁨이 기꺼이 그녀에게 찾아들었다. 그리고 그녀는 또 다른 경험을 하게 되었는데, 이렇게 감정이 고조된 상태에서도 그녀는 그리스도 제자다운 마음의 여유를 찾아 매우 강력하고도 진실한 기쁨을 오늘 늦게서야 누릴 수 있었다. 롤린에 대한 사랑은 정말이지 저 기쁨 안에 있었다, 왜냐하면 그녀가 롤린 페이지를 사랑하기 시작했다면 그가 진실한 크리스천 남자가 되었기 때문이었다. 그렇지 않았다면 그녀에게 이토록 커다란 심경의 변화가 결코 일어나지 않았으리라.

한편 롤린은, 집으로 돌아가면서, 레이첼에게 청혼을 거절당했던 그 이후로 가져보지 못한 희망을 마음에 품게 되었다. 그러한 희망을 안고 그는 날마다 복음 전도를 해나갔으며, 레이첼 윈슬로우와 만나는 저 우연이 뒤따랐던 그날보다 옛 지인들을 만나서 그들을 구원하는 일에 훨씬 많은 성과를 거두지 않은 날이 한 번도 없었다.

여름이 끝나고 레이먼드 시에 또다시 혹독한 겨울이 찾아왔다. 그 동안 버지니아는 '렉탱글 공략'이라고 스스로 이름 붙인 자신의 계획 가운데 그 일부를 성취할 수 있었다. 하지만 벌판에 건물들을 짓는 일과, 그 황폐하고, 살풍경한 곳을 매력적인 공원으로 탈바꿈시키는 일은, 그녀의 전체 계획 중에 들어 있었지만, 너무나 대규모 사업이라서 토지를 확보한 후 가을이 다 가도록 완성할 수 없었다. 그러나 예수님이라면 하실 일을 그대로 따르기로 진실로 바라는 한 사람의 손에 맡겨진 백만 달러— 곧 하나님의 돈은, 뭇사람을 위해 단시일에 놀라운 일들을 틀림없이 이뤄냈다. 어느 날 오후, 맥스웰 목사는 철도공장 직원들과 함께 이 공사 현장을 방문하고는, 겉보기에 많이 진척된 모습을 보고 깜짝 놀랐다.

하지만 맥스웰 목사는 집으로 돌아가면서 생각에 깊이 잠겼고, 가는 도중 눈에 띄는 술집 때문에 자꾸 생겨나는 저 문젯거리에 대한 고민을 떨칠 수 없었다. 결국 렉탱글 주민들을 위해서 얼마나 많은 일들을 해 왔던가? 버지니아와 레이첼 그리고 그레이 씨의 노고를 따져보아도, 정말로 눈에 보이는 성과는 어디 있단 말인가? 물론, 제일교회와 천막집회에서 그 놀라운 권능을 나타내 보이신 성령께서 시작하시고 행해 오신 구원 사역은 레이먼드 시민의 생활에 영향을 끼쳤어, 하고 맥스웰 목사는 혼잣말을 했다. 그러나 술집을 지나치며 뭇사람들이 그곳에 들어가고 나가는 모습을 보고, 그 비참한 소굴들을 바라보면서, 벌써 수차례 보았다시피, 셀 수 없이 많은 남자와 여자들 그리고 아이들의 얼굴에서 드러나는 잔인함과 야비함과 지지리 궁상과 타락에, 그는 구역질이 났다. 이러한 시궁창에 백만 달러를 쏟아부은들 얼마나 많은 정화를 이뤄낼 수 있을까? 하고 그는 스스로 묻고 있는 자신을 발견했다. 술집이 아주 나쁘지만 합법인 영업 행위를 해내가는 한, 그들이 그토록 저 비참한 신세의 사람들을 구해주고자 애썼지만 그들은 거의가 생명의 원천을 접해 보지도 못할 것이 아닌가? 악과 죄의 거대한 광천에서 평소와 다름없이 줄기차게 쏟아져 나오는데 버지니아와 레이첼 같은 사심 없는 그리스도의 제자들이 악과 죄의 그 물줄기를 줄이기 위해 과연 무엇을 할 수 있을까? 이 젊은 여성들이 그 자신들을 이 지상의 지옥으로 던져 넣은 그 아름다운 헌신의 삶은, 그들의 희생으로 구원된 영혼들보다 두 배나 더 많은 영혼들을 술집이 타락시킨다면, 사실상 헛수고가 되는 일이 아닐까?

그는 머릿속에서 그 질문을 몰아낼 수 없었다. 그것은 버지니아가 레이첼에게 했던 말과 똑같았다. 버지니아의 견해로는, 렉탱글에서 술집들을 내몰지 않는 한 실로 항구적인 성과란 있을 리 만무했다. 헨리 맥스웰 목사는 술집 영업의 허가 문제에 대한 자기 확신을 더욱 다지며 자신의 교구 일을 보러 돌아갔다.

그런데 술집이 레이먼드 시의 일상에서 하나의 중요한 문제였다면, 제일교회와 예수님이 하심직한 행동 그대로 따르겠다고 서약한 작은 무리도 그에 못지않았다. 헨리 맥스웰 목사는, 이 동향의 한복판에 서 있었으므로, 외부에 있는 제삼자처럼 객관적으로 그 영향력을 판단할 처지는 못 되었다. 그러나 레이먼드 시 그 자체는 아주 다방면에서 변화의 움직임을 감지했지만, 그 까닭을 일일이 알지는 못했다.

어느덧 겨울은 지나고 일 년이 다 되었는데, 맥스웰 목사가 정해놓은 그 일 년이라는 기간 동안 예수님이라면 하심직한 행동 그대로 따르겠다는 서약이 지켜졌다. 이 주일— 일 년 전의 바로 그날을 기념하는— 은, 제일교회 역사상 가장 놀라운 날이었다. 제일교회 안에서 예수님의 발자취를 따르는 제자들이 실감하는 것보다 훨씬 중요한 의의가 있었다.

지난 일 년의 시간은 너무나 빠르고도 너무나 중대한 역사의 흐름을 이루어서 사람들은 아직도 그 의미를 파악할 수 없었다. 게다가 그러한 제자들의 일 년간 이룩한 성취를 기념하는 바로 그날은 특별히 여러 간증과 고백으로 보냈기 때문에 그 사건들 자체의 직접적인 관계자들도 자기들이 해왔던 일들의 가치나, 자기들의 시도가 전국의 교회와 도시에 어떤 영향을 미쳤는지 깨닫지 못했다.

19장

-시카고 소재 나사렛 애비뉴 교회의 캘빈 브루스 목사가 뉴욕의 필립 A. 캑스턴 목사에게 보낸 편지-

친애하는 캑스턴 목사님께,

지금은 늦은 주일 밤입니다만, 제가 보고 들은 일로 통 잠을 이룰 수 없을 만큼 너무나 마음이 벅차서 그동안 제가 유심히 지켜봐왔던, 그리고 확실히 오늘 절정에 달한 레이먼드 시의 중대 국면을 설명해 드리고자 이렇게 편지를 쓰게 되었습니다. 아무쪼록 이번 편지가 길어지더라도 이해해주시길 바랍니다.

목사님도 신학교 동창인 헨리 맥스웰을 기억하실 겁니다. 저번에 제가 뉴욕을 방문했었을 때 목사님은 우리가 졸업한 이후로 한 번도 그를 보지 못했다고 말씀하셨지요. 목사님도 기억하시다시피, 그는 품위를 갖춘, 학자풍의 친구였지요. 그가 신학교를 졸업한 지 일 년도 안 되어 레이먼드 시 제일교회로 부름을 받았을 때, 저는 아내에게 '레이먼드 사람들은 탁월한 선택을 했어. 맥스웰은 멋진 설교로써 그들의 큰 기대에 부응할 거야.' 하고 말했습니다. 그 뒤로 그는 11년째 같은 교회에 있었고, 제가 알기론 일 년 전까지만 해도 성도들을 꽤 만족시키고 신도들도 제법 늘리면서, 일반적인 목사 생활을 꾸준히 해왔다고 합니다. 그의 교회는 레이먼드 시에서 가장 크고 부유한 교회로 알려져 있습니다. 모든 명사들이 교회에 나왔다가, 그들 대다수가 교인으로 남아 있습니다. 4중창단 성가대가 부르는 찬송 합창은 유명했고, 나중에 더 자세히 말씀드리겠지만, 특히 소프라노를 맡은 윈슬로우 양이 잘 알려져 있습니다. 여러 사실로 봤을 때, 대체로, 맥스웰은 아주 괜찮은 월급과, 쾌적한 주거 환경에, 세련되고, 부자이며, 존경할 만한 사람들이 성도로 있는, 그다지 까다롭지 않은 교회에서 안주해 있었습니다. 이러한 교회와 교인들이라면 졸업을 앞둔 신학생들이 다들 몹시 탐낼 만도 하겠지요.

그런데 지금으로부터 일 년 전 오늘 맥스웰은 주일 오전예배를 드리다가, 그 예배가 끝날 때쯤에 성도들 가운데 지원자들은 앞으로 일 년 동안 '예수님이라면 어떻게 하실까?' 하고, 이 질문을 먼저 스스로 묻고 나서 처신하며, 그리고 그 질문에 응답한 뒤에는, 어떤 결과가 생기든 그에 상관없이, 예수님이라면 하실 법한 일을 정직한 판단에 따라 행하자는 아주 놀라운 제안을 했습니다.

이 제안의 효과는, 그 교회의 많은 성도들이 호응하고 따르면서, 목사님도 아시다시피, 아주 대단하여, 온 나라가 이 운동을 주목하기에 이르렀습니다. 저는 그것을 '운동'이라고 불렀는데 왜냐하면 현재 전개되는 양상으로 볼 때, 여기에서 시작된 그 시도가 다른 교회들로까지 퍼져서 여러 방식으로 변혁을 초래할 듯 보이기 때문입니다. 특히나 그리스도 제자의 길을 새롭게 정의하는 데 있어서 말입니다.

처음에, 맥스웰은 저한테 말하길 성도들이 자신의 제안에 응하는 걸 보고 무척 놀랐다고 했습니다. 교회의 유명인사 몇 분도 예수님이라면 하심직한 일을 그대로 따르겠다고 서약했습니다. 그들 중엔 신문업계에서 대단한 반향을 일으킨 데일리 뉴스의 발행인인, 에드워드 노먼 씨가 있습니다. 또 밀턴 라이트 씨도 있는데, 그는 레이먼드 시를 대표하는 사업가들 가운데 한 명입니다. 그리고 알렉산더 파워즈 씨는, 주간통상법을 위반한 철도회사를 내부 고발한 그의 처신은 일 년 전에 큰 파문을 일으켰지요. 페이지 양은, 레이먼드 시에서 손꼽히는 최상류층의 상속녀인데, 그녀는 최근에 자신의 전 재산을, 제가 아는 바로는, 기독교 일간지와 렉탱글이라고 하는 빈민 지역의 개선 사업에 헌납했습니다. 그리고 윈슬로우 양은, 지금은 가수로서 명성이 전국에 알려졌지만, 예수님이라면 하심직한 행동을 그대로 따르겠다는 그 자신의 결정에 따라 그 시에서 가장 안됐고 버림받은 소녀들과 여성들에게 자신의 재능을 아낌없이 나눠주는 자원봉사를 했습니다.

이렇게 유명한 사람들 말고도 제일교회에서뿐만 아니라 최근에는 레이먼드 시의 다른 교회들에서도 크리스쳔 서약자들이 나날이 늘어나고 있다고 합니다. 이처럼 예수님을 따르겠다고 서약한 자원자들은 대부분 봉사회 소속이라고 합니다. 그 청년들의 말에 따르면 자기들은 이미 그 같은 방침의 봉사회 서약에 따라, 곧 '당신께서 내게 시키시는 일이라면 나는 뭐든지 행하려 할 것임을 주님께 서약한다.'는 구호 아래 행동해왔다고 하더군요. 이 서약은 맥스웰의 제안이 담고 있는 내용과는 일치하지 않는데, 왜냐하면 그 제안은 만약 예수님이 우리와 똑같은 처지에 놓이신다면 하실 법한 행동을 우리가 따르도록 하자는 것이기 때문입니다. 그런데 맥스웰이 주장하길, 어느 서약이든 성실히 따르기만 하면 그 결과는 사실상 똑같을 것이라고 합니다. 그래서 그는 봉사회 소속 교인들이 상당수 이 새로운 움직임에 합류하는 걸 보고도 놀라지 않았습니다.

목사님은 당연히 다음과 같은 질문을 제일 먼저 하셨겠지요. '이러한 시도가 가져온 결과는 과연 무엇인가? 과연 무엇을 성취했고 그렇지 않으면 그 교회나 지역사회의 일상적인 삶에 어떤 변화를 일으켰는가?' 하고요.

목사님도 벌써 얼마큼 알고 계시겠지요, 레이먼드 시에 대한 뉴스 기사가 전국으로 퍼져갔으니까, 무슨 사건이 있었는지 말입니다. 그러나 정말이지 글자 뜻 그대로 예수님의 발자취를 따른다는 것의 의미를 고스란히 깨닫기 위해서는, 이곳에 오셔서 개인의 삶에서 일어난 여러 변화를, 특히 교회 생활에서 일어난 변화를 아셔야 합니다. 모조리 말씀드리자면 장편소설이나 대하소설을 써도 될 정도입니다. 저는 그렇게 할 처지는 못 되지만 이곳 친구들과 맥스웰 본인이 들려준 이야기를 요약해서 여기에 몇 가지 쓰도록 하겠습니다.

그 서약이 제일교회에 끼친 결과는 이중적인 면을 지녔습니다. 우선 크리스천 동료애의 의식이 생겼는데 맥스웰은 이전엔 전혀 없었던 일이었고, 게다가 그것은 기독교 초기 교회에선 확실히 유지되어 왔던 그 같은 동료애와 비슷해서 지금은 자기가 감동받았다고 제게 말한 바 있습니다. 그리고 이 때문에 제일교회에선 교인들이 두 그룹으로 확연히 갈리게 되었습니다. 서약을 하지 않은 교인들은 저들을 예수님의 본보기를 바보처럼 곧이곧대로 따라하려 한다고 여깁니다. 그들 가운데 일부는 교회를 아주 나가서 더는 나오지 않거나, 아예 다른 교회로 옮겨갔습니다. 어떤 사람들은 교회 안에서 분쟁의 요인이 되어, 제가 듣기론 그들이 주동해서 맥스웰의 사직을 요구한다는 소문도 있었지요. 교회 내에서 그들의 힘이 얼마나 강력한지 저로선 잘 알지 못합니다. 다만 그 힘은, 일 년 전 처음으로 서약을 했던 그 주일로부터 시작되어 줄곧 이어져 온 놀라운 성령의 역사 덕에, 그리고 또한 최고의 명사들 상당수가 이 움직임에 동참한다는 그 사실 덕에, 저지되어 왔습니다.

맥스웰 본인에게 끼친 영향도 아주 두드러집니다. 저는 사 년 전 우리 주 연합예배에서 그의 설교를 들은 적이 있습니다. 그 당시에 그는 연극조의 어투로 상당한 호소력을 지녔다는 인상을 제게 주었죠, 물론 그 점을 본인도 얼마큼 알고 있는 듯싶었습니다. 그는 설교 원고를 잘 썼고 그 글에는 신학생들이 '명문'이라고 일컬었던 글귀들로 가득했었습니다. 이러한 효과로써 그의 설교에 일반 신도들은 '만족스럽다'는 반응을 나타냈지요. 오늘 오전에 맥스웰의 설교를 다시 들었습니다, 그때 이후로 처음이었지요. 여기에 대해선 좀 소상히 말하겠습니다. 그는 예전의 맥스웰이 아니었습니다. 흡사 혁명의 난국을 헤쳐 나온 사람 같은 인상을 그에게서 받았습니다. 그가 제게 말하길 단지 그리스도의 제자됨에 대한 새로운 정의가 혁명이라면 그러한 혁명일 것이라고 했습니다. 확실히 그는 옛 습관과 관점에서 많이 탈피했더군요. 술집 문제에 관한 그의 태도는 일 년 전과는 완전히 정반대로 바뀌어 있었습니다. 또 목사라는 직분, 설교와 교구 사역 등 이에 대한 그의 전반적인 사고방식이 모조리 변했습니다. 제가 이해하는 한, 지금 그를 지배하고 있는 생각은 우리 시대의 기독교적 정신은 보다 철저히 예수님을 본받아야만 하며, 특히 수난의 요소를 중시하는 것 같았습니다. 그는 저와 대화하는 도중에 다음과 같은 베드로의 말을 여러 번 인용하더군요.

이를 위하여 너희가 부르심을 입었으니 그리스도도 너희를 위하여 고난을 받으사 너희에게 본을 끼쳐 그 자취를 따라오게 하려 하셨느니라.

그리고 그는 오늘날 우리 교회들한테 무엇보다도 필요한 것은 예수님을 위해 기꺼이 고난을 감수하려는 이러한 마음가짐이라고 확신에 차 있는 듯 보였습니다. 전적으로, 제가 그에게 동의하는지 잘 모르겠지만, 친애하는 캑스턴 목사님, 이 레이먼드 시와 제일교회에 영향을 끼친 이러한 신념의 성과들에 주목하면 저는 정말 놀라울 따름입니다.

목사님은 이 서약을 했고 그것에 정직하게 충실하려고 애썼던 사람들 각자에게 어떤 성과가 있었는지 묻고자 하실 겁니다. 그러한 성과들은, 이미 말했다시피, 각 개인마다 다르기 때문에 구체적으로 다 말씀드릴 수 없습니다. 그렇지만 이러한 제자됨의 자세는 단지 한때 기분이거나 남에게 보이고자 하는 겉치레가 아님을 알려드리기 위해 그들 가운데 몇 분의 사례를 소개하고자 합니다.

"이를테면, 이곳 L&T 철도회사의 공장장인 파워즈 씨를 예로 들겠습니다. 그가 철도회사의 유죄를 입증할 수 있는 증거를 갖고 행동에 나섰을 때, 직장을 잃게 되었고, 또 설상가상으로, 제가 여기 친구들에게서 들은 바로는, 가족관계와 사회관계에 너무나 큰 변화를 겪게 되어 그와 그의 식구들은 더는 사람들 앞에 나타나지 않는다고 합니다. 일찍이 그들은 두드러진 사교계 활동을 보였는데 거기서 낙오된 셈이죠. 그런데, 캑스턴 목사님, 저는 상법위원회가 이런저런 이유로 해서, 이 사건에 대한 조치를 연기했다는 점과, 또 아주 조만간에 L&T 철도회사가 위탁관리인의 수중에 맡겨질 거라고 현재 떠도는 소문이 서로 관련되어 있는 것으로 추측합니다. 그 철도회사의 사장은, 파워즈 씨가 제출한 증거에 따라, 범죄의 주동자로 판명되어 사임을 했고, 그리고 이후에 발생한 회사의 혼란은 재산관리인에게 맡겨지게 되었습니다. 한편, 그 공장장은 옛 직업인 전화국 기사로 되돌아갔다더군요. 저는 어제 교회에서 파워즈 씨를 만났습니다. 그에게서 인격의 위기를 헤쳐 나온, 마치 맥스웰처럼 말입니다, 그러한 사람 같다는 인상을 받았습니다. 저는 파워즈 씨를 말하자면 기원 1세기에 그리스도 제자들이 모든 걸 공유하던 초대교회에서 중요한 구실을 했던 그런 인물로 생각하지 않을 수 없었습니다.

　다음으로 데일리 뉴스의 발행인, 노먼 씨의 경우를 들어보겠습니다. 그는 자기가 예수님의 처신일 거라고 믿는 바에 순종하려고 자신의 전 재산을 걸었고, 실패의 위험을 떠안은 채 신문사 경영에 전면적인 혁신을 가했습니다. 이 편지와 함께 어제 일자 데일리 뉴스를 부칩니다. 꼼꼼히 읽어보시길 바랍니다. 제 생각에 이 신문은 지금껏 우리나라에서 발행된 신문들 중에서 가장 흥미롭고 뛰어나다고 생각합니다. 비난받기는 쉽습니다, 하지만 어떠한 비난도 받지 않으려고 한다면 그 누가 무슨 일을 시도할 수 있겠습니까. 모든 점을 고려해 볼 때, 데일리 뉴스는 일간신문이란 통념을 훨씬 뛰어넘어서 저는 그 결과에 놀라고 맙니다. 노먼 씨가 저에게 말하길 이 시의 크리스천들이 갈수록 더 많이 구독한다고 합니다. 그는 신문사가 결국에 가선 성공하리라고 아주 자신하더군요. 보내드린 신문에 실린 신문사의 재정 문제를 언급한 그의 사설과, 또한 임박한 레이먼드 시의 선거에서 또다시 쟁점이 될 술집 허가의 문제를 다룬 기사도 읽어보세요. 그 두 편의 글엔 그의 견해가 가장 잘 나타나 있습니다. 그는 사설을 쓸 때거나, 다른 기사를 편집할 때거나, '예수님이라면 어떻게 하실까?' 하고 이 질문을 묻고 나서야, 실제로, 일을 시작한다고 합니다. 그 결과야 두말할 나위도 없습니다.

또 사업가인, 밀턴 라이트 씨도 있습니다. 그는, 제가 들은 바로는, 자신의 사업장에 대혁신을 일으켜서 현재 레이먼드 시에서 가장 사랑받는 인물이라고 합니다. 그의 직원들과 고용인들은 매우 각별한 애정으로 그를 대합니다. 겨울 내내, 그가 집에서 몸져누워 있었는데, 누가 시키지 않아도 많은 직원들이 스스로 문병을 와서는, 어떤 식으로든 자기들이 할 수 있는 도움을 주었다더군요. 그가 회복되어 자신의 상점으로 돌아왔을 때는 대대적인 축하를 해주었다고 합니다. 이 모든 일은 그가 자신의 사업장에서 직원들 한 사람 한 사람을 사랑의 마음을 품고 대하였기 때문입니다. 이 사랑은 그저 말뿐인 사랑이 아니라, 사업 자체가 아랫사람들에게 생색을 내는데 그치지 않고, 실제로 전체 이익을 나누는 협력 체계 아래서 운영되고 있습니다. 주변에 다른 사람들은 밀턴 라이트 씨를 괴짜처럼 바라봅니다. 그러나, 그가 몇몇 방면에서 손해를 심하게 봤지만, 사업은 갈수록 번창하고 있으며 지금은 레이먼드 시에서 가장 성공한 최고의 사업가로 존경과 흠모를 받고 있습니다.

그리고 윈슬로우 양이 있습니다. 그녀는 자신의 훌륭한 재능을 이 시의 불쌍한 사람들을 위해서 쓰기로 마음먹었습니다. 그녀의 계획에는 합창단과 성악 수업을 특화시킨 음악 학원을 여는 일도 포함되어 있습니다. 그것을 그녀는 필생의 일로 여기며 열정을 바치고 있지요. 그녀는 친구인 버지니아 페이지 양의 구제사업과 관련하여 어떤 음악 교육과정을 세우려 하는데, 만약 제대로 실행된다면, 그곳 주민들의 삶이 질적으로 대단히 향상될 겁니다. 친애하는 캑스턴 목사님, 그동안 이곳 레이먼드 시에선 안 좋은 일들이 많았었는데 그 한편에, 아직 그렇게 늙지 않은 저의 관심을 잡아끄는 로맨틱한 일도 있었답니다. 이곳에서는 잘 알려진 일로 윈슬로우 양이 한때 사교계와 클럽을 주름잡았던, 페이지 양의 오빠와 올봄에 결혼할 거라는 소식을 전합니다. 이 예비 남편은 장차 자신의 아내가 될 사람이 찬송을 불렀던 그 천막 집회에서 회심했다고 합니다. 저는 이 두 사람의 작은 사랑 이야기에 자질구레한 내용까지 알고 있지는 못하지만, 거기에 무슨 사연이 숨겨져 있는 눈치였습니다. 만약 시시콜콜 다 안다면 더할 나위 없이 재미있게 이 글을 썼을 텐데 말입니다.

지금까지 몇 사람을 예로 들어서 서약에 순종한 그 결과가 개인의 삶에 어떻게 나타났는지 보여드렸습니다. 이제는 링컨대학의 마쉬 총장도 이야기해야 하겠군요. 그는 저의 대학 동문으로 제가 4학년일 때 잠깐 그를 알고 지냈습니다. 그는 최근에 있었던 시 선거 운동에 적극 참여했었고, 레이먼드 시에서 그의 영향력은 다음 선거에선 중요 변수로써 작용할 것으로 여겨지고 있답니다. 그는 저에게 깊은 감명을 주었는데, 이 서약 운동에 동참한 다른 제자들이 그랬던 것처럼 말입니다. 그도 몇 가지 어려운 문제들과 씨름해야 했으며, 예전에도 또한 앞으로도 여전히 고통의 원인이 될 몇 가지 현실의 무거운 짐을 짊어지고 있었습니다. 그렇지만 헨리 맥스웰의 말마따나, 그 고통은 소멸되는 것이 아니라, 어쩌면 더욱더 심해질 수도 있겠지만, 긍정적이고 실질적인 기쁨을 안겨 줄 겁니다.

20장

그런데 편지가 이렇게 길어져서, 좀 귀찮아하실지도 모르겠습니다. 저는 이곳에 머무르면 머무를수록 더더욱 매료되는 느낌을 지울 수 없습니다. 지금부터는 오늘 제일교회에서 가졌던 모임에 대해 몇 가지 알려드리고자 합니다.

앞서 말한 대로, 저는 맥스웰의 설교를 들었습니다. 지난 주일에는 그의 간곡한 부탁이 있어 제가 설교를 했었고, 4년 전 연합예배 이후 오늘 처음으로 그의 설교를 들었습니다. 오늘 아침 그의 설교는 그때와는 사뭇 달라서 마치 다른 행성에서 사는 사람이 심사숙고 뒤에 설교를 하는 듯싶었습니다. 저는 깊이 감동했습니다. 사실은 눈물도 한 번 흘렸습니다. 교회 안의 다른 사람들도 저처럼 감동받았더군요. 설교 제목은 '네게 무슨 상관이냐? 너는 나를 따르라'였습니다. 이 설교는 레이먼드 시의 크리스천들에게 다른 사람들이 뭐라고 하든 개의치 말고 예수님의 가르침에 순종하며 그분의 발자취를 따르라고 아주 감명 깊게 호소하였습니다. 대략이나마 그 설교 내용을 전해드릴 수 없군요. 그러면 편지가 너무 길어질 테니까요. 예배가 끝나자 이젠 제일교회의 관행으로 굳어진 예의 그 모임이 있었습니다. 이 모임에는 예수님이라면 하심직한 행동 그대로 따르기로 서약한 사람들이 모두 참석했고, 서로 동료애를 나누면서, 신앙 고백과, 특별한 경우에는 예수님이라면 어떻게 하실까 하고 질문도 하며 시간을 보냈습니다. 그리고 모든 제자들이 행동함에 있어 성령께서 그들 각자의 위대한 길잡이가 되어주십사 하는 기도로 마무리되었습니다.

맥스웰이 저보고 이 모임에 나와 달라고 부탁했습니다. 캑스턴 목사님, 제가 지금껏 목회 생활을 해오면서, 그 모임처럼 감동받은 적은 없었습니다. 저는 성령의 임재를 그토록 강력하게 느껴본 적도 결코 없었습니다. 그것은 한 주간의 삶을 되돌아보며 한껏 애정이 깃든 동료애를 만끽하는 모임이었습니다. 저도 모르는 사이에 초대교회의 기독교로 돌아간 느낌을 받았습니다. 저 사도시대의 순박함과 그리스도를 본받으려는 태도를 고스란히 이 모임에서 찾아볼 수 있었기 때문입니다.

저는 몇 가지 질문을 했습니다. 과연 그리스도 제자들은 사유재산의 희생을 어느 한도까지 감내해야 하느냐는 이 질문에 관한 것이 무엇보다 가장 큰 관심을 불러일으킨 듯싶었지요.

맥스웰이 저에게 대답하길 예수님의 정신을 세속적인 재산의 포기나, 부의 양도, 그렇지 않으면 예를 들어서 아시시의 성 프란체스코 수도회의 크리스천들을 액면 그대로 따라하는 이러한 뜻으로 받아들인 사람은 지금껏 아무도 없었다고 했습니다. 그러나 만약 어떤 제자가 자신이 처한 특별한 상황에서 예수님이라면 그렇게 하시리라고 느낀다면, 그 질문에는 오직 한 가지 대답밖에 없다고 다들 의견의 일치를 보았습니다. 맥스웰은 가정생활의 시시콜콜한 부분이나, 부의 소유, 어떤 사치품의 보유 등 이런 문제에 부딪혔을 때 예수님이라면 하실 법한 처신에 대해 여전히 긴가민가한 구석이 있음을 인정했습니다. 그렇지만, 아주 명백한 사실은 이 많은 제자들이 재정상의 손실에 아랑곳하지 않고, 여태 거듭해서 최대한 예수님께 순종해왔다는 것입니다. 이 점에서 그들에겐 담대함이 또 일관성이 있습니다.

그 서약을 했던 사업가들 중 일부가 예수님을 본받으려다가 막대한 금액을 잃은 것도 또한 사실이고, 알렉산더 파워즈 씨처럼, 많은 사람들이 기존에 해왔던 그대로 하지 않고서 자기와 똑같은 처지에 예수님이 놓이신다면 하시리라 여겨지는 일을 따르려다가 소중한 일자리를 잃은 것도 사실입니다. 이러한 일과 관련해서 이렇듯 고생을 겪는 많은 사람들이 아직 재력이 남아 있는 사람들에게서 재정적인 도움을 받아왔다는 소식을 전하게 되어 기쁩니다. 이 점에서 저는 이 제자들이 사실상 모든 것들을 공유했다고 믿습니다. 두말할 것도 없이 오늘 아침 예배를 마치고 난 뒤 제가 제일교회에서 목격했던 그러한 장면들은 우리 교회나 여느 교회에서 결코 찾아볼 수 없었습니다. 저는 이러한 기독교적 동료애가 오늘날 이 세상에 존재하리라곤 결코 꿈에도 생각지 못했습니다. 내 두 눈으로 똑똑히 보고도 거의 믿기지 않을 정도였습니다. 그래서 저는 지금이 과연 이 나라에 19세기 말이 맞는지 자꾸 스스로 물어보곤 합니다.

그런데 이제부터는, 친애하는 목사님, 제가 이 편지를 쓴 진짜 이유를, 그러니까 레이먼드 시의 제일교회를 보며 제가 감히 생각하지 않을 수 없었던 그 모든 문제의 진짜 핵심을 말씀드리고자 합니다. 오늘 그 모임을 마치기 전에 이 나라의 다른 모든 기독교 신도들의 협력을 구하기로 조치를 취했습니다. 맥스웰이 오랫동안 숙고한 뒤에 이 같은 조치를 취했다고 생각합니다. 어느 날 우리가 일반적인 기독교인에게 미칠 이 운동의 영향에 대해서 서로 많은 이야기를 나눌 때 맥스웰은 저한테 이런 말을 했습니다.

"그렇다면, 이 나라의 모든 교인들이 그 서약을 하고 그대로 따르며 산다고 상상해보십시오! 기독교계에 일대 혁명을 일으키지 않겠습니까! 예수의 제자는 그래야 하는 것 아닌가요? 만약 기꺼이 이에 따르지 않는다면, 그래도 예수의 제자라고 할 수 있겠습니까? 제자됨의 자격 기준이 살아생전의 예수님 시대보다 오늘날이 더욱 형편없어진 건가요?"

자신의 해야 할 일을 레이먼드 시를 넘어 전국으로 확대하려는 맥스웰의 그 생각에 앞뒤 맥락을 저로서는 다 모르지만, 그 구상은 우리나라의 모든 기독교인들과 함께 공동전선을 형성하려는 계획으로 오늘 구체화되었습니다. 전국의 각 교회들은, 담임목사들을 통하여, 제일교회에서 하는 것과 같은 제자 모임을 만들자고 성도들에게 제안할 것입니다. 자원자들은 우리나라의 전 교인들을 대상으로 할 것인데, 그들은 예수님이라면 하심직한 행동 그대로 따르겠다고 서약할 겁니다. 맥스웰은 그러한 연대 행동이 술집 문제에 끼칠 그 결과를 특별히 언급했습니다. 이 문제에 대해서 그는 대단히 진지하기만 합니다. 그는 이제 곧 다가올 선거에서 레이먼드 시의 술집을 이길 수 있으리란 자신의 생각을 추호도 의심하지 않는다고 제게 말했습니다. 그렇게 된다면, 전도사 그레이 씨 부부가 시작했고 지금은 제일교회 성도들이 떠맡고 있는 구제

사역을 과감히 추진할 수 있을 겁니다. 만약 술집이 또다시 승리를 거둔다면, 그의 생각으론, 크리스천의 희생이 엄청나게, 그리고 불필요하게 허비될 뿐입니다. 그런데, 설사 그 점에 대해 우리가 서로들 의견이 다르더라도, 그는 다른 기독교인들과 연대해야 할 때가 왔다고 성도들에게 확신시켰습니다. 확실히, 제일교회가 사회와 이 사회 환경에 그러한 변혁을 만들어낼 수 있다면, 온 교회가 이런 연대 의식으로 협력한다면, 교리가 아닌 행동으로써 말이죠, 그러면 반드시 이 나라로 하여금 보다 높은 삶과 그리스도의 추종자라는 새로운 개념을 고취시켜 줄 겁니다.

이는 웅대한 생각이지만, 캑스턴 목사님, 바로 여기서 저는 망설이는 자신을 발견합니다. 저로서도 그리스도의 제자라면 레이먼드 시 이곳 신도들이 그동안 애써 노력해왔던 것과 거의 똑같이 예수님의 발자취를 따라가야 한다는 사실을 부정하지는 않습니다. 하지만 시카고에 있는 우리 교회의 성도들에게 그렇게 해달라고 요청하면 어떤 결과가 나올지 스스로 묻지 않을 수 없습니다. 저는 성령의 임재하심을 직접 엄숙하고도, 마음속 깊이 느끼고 나서 이 편지를 쓰고 있어도, 또 저의 오랜 벗인 목사님에게 고백하건대, 만약 자기들이 애지중지하는 모든 것들을 잃게 될지도 모르는 이러한 시험에 응할 유명 사업가와 전문직 종사자들을 우리 교회에선 열두 명도 모을 수 없습니다. 목사님 교회에선 저보다야 한결 낫겠지요? 여기에 우리가 무슨 할 말이 있겠습니까? 교인들이 '와서 고난 받으라'라는 이 부르심에 응하려 하지 않는다면 그리스도의 제자됨에 대한 우리의 기준이 잘못된 것일까요? 아니 우리는 우리 자신을 속여서라도, 일단 교인들한테 이러한 서약을 굳게 맹세하라고 요청하면 실망스럽더라도 그 결과를 기꺼이 받아들여야 할까요? 여기 레이먼드 시에서 그 서약을 따랐던 실제 결과들은 어느 목사라도 충분히 전율할 만하고, 또한 자기 교회에서도 그러한 일들이 일어나길 간절히 바랄 겁니다. 확실히 이 교회만큼 성령께서 현저히 축복해주신 교회를 저로서는 한 번도 보지 못했습니다. 하지만 제 자신도 이 서약을 따를 준비가 되어 있을까요? 정직하게 스스로 물어보지만, 감히 이 물음에 솔직하게 답하기가 두렵습니다. 제가 주님의 발자취를 아주 충실히 따르기로 약속했다면 제 삶에서 대단한 변화를 겪어야 한다는 사실을 잘 알고 있습니다. 숱한 세월을 저는 스스로 크리스천임을 자부해왔습니다. 또 지난 10년 동안 비교적 삶의 고충을 거의 모르다시피 지내왔습니다. 그러니까, 솔직히 말해서, 저는 도시 문제와 가난한 사람들, 그리고 타락한 사람들과 버려진 사람들의 삶과는 한참 동떨어져서 살아왔습니다. 이 서약의 준수는 저에게 무엇을 요구할까요? 대답하기가 망설여집니다. 우리 교회는 부자인, 잘 살며 만족에 겨운 신도들로 가득합니다. 그리스도 제자됨에 대한 그들의 기준은, 제가 알기론, 고난이나 개인적인 손해를 요구하는 부르심에 응하는 그런 종류의 것이 아닙니다. '제가 알기론', 저는 이렇게 말했습니다. 그러나 제가 잘못 알고 있는지도 모릅니다. 성도들이 더욱 심원한 삶을 살도록 북돋우지 못한 제 잘못도 있겠지요. 저의 벗, 캑스턴 목사님, 저는 당신께 가장 깊은 제 속마음을 털어놓았습니다. 다음 주일에 저는 대도시의 우리 교회로 돌아가서 제 성도들 앞에 선 채 이렇게 말해야 할까요. '예수님을 더욱 충실하게 따르도록 합시다. 지금보다 더 많은 희생을 우리가 치르더라도 그분의 발자취를 따라갑시다. '예수님이라면 어떻게 하실까?' 하고 먼저 이 질문을 스스로 묻고 나서 매사에 임하겠다고 서약을 합시다.'라고 말입니다. 만약 제가 저러한 취지의 말을 성도들 앞에서 한다면, 그들에겐 생경하고도 놀랄 만한 일이 될 겁니다. 도대체 왜 그럴까요? 우리는 예수님을 언제라도 기꺼이 따를 준비가 되어 있지 않아서일까요? 예수님의 추종자란 그 말의 뜻은 무엇일까요? 그분을 본받는다는 건 무슨 의미죠? 그분의 발자취를 따라간다는 건 무슨 뜻일까요?

시카고 나사렛 애비뉴 교회의 담임목사이자 신학박사인 캘빈 브루스는 책상 위에 펜을 내려놓았다. 그는 갈림길에 서 있었고, 자신의 이 문제가, 많고 많은 목사들과 성도들의 문제임을, 확실히 깨달았다. 그는 창가로 가서 창문을 열었다. 그는 신념의 무게에 짓눌렸고 방 안의 답답한 공기 때문에 거의 숨이 막힐 지경이었다. 그는 하늘의 별을 보며 세상의 공기를 들이마시고 싶었다.

밤은 매우 고요했다. 잠시 후, 제일교회에서 시계가 자정을 알리고 있었다. 그 소리가 멈췄을 때, 렉탱글 쪽에서 또렷하면서도, 힘 있는 목소리가 마치 빛에 싸인 새의 날개를 타고 오는 듯이 그에게 들려왔다.

그것은 통조림 공장에서 야경꾼으로 일하는, 그레이 씨의 저 회심자들 가운데 한 사람이 부르는 노래였는데, 그는 가끔 적적한 시간을 달래기 위해 친숙한 찬송가 한두 소절을 불렀다.

내 주의 지신 십자가
우리는 안 질까?
뉘게나 있는 십자가
내게도 있도다.

캘빈 브루스 목사는 창문에서 몸을 돌렸고, 잠시 머뭇머뭇하다가, 그는 무릎을 꿇었다. '예수님이라면 어떻게 하실까?' 이것이 그가 드린 기도의 골자였다. 그는 예수님의 뜻을 나타내 보여달라고 성령께 이토록 완전히 몰입해본 적이 일찍이 없었다. 그는 오랫동안 기도를 드렸다. 그는 잠자리에 들었지만 여러 번 깨기 일쑤였다. 그는 날이 새기 전에 일어나서, 다시 창문을 열었다. 차츰 동이 터오는 모습을 보면서, 그는 연거푸 이렇게 중얼거렸다.

"예수님이라면 어떻게 하실까? 나는 그분의 발자취를 따를 수 있을까?"

해가 떠올랐고 도시는 온통 햇빛으로 물들었다. 여명에 싸인 그리스도 제자됨의 이 새로운 길은 언제쯤 예수님을 더욱 본받는 삶의 저 벅찬 기쁨으로 안내해줄 것인가? 온 기독교인은 언제쯤 예수님이 앞서가신 그 길을 더욱 바짝 쫓아갈 것인가?

"주인께서 걸어가신 그 길이니, 그분의 종은 묵묵히 따라가야 하지 않을까?"

21장

선생님이여, 어디로 가시든지 저는 따르리이다

토요일 오후 시카고 소재 대강당에서 열린 음악회가 방금 끝이 났고 으레 많은 청중이 다른 사람보다 먼저 마차를 타기 위해 한꺼번에 몰리고 있었다. 대강당 안내원은 마차의 식별 번호를 외쳐댔으며 매서운 샛바람에 오랫동안 몸을 떨고 있던 마부들이 부리나케 마차에 올라타서, 잽싸게 말을 몰아 보도 연석에 마차를 갖다 대기 무섭게 마차 문들이 꽝 소리를 내며 닫혔다. 그런 뒤에 마차들은 고가철도 밑에서 몇 분간 차량 물결을 이뤘다가 이윽고 큰 거리 쪽으로 질주해갔다.

"자, 다음은 624번," 안내원이 소리쳤다. "624번!" 하고 그가 거듭 외치자, 검은 말들이 끄는 멋진 마차가 보도 연석으로 순식간에 당도했는데, 그 마차 문에는 사람 이름의 머리글자인 'C. R. S'가 금박으로 새겨져 있었다.

아가씨 둘이 사람들 틈에서 나와 그 마차로 발걸음을 옮겼다. 언니가 먼저 올라타서 자리에 앉았고 보도에 머뭇머뭇 서 있던 동생이 탈 때까지, 안내원은 줄곧 마차 문을 잡아주고 있었다.

"어서 타, 펠리시아. 대체 뭘 기다리는 거니? 얼어 죽을 것 같아!"

마차 안에서 언니가 소리쳤다.

마차 밖에 있던 동생은 제 드레스에 꽂혀 있던 향제비꽃들을 허겁지겁 뽑더니 그것들을 말 다리와 거의 인접해 있는 보도 가장자리에서 바들바들 떨고 서 있는 꼬마에게 건네주었다. 그 꼬마는 꽃송이들을 받고서는, 깜짝 놀란 표정으로 "고맙습니다, 아가씨!" 하고 말하고 나서 곧바로 아주 꾀죄죄한 얼굴을 제 두 손에 담긴 꽃향기에 묻었다. 그 동생이 마차에 올라타자, 마차 문은 잘 만들어진 마차 특유의 날카로운 충돌음을 내며 닫혔고, 그러고 나서 얼마 뒤에 마부는 어느 큰길로 말들을 쏜살같이 몰아갔다.

"넌 늘 별난 짓을 한단 말이야, 펠리시아."

벌써 휘황하게 불을 밝힌 고급 주택가 쪽으로 마차가 방향을 틀었을 때 언니가 말했다.

"내가? 내가 한 일이 그렇게 이상했어, 로즈 언니?"

하고 펠리시아는 갑자기 고개를 들어 언니를 빤히 쳐다보며 말했다.

"참 나, 저 애한테 꽃을 줬잖아! 그 애는 꽃송이 한 움큼보다 따끈따끈하고 맛있는 저녁이 더욱 필요할 듯 보였는걸. 네가 그 애를 우리 집에 초대하지 않은 게 신기해. 네가 그렇게 했어도 난 놀라지도 않겠지만 말야. 언제나 넌 그런 별난 짓을 하니까."

"한 아이를 집으로 데려와서 따뜻한 저녁을 먹이는 게 그렇게 이상한 일인가?"

펠리시아는 마치 마차 안에 자기 혼자 있는 듯이 나직이 물었다.

"'이상하다'는 말로는 턱도 없지, 당연히." 로즈가 무뚝뚝하게 대꾸했다. "블랭크 부인이 잘 쓰는 말인 '미쳤어'가 딱이야. 확실해. 그러니까 생각난 김에 말하는 건데 그 아이나 그 같은 다른 애들을 집에 불러들여선 안 돼. 아이고, 이런! 피곤해 죽겠다."

하고 그녀는 하품을 했고, 펠리시아는 말없이 마차 문의 창으로 밖을 내다보았다.

"음악회는 시시했고 바이올린 연주자는 따분하기 짝이 없더라. 넌 어쩜 끝날 때까지 그렇게 내내 얌전히 있을 수 있었는지 난 모르겠구나."

로즈는 약간 조급해하며 큰 소리로 말했다.

"난 좋았어." 펠리시아는 조용히 대답했다.

"넌 뭐든 좋다고 해. 너같이 싫은 내색을 좀처럼 내비치지 않는 계집애는 첨 봤어."

펠리시아는 살짝 얼굴을 붉혔지만, 아무런 대꾸도 하지 않았다. 로즈는 또다시 하품을 했고, 그런 뒤엔 유행가 소절을 콧노래로 흥얼거렸다. 그러더니 이렇게 냅다 소리를 질렀다.

"모든 게 따분해 죽겠어. 오늘 밤 공연되는 〈런던의 어두운 그림자들〉은 아주 재미있으면 좋겠는데 말야."

"〈시카고의 어두운 그림자들〉이라구." 하고 펠리시아는 중얼거렸다.

"〈시카고의 어두운 그림자들〉이라니! 〈런던의 어두운 그림자들〉은 연극을 말하는 거구, 무대 장치가 아주 훌륭한 대작으로, 뉴욕에서 두 달간 선풍을 일으켰대. 오늘 밤에 델라노 씨 부부와 함께 관람한다고 특별석을 끊어놨잖아."

펠리시아는 언니를 돌아보았다. 그녀의 커다란 갈색 눈동자는 표정이 풍부했고 총기로 반짝거렸다.

"그런데 우리는 삶이란 현실 무대에서 실제로 일어나는 일엔 결코 눈물을 흘리지 않아. 무대 위의 〈런던의 어두운 그림자들〉이 어떻게 런던이나 시카고의 어두운 그림자들로 진짜 존재할 수 있겠어? 왜 우리는 있는 그대로의 현실엔 무덤덤해지는 걸까?"

"왜냐하면 현실의 사람들은 무례하며 불쾌하고 게다가 몹시 성가시게 굴기 때문이야, 내 생각엔 그래. 펠리시아, 넌 이 세상을 절대 바꾸지 못해. 그래 봤자 무슨 소용 있겠니? 가난과 빈곤이 우리 잘못은 아니잖아. 부자와 가난뱅이는 언제나 있어 왔고, 앞으로도 쭉 그럴 거라구. 우린 우리가 부자라는 사실에 그저 감사하기만 하면 돼."

하고 로즈가 심드렁하게 대답했다.

"그리스도께서 그런 원칙에 따라 사셨다고 생각해봐. 몇 주 전 주일에 브루스 목사님이 설교에서 인용한 성경 구절을 기억해? '우리 주 예수 그리스도의 은혜를 너희가 알거니와, 부요하신 자로서 너희를 위하여 가난하게 되심은, 그의 가난함을 인하여 너희로 부요케 하려 하심이니라'란 이 말씀을 말야."

펠리시아는 평소와 달리 끈덕지게 물고 늘어졌다.

"아무렴 기억나지," 로즈는 쏘아붙이듯 대답했다. "그런데 부자인 사람들이 가난한 사람들에게 친절히 굴고 또 그들에게 필요한 물건들을 준다면 비난 받을 하등의 이유가 없다고 브루스 목사님이 뒤이어 하신 말씀은 기억 안 나니? 그리고 내가 장담하건대 목사님 자신도 꽤 편하게 살고 계셔. 단지 어떤 사람들이 굶주리고 있다고 해서 목사님은 자신의 호사스러운 삶을 결코 포기하시려 하지 않을 거야. 또 그렇게 한들 무슨 소용 있겠니? 다시 말하지만, 펠리시아, 우리가 뭘 하든지 간에 가난뱅이와 부자는 항상 있기 마련이야. 레이첼 윈슬로우 언니가 레이먼드 시에서 일어난 이상한 일들을 편지로 알려온 이후로 지금껏 넌 우리 식구들을 자꾸 당황하게 만들고 있다구. 사람이란 언제나 마냥 들떠 있는 상태로 살 수 없단 말이야. 조만간 레이첼 언니가 포기하는 걸 너도 보게 될걸. 언니가 시카고로 와서 대강당 음악회에서 노래를 부르지 않는 게 정말 유감이야. 오페라단에 입단 제의도 받았다는데 말이지. 레이첼 언니에게 이리로 오라고 편지를 써야겠어. 언니 노래를 듣고 싶어 죽겠는걸.”

펠리시아는 창밖만 내다보면서 말없이 있었다. 마차는 호화주택가를 두 블록 지나 매끄럽게 포장된 넓은 진입로로 들어섰고, 자매는 마차에서 내려 서둘러 집 안으로 들어갔다. 그곳은 궁전처럼 회색 대리석으로 지은 훌륭한 대저택이었는데, 집 안 구석구석마다 그림, 조각상, 미술품, 그리고 세련된 현대식 장식들로 호화로운 분위기를 풍기고 있었다.

이 대저택의 주인인 찰스 R. 스털링 씨는 시가를 피우며, 벽난로 앞에 서 있었다. 그는 곡물 투기와 철도 사업에 투자하여 돈을 벌었고, 재산이 2백만 달러 이상이라는 소문이 자자했다. 그의 아내는 레이먼드에 사는 윈슬로우 부인의 동생이었다. 그녀는 몇 년째 몸져누워 있었다. 자식으로는, 로즈와 펠리시아, 이 두 딸이 다였다. 로즈는 21살에,

아름답고, 쾌활했으며, 상류층 자녀들이 다니는 대학을 갓 졸업하고 나서, 이제 막 사교계에 진출했고 그 나이에 이미 세상일에 다소 냉소적이면서도 무관심했다. 아버지의 말에 따르면, 어떤 때에는 마냥 기분이 좋았다가, 어떤 때는 시무룩해져 있어서, 비위 맞추기가 여간 까다롭지 않은 아가씨였다. 펠리시아는 19세였고, 사촌 언니 레이첼 윈슬로우처럼, 약간 이국적인 아름다움을 지니고 있었는데, 그녀의 따뜻하고, 너그러운 성향은 바야흐로 기독교적 감정에 눈뜨기 시작했고, 감정 표현이 자유로워, 아버지를 당황하게 만들기도 하고, 어머니에게 짜증을 사기도 했으며 그리고 자기 자신 속에 미처 헤아릴 수 없을 만큼 광대한 생각과 행동의 영역이 있음을, 스스로도 아주 어렴풋이 의식하고 있었다. 또 자신의 양심적인 확신에 따라 온전히 행동할 수 있는 자유가 그녀에게 주어진다면 생의 어떤 상황도 문제없이 견뎌낼 수는 있는 힘도 펠리시아에게 잠재되어 있었다.

"너에게 편지가 왔구나, 펠리시아."

스털링 씨가 그녀에게 편지를 건네며, 이렇게 말했다.

펠리시아는 소파에 앉아서 바로 편지 봉투를 뜯으며, 으레 그렇다는 듯이 말했다.

"레이첼 언니가 보낸 거예요."

"그래, 레이먼드 시의 최근 소식은 뭐라던?"

하고 물으며, 스털링 씨는 입에 문 시가를 손으로 가져가고 나서 눈을 반쯤 감은 채 펠리시아를 바라보았다, 마치 그녀를 관찰하듯이.

"레이첼 언니가 그러는데 브루스 목사님이 레이먼드에서 2주간

계셨고 제일교회에서 시작한 맥스웰 목사님의 서약 운동에 대단한 관심을 보이는 듯싶었대요."

"레이첼 언니는 어떻게 지낸다니?"

하고 로즈가 물었는데, 그녀는 고급스러운 쿠션 밑에 거의 파묻히듯이 소파에 누워 있었다.

"여전히 렉탱글에서 노래를 하고 있대. 천막 집회가 끝난 이후로는 언니의 친구, 버지니아가 짓고 있는 새 건물이 완공될 때까지 낡은 회관에서 노래를 부르고 있대."

"레이첼에게 시카고에 오라고 편지를 써야겠구나. 그따위 철도 도시에서 자기 노래를 제대로 감상할 줄도 모르는 사람들에게 레이첼이 헛되이 목소리를 쓰게 할 순 없지."

스털링 씨가 새 시가를 꺼내 불을 붙였고 로즈가 큰 소리로 말했다.

"레이첼 언니는 정말 이상해. 여기 대강당에서 노래 부르면 시카고를 야단법석으로 만들 텐데. 그런데 자기들이 뭘 듣고 있는지도 모르는 사람들에게 쓸데없이 목소리를 낭비하고 있으니."

"레이첼 언니는 그렇게 처신하는 게 또한 자신의 서약을 지키지 못하는 일이라면 이리로 오지 않을 거야." 하고 펠리시아는 곧 말을 받았다.

"무슨 서약?" 스털링 씨가 물었고 재빨리 덧붙여 말했다. "오, 이제 알겠다, 그래! 정말 특이한 서약이더구나. 알렉산더 파워즈는 한때 나의 친구였지. 우린 같은 사무실에서 전신 업무를 배웠어. 그가 사임하고 주간통상위원회에다 저 증거물을 넘겼을 때 전국에 대단한 화제를 불러일으켰지. 지금은 다시 전화국 기사로 일한다더구나. 작년 한 해에 레이먼드 시에선 해괴한 사건들이 많았어. 브루스 목사님은 전반적으로 그걸 어떻게 생각하는지 궁금하구나. 목사님과 한 번 이야기를 나눠봐야겠군.”

“목사님은 지금 집에 계시고 내일 설교하실 거래요. 아마도 그 일에 관해 하실 말씀이 있는 듯해요.” 펠리시아가 말했다.

잠시 침묵이 흘렀다. 그때 펠리시아가 마치 보이지 않는 누군가에게 자신의 생각을 말하는 것처럼, 갑자기 말했다.

“그런데 목사님이 나사렛 애비뉴 교회에도 그 똑같은 서약을 제안하시면 어떻게 하죠?”

“누가? 지금 무슨 말을 하는 거냐?”

스털링 씨가 약간 날카롭게 언성을 높이며 물었다.

“브루스 목사님 말예요. 그러니까, 맥스웰 목사님이 그분의 교회에서 했던 것처럼 만약 목사님이 우리 교회에 서약을 제안하시고, ‘예수님이라면 어떻게 하실까?’ 하고, 이 질문을 먼저 묻고 나서 그에 따라 모든 일을 해나가기로 서약할 지원자들을 모은다면요?”

“그럴 일은 결코 없을 거야.”

마침 티타임을 알리는 벨 소리가 울리자 로즈가 소파에서 벌떡 일어나면서 말했다.

“내 생각에, 그 서약 운동은 실행 불가능해.”

스털링 씨가 짧게 말했다.

“레이첼 언니의 편지를 보면 제일교회가 그 서약 운동을 다른 교회로 확산시키기 위해 노력할 거래요. 만약 그 일이 성공한다면 교회와 사람들의 삶에 커다란 변화가 일어날 거예요."

하고 펠리시아가 말했다.

"아, 그래, 일단 차부터 마시구!"

이렇게 로즈는 식당으로 가면서 말했다. 스털링 씨와 펠리시아가 그 뒤를 따랐다. 그들은 조용히 식사를 했다. 스털링 부인은 방에서 따로 식사했다. 스털링 씨는 딴 생각에 빠져 있었다. 그는 밥을 먹는 둥 마는 둥하고 먼저 일어난다고 말했다. 그리고 토요일 밤이었지만, 개인적인 볼일이 있어 시내로 나가봐야겠다고 했다.

"언니, 요즘 아빠가 몹시 심란해 하는 것 같지 않아?"

아버지가 식당에서 나간 다음에 펠리시아가 말했다.

"글쎄, 난 모르겠는걸! 아빠한테서 평소와 다른 점은 못 찾겠던데."

로즈가 대답했다. 잠시 침묵이 흐르고 나서 로즈가 이렇게 말을 보탰다.

"펠리시아, 오늘 밤에 연극 보러 갈 거지? 델라노 부인이 7시 반까지 우리 집으로 오실 거거든. 너도 가야 해. 가지 않으면 델라노 부인이 크게 실망할 거야."

"갈게. 난 아무래도 괜찮아. 그 연극을 보러가지 않더라도 얼마든지 어두운 그림자들을 볼 수 있으니까 말야."

"열아홉 살짜리 계집애가 하는 말치곤 청승맞은 말이구나." 로즈가 대꾸했다. "하지만 펠리시아, 어쨌거나 네 생각은 참 별나. 위층에 올라가서 엄마를 보거든, 연극 보고 돌아와서 그때도 안 자고 있으면 엄마 보러 올라가겠다고 전해줘."

22장

펠리시아는 썩 내키지 않는 기분으로 연극을 보러 갔지만, 이런 감정은 그녀에게 익숙한 것이긴 해도, 아주 드물게 여느 때보다 훨씬 우울했다. 오늘 밤 그녀의 기분은 스스로 움츠러들기만 했다. 일행이 특별석에 앉고 막이 오르자 펠리시아는 함께 온 사람들 뒤로 옮겨가서 그날 저녁 혼자 앉아 있었다. 이 여섯 명의 아가씨들에 대한 일종의 보호자 자격으로 같이 온 델라노 부인은, 로즈가 걸핏하면 말했던 대로, 펠리시아가 '별나다'는 사실을 잘 알고 있어, 구석에 앉아 있는 그녀를 억지로 불러내려고 하지 않았다. 그리하여 펠리시아는 그날 밤 외따로 앉아서 자기에게 차츰차츰 육박해오는 어떤 심각한 마음의 위기를 실감했다.

그 연극은 놀라운 상황으로 가득하고, 현실감 있는 무대 장치와 예기치 못한 클라이맥스로 구성된 영국의 멜로드라마였다. 제3막의 한 장면에서는 심지어 로즈 스털링조차 감동받았다.

그 장면의 배경은 한밤중 런던의 블랙프라이어스 다리였다. 그 아래로 템스 강이 검게 흐를 테지만 실제론 보이지 않았다. 성바울 대성당은

흐릿한 불빛 속에 당당히 서 있고, 그 둥근 지붕은 주변 건물들 위로 둥실 떠 있는 듯이 보였다. 어느 계집아이의 그림자가 그 다리에 나타났고 마치 누군가를 찾는 것처럼 잠시 이리저리 둘러보며 서 있었다. 몇 사람이 다리를 건너가고 있었는데, 다리 한가운데 구석진 자리에 서 있는 한 여인이, 그 한껏 괴로워하는 얼굴과 모습에서 뭘 작정하고 있는지 금방 알아차리게끔, 난간 너머로 상체를 구부리고 있었다. 그녀가 남모르게 강물로 뛰어들기 위해 난간을 오르려고 할 때, 저 계집아이는 그녀를 발견했고, 사람보다는 오히려 짐승에 가까운 비명을 날카롭게 내지르며 달려와서는, 여자의 치맛자락을 붙잡으며 뒤로 잡아당기려고 안간힘을 다했다. 그때 앞서 나왔었던 다른 배우 두 명이 이 장면에 갑자기 등장했다. 큰 키에, 미남이고, 옷을 잘 차려입은 다부진 체격의 신사와, 호리호리한 모습의 사내아이였다. 제 어머니한테 매달리다시피 하는 계집아이만큼 그 사내아이는 옷과 용모가 훌륭했고, 이에 비해 강물에 투신하려는 어머니는 누더기 옷을 걸치고 가난에 찌든 애처로울 정도로 끔찍한 몰골이었다. 이 두 사람, 신사와 사내아이도 그 자살 기도를 막으려 했고, 다리 위에서 벌어진 이 극적인 장면 뒤에 관객들은 저 신사와 여인이 서로 남매 사이란 사실을 알게 되었다. 그러고 나서 무대가 바뀌어 런던 동부의 어느 빈민가 셋방 안으로 옮겨졌다. 이 장면에서 무대미술과 무대장치의 담당자는 버림받은 런던 사람들의 일단을 형성한 빈민들에겐 잘 알려진 그 유명한 샛길과 뒷골목을 최고의 실력을 발휘하여 있는 그대로 똑같이 재현해 놓았다. 누더기 옷, 비좁은 방, 불결한 실내, 부서진 가구, 하나님의 형상을 본떠

창조된 피조물이라고 억지를 쓸 수밖에 없는 끔찍한 동물은 이 장면에서 너무나 정교하게 묘사되어, 실크 커튼과 벨벳 난간으로 둘러싸인 호사스러운 특별석에 앉아 있는 로즈 스털링처럼, 이 극장 안의 몇몇 지체 높은 여성들은 마치 이 장면의 무대와 너무 가까운 거리에 있어서 혹시 그 때문에 오염될까 봐 자기 몸을 얼마쯤 뒤로 젖혀야 했다. 연극이 너무나 사실적이어서, 따로 떨어져 앉아 푹신한 의자에 파묻힌 채 무대 위 대사를 귓전으로 들으며, 제 생각에 빠져 있던 펠리시아도 아주 홀린 듯이 바라보았다.

연극 무대는 셋방에서 어느 귀족의 대저택 실내로 바뀌었고, 친숙한 상류계급의 사치품이 집 안 곳곳에서 눈에 띄자마자 거의 안도하는 한숨이 들려왔다. 너무나 놀라운 대조였다. 뛰어난 무대연출에 힘입어 겨우 몇 분 만에 빈민가에서 대저택 장면으로 옮겨갈 수 있었다. 연극은 줄곧 진행되었고, 여러 배역의 배우들이 등장하고 퇴장했지만, 펠리시아는 이 연극을 보면서 한 가지 인상만 뚜렷이 받았을 뿐이었다. 사실상 다리 위와 빈민가에서 전개된 장면들은 다만 연극 줄거리 속에 나오는 사건에 지나지 않았지만, 펠리시아는 그러한 장면들 속에서 자기가 살아가는 모습을 몇 번이고 되풀이하여 상상했다. 지금껏 그녀는 왜 어떤 사람들은 빈곤한 삶을 사는지 그 이유를 깊이 생각해본 적은 한 번도 없었고, 그런 철학적 사색을 하기에 충분할 만큼 아직 어른스럽지는 못했다. 하지만 뭔가 부조리한 느낌만은 강렬히 느꼈으며, 상류계급과 하류계급의 생활상에서 현저한 차이를 느꼈던 일은 이번이 처음은 아니었다. 그 느낌은 펠리시아에게 차츰 커져서 이윽고 로즈가

'별나다'란 말로써 부르는 그녀의 특징을 이뤘고, 부잣집 친구들의 또래 모임에서도 그녀는 별종으로 불렸다. 부와 빈곤, 고상함과 비천함이란 양극단에 관한 그저 인간적인 의문이었어도, 짐짓 그 사실들을 부인하려고 애썼지만, 그것은 그녀의 영혼에 지울 수 없는 느낌을 남겨 놓았다. 말하자면, 이 세상을 위해 보기 드문 사랑과 자기희생을 실천하는 여인으로 살든가, 아니면 자신한테나 자기를 아는 그 누구한테나 불쌍한 괴짜 취급당하며 살든가 하는, 결국은 그 둘 중의 하나로 삶의 태도를 바꿔야 한다는 그런 느낌이었다.

"펠리시아, 집에 안 갈 거니?"

하고 로즈가 물었다.

연극은 끝났고, 막은 내려와 있었으며, 사람들은 마치 〈런던의 어두운 그림자들〉이 무대 위에서 아주 효과적으로 연출된, 그저 좋은 오락거리였다는 듯이, 웃고 떠들면서, 시끄럽게 밖으로 나가고 있었다.

펠리시아는 자리에서 일어나서 나머지 사람들과 함께 조용히 나갔다. 그녀는 연극이 어떻게 끝났는지도 모른 채 의자에 앉아서 제 생각에 빠져 있었다. 결코 멍한 상태로 있었던 것은 아니었지만, 그녀는 자신이 군중 가운데 홀로 남겨진 처지라고 가끔씩 생각하곤 했었.

"그래, 연극은 어땠니?"

귀가해서 응접실에 들어왔을 때 로즈가 물었다. 로즈는 실제로 펠리시아의 연극평을 꽤 높이 샀다.

"현실을 제법 잘 그렸다고 생각해."

"내 말은 배우들 연기 말이야."

하고 로즈가 짜증을 내며 말했다.

"다리 장면에서 연기가 좋았어, 특히 어머니 역을 맡은 배우가 말야. 남자는 감정 표현이 약간 지나쳤던 것 같아."

"그래? 나도 그 장면이 재미있었어. 두 사람이 사촌지간이란 사실을 알게 되는 장면이 재미있지 않니? 그런데 빈민가 장면은 끔찍하더라. 그런 장면들은 연극에서 구태여 보여줄 필요가 없다고 생각해. 너무 고통스러웠어."

"빈민가에서 진짜로 사는 사람들도 고통스러울 거야, 역시."

펠리시아가 대꾸했다.

"그렇겠지, 하지만 실제로 그런지 살펴볼 것까진 없어. 돈 주고 연극에서 보는 것만으로도 충분해."

로즈는 주방으로 들어가 찬장에서 과일과 케이크가 담겨 있는 접시를 꺼내 먹기 시작했다.

"엄마를 보러 올라갈 거야?"

잠시 뒤 펠리시아가 물었다. 그녀는 응접실 벽난로 앞에 줄곧 앉아 있었다.

"아니," 로즈가 다른 방에서 대답했다. "오늘 밤엔 엄마를 성가시게 안 할래. 올라갈 거면 내가 많이 피곤해서 기분이 좀 그렇다고 엄마한테 말해줘."

그리하여 펠리시아는 긴 계단을 올라가서 위층 복도를 지나 어머니 방으로 들어갔다. 방엔 불이 켜져 있었고, 항상 스털링 부인 곁에서 수발드는 가정부가 안으로 들어오라고 손짓했다.

"클라라에게 자릴 좀 피해달라고 하렴."

펠리시아가 침대 곁으로 다가오자 스털링 부인이 말했다.

펠리시아는 당황스러웠지만, 엄마가 시킨 대로 그렇게 했다. 그런 뒤 기분이 어떤지 엄마에게 물었다.

"펠리시아," 엄마가 말했다. "너 기도할 수 있니?"

이 질문은 여태 엄마가 해왔던 질문과는 아주 딴판이어서 펠리시아는 깜짝 놀랐다. 하지만 그녀는 이렇게 대답했다.

"그야, 할 수 있어, 엄마. 왜 이런 질문을 해?"

"펠리시아, 엄마는 무서워. 네 아빠…… 네 아버지 때문에 하루 종일 자꾸만 이상하게 무서운 생각이 들어. 그이한테 무슨 안 좋은 일이 생긴 듯해. 네가 기도를 해줬음 해."

"지금, 여기서, 엄마?"

"그래. 기도해줘, 펠리시아."

펠리시아는 손을 뻗어 엄마의 손을 잡았다. 그 손은 떨고 있었다. 이제껏 스털링 부인은 막내딸에게 이토록 살가운 모습을 보인 적이 없었다. 지금 그녀의 이 뜬금없는 요구는 펠리시아의 인격을 믿는다는 실질적인 최초의 표시였다.

여전히 떨고 있는 엄마의 손을 잡은 채, 펠리시아는 무릎을 꿇고 기도했다. 전에도 이렇게 소리 내어 기도했던 적이 있었을까싶게 그녀는 큰 소리로 기도를 드렸다. 그녀는 기도 중에 엄마가 요청하는 말을 하기도 했다. 이윽고 기도가 끝나 조용해진 방 안에서 스털링 부인은 소리 죽여 흐느꼈고 그녀의 신경성 긴장은 잦아들었다.

펠리시아는 얼마쯤 더 머물러 있었다. 이젠 엄마에게 자기가 필요하지 않으리란 확신이 들자 나가려고 일어났다.

"잘 자, 엄마. 혹시 밤중에 기분이 안 좋아지면 클라라 아줌마 보고 나를 부르라고 해."

"기분이 한결 좋구나." 펠리시아가 방에서 나가려고 하는데, 스털링 부인이 말했다. "나에게 키스해 주렴, 펠리시아?"

펠리시아는 다시 돌아와서 엄마에게 몸을 숙였다. 이 키스는 아까 했던 기도만큼이나 그녀에겐 뜬금없는 일이었다. 펠리시아가 방에서 나갈 때, 그녀의 두 뺨은 눈물로 젖어 있었다. 그녀는 어린 시절 이후로는 울어본 적이 거의 없었다.

스털링 저택의 주일 아침은 대체로 아주 조용했다. 스털링 씨의 두 딸은 으레 11시 예배를 드리러 교회에 갔다. 스털링 씨는 정식 교인은 아니었지만 교회에 헌금을 많이 했고, 보통 주일 아침이면 예배에 참석했다. 이번에 그는 아침을 먹으러 나타나지도 않았으며, 마침내 가정부를 시켜서 교회에 갈 기분이 내키지 않는다는 말을 전해왔다. 그래서 마차를 타고 나사렛 애비뉴 교회의 정문 앞에서 내린 로즈와 펠리시아는 둘이서 교회 안에 따로 마련된 가족석으로 갔다.

브루스 목사가 강대상 뒤쪽에 위치한 방에서 걸어 나와서 여느 때처럼 강대상 앞에 서며 성경을 펼쳤을 때만 해도, 그를 가장 잘 아는 사람들조차도 그의 태도와 표정에서 어떤 이상한 점도 찾아볼 수 없었다. 그는 평소대로 예배를 진행했다. 그는 침착했고 목소리는 차분했으며 확고했다. 교인들이 예배 도중에 그에게서 보통 때와 다른 뭔가 낯설거나 이상한 구석을 맨 처음 넌지시 느끼게 만든 것은 그의 기도를 통해서였다. 정확히 말하면 브루스 목사가 나사렛 애비뉴 교회에서 12년간 목회를 해오는 동안 성도들은 이러한 기도를 일찍이 들어본 적이 없었다. 만약 한 목사가 예수님을 따른다는 것의 의미를 완전히 새롭게 정립하고 기독교적 감정상에 혁명을 겪고 나서 기도를 드린다면 그의 기도가 어떻겠는가? 신학박사이자 근엄하고, 교양을 갖췄으며, 품위 있는 캘빈 브루스 목사가 며칠 동안 무릎을 꿇은 채 어린아이처럼 울부짖으며, 주일 설교를 할 수 있도록 힘과 용기를 그리고 참된 그리스도 정신을 기도로써 간청해왔었다는 사실을 아는 사람은 나사렛 애비뉴 교회에서 아무도 없었다. 그런데 브루스 목사의 이번 기도는, 나사렛 애비뉴 교회 성도들이 일찍이 강대상에서 들어본 적 없는, 자기도 모르는 사이에 저절로 영혼의 체험에서 흘러나오고 있었다.

23장

"저는 레이먼드 시를 방문하고 막 돌아왔습니다."

이렇게 브루스 목사는 설교를 시작했다.

"그리고 그곳에서 일어난 서약 운동에서 제가 받은 느낌들을 몇 가지 여러분께 말씀드리고자 합니다."

여기서 그는 말을 멈췄고 자신의 성도들에게 간절한 마음뿐만 아니라 동시에 크게 반신반의하는 마음을 품고 교인들을 둘러보았다. 상류층의, 고상하고, 사치스러운 삶을 즐기는 이 사람들 가운데 과연 몇 명이나 자기가 이제 곧 말하려고 하는 호소의 그 진의를 알아들을 것인가? 이 물음에 그는 도무지 자신이 없었다. 그럼에도 그는 자신만의 사막을 빠져나와서, 언제든 고난의 길을 다시 가기로 마음먹었다. 이 짧은 침묵 뒤 그는 레이먼드 시에서 머물며 겪었던 일들을 들려줬다. 교인들은 이미 제일교회의 저 시도에 대해서 얼마큼 알고 있었다. 그 서약 운동은 수많은 삶 속에 아주 뜻 깊은 사건으로 새겨져서 그 추이를 온 나라가 지켜보고 있었다. 마침내 맥스웰 목사는 전국의 다른 교회에서도 그리스도 제자의 길을 추구해야 할 때가 왔다고 결론 내렸다.

레이먼드 시에서 시작한 그리스도 제자됨에 대한 새로운 운동은 너무나 귀한 결과를 가져와서 그는 레이먼드의 제자들과 더불어 전국의 모든 교인들이 다 함께하길 소망했다. 벌써 전국에서 많은 교회들이 자원자 모집에 나섰고 예수님의 발자취에 더욱 가까이 다가가겠다는 그들 자신들의 바람대로 실천하고 있었다. 이미 많은 교회에서 기독교 봉사 회원들이, 열성적으로, 예수님이라면 하심직한 그대로 처신하겠다고 서약했으며, 그리고 그 결과는 보다 깊은 영적 생활로 나타났고 또 교회의 경우에는 성도들의 거듭남과 마찬가지로 감화력에 더 큰 힘이 생기게 되었다.

이 모든 사실들을 브루스 목사는 교인들에게 꾸밈없이, 또한 개인적인 관심— 이제 곧 공표하게 될 제안을 결국 낳게 만든— 을 담아 말했다. 펠리시아는 긴장한 채 브루스 목사의 말 한 마디 한 마디에 집중했다. 그녀는 로즈 곁에, 마치 눈 옆에 불이 있는 것처럼 사뭇 다른 분위기로 앉아 있었다, 비록 로즈도 그녀만큼이나 긴장하고 흥분된 상태로 있었지만.

"사랑하는 성도 여러분,"

하고 브루스 목사가 입을 열었고, 아까 기도했었을 때 실렸던 감정이 다시금 그의 목소리와 몸짓에 묻어나고 있었다.

"나사렛 애비뉴 교회도 레이먼드 제일교회가 했던 그 똑같은 서약을 하자고 제안하는 바입니다. 이 일이 여러분과 저에게 무엇을 뜻하는지 잘 알고 있습니다. 곧 우리의 숱한 타성들을 완전히 바꿔야 함을 의미합니다. 어쩌면, 사회생활에서 손해 볼 일도 생길 겁니다. 대개의 경우, 금전상의 손실을 입을 공산이 큽니다. 다시 말하면 수난을 뜻합니다. 저 1세기에 예수님을 따른다는 것이 의미했던 바를 뜻하는 것이고, 또 게다가 고난, 실패, 곤경, 비기독교적인 모든 것과 단절함을 의미합니다. 그런데 예수님을 따른다는 건 무슨 뜻일까요? 그리스도 제자의 길은 예나 지금이나 변함없습니다. 우리 교회에서 예수님이라면 하실 법한 일을 행하겠다고 지원하실 분들은, 그분이 우리에게 명하신 대로 다만 그분의 발자취를 따르기로 서약해주셨음 합니다."

또다시 그는 침묵했고, 신자들 사이로 퍼져가는 술렁거림을 보면서 자기가 밝힌 제안의 그 결과를 눈으로 쉽게 확인할 수 있었다. 그는 나직한 목소리로 예수님이라면 하심직한 일을 그대로 따르겠다고 자진해서 서약할 사람들은, 이 예배가 끝난 뒤에 남아달라고 부탁했다.

곧바로 그는 설교를 이어가기 시작했다. 그의 설교는 '선생님이여, 어디로 가시든지 저는 따르리이다'란 성경 구절을 주제로 삼았다. 이 설교는 행동의 그 깊은 원천을 자극했고, 교인들에게 자신들의 목사가 줄곧 체득해왔던 정의가 과연 어떤 정의인지 알려주었으며, 그들을 1세기의 기독교 정신으로 되돌아가게 해주었는데, 무엇보다도, 교회 성도가 된다는 것의 그 의미와 목적에 대해 오랫동안 인습적인 사고에 젖어 살아왔던 그들을 일깨웠다. 이것은 목회자가 평생에 한 번 할 수 있을까 하는 그런 설교였고, 교인들이 여생을 살아가는데 신조로 삼기에 부족함이 없을 정도였다.

조용히 예배가 끝나자 서서히 웅성거림이 일었다. 교인들이 여기저기에서 일시에 몇 사람씩 일어났다. 너무 큰 충격을 받아서인지 움직임이

굼뜬 사람도 있었다. 하지만, 로즈는 가족석에서 막바로 일어나 걸어 나갔고 통로에 다다르자 몸을 돌려 펠리시아에게 어서 오라는 손짓을 했다. 그때까지도 교회 안 곳곳에서 사람들이 일어나고 있었다.

"나는 남을 테야."

하고 펠리시아는 말했다.

로즈는 펠리시아의 여느 때와 다름없는 고집스런 말투를 듣고는, 동생이 자신의 결정을 바꾸지 않는단 사실을 잘 알았다. 그럼에도 그녀는 가족석으로 두세 걸음 되돌아가서 동생을 마주했다.

"펠리시아," 로즈가 속삭이듯 말했다. 그녀의 두 뺨은 화가 나서 빨개졌다. "이건 바보 같은 짓이야. 네가 뭘 할 수 있겠니? 기어이 우리 집안만 망신시킬 거야. 아빠가 뭐라고 하시겠어? 빨리 일어나!"

펠리시아는 언니를 바라보았지만 바로 대답하지 않았다. 그녀의 입술은 새 삶을 살고자 하는 마음속 깊은 소망으로 떨리고 있었다. 그녀는 고개를 가로저었다.

"싫어, 여기 있을 거야. 서약을 하겠어. 난 그것에 따를 준비가 되어 있다구. 내가 왜 서약하려는지 언니는 모를 거야."

로즈는 펠리시아를 한 번 노려보고 나서 방향을 틀어 가족석에서, 통로로 걸어 나갔다. 로즈는 심지어 발걸음을 멈춘 채 아는 사람들과 인사를 나누려고도 하지 않았다. 그녀가 마차 타는 곳까지 이르렀을 때 델라노 부인이 마침 교회에서 나오고 있었다.

"그래 넌 브루스 목사님의 자원자 모임에 안 낄 거니?"

하고 델라노 부인이 이상한 말투로 물어서, 로즈는 얼굴을 붉혔다.

"맞아요, 아주머니도 그렇죠? 참 어리석은 짓이에요. 전 항상 레이먼드에서 일어난 서약 운동이 광신적이라고 생각해왔어요. 아시다시피 제 사촌인 레이첼 언니가 편지를 부쳐서 그 소식을 알려줬거든요."

"그래, 이 일은 여러 가지로 많은 곤경을 일으키고 말 거야. 내 생각에, 브루스 목사님은 그냥 소란만 피우시는 듯하구나. 우리 교회는 분열되고 말걸. 네가 두고 보면 알 테지만 말이야. 그런 서약을 할 수도 지킬 수도 없는 사람들이 교회에 제법 깔려 있거든. 나도 거기에 속하고."

이렇게 덧붙이며 델라노 부인은 로즈와 함께 교회를 나섰다.

로즈가 집에 도착했을 때, 스털링 씨는 시가를 피우며, 평소 습관대로 벽난로 앞에 서 있었다.

"펠리시아는 어디 있지?"

로즈가 들어오자 그가 물었다.

"예배 끝나고 갖는 모임에 있을 거예요."

로즈가 짧게 대답했다. 그녀가 코트를 벗고 위층으로 올라가려는 참에 스털링 씨가 그녀의 등 뒤에서 이렇게 외쳤다.

"예배 끝나고 갖는 모임? 그게 무슨 소리냐?"

"브루스 목사님이 레이먼드 교회에서 한 것과 똑같은 서약을 제안하셨어요."

스털링 씨가 입에서 시가를 빼내어 두 손가락으로 신경질적으로 비틀었다.

"브루스 목사가 그럴 줄 몰랐는걸. 사람들이 많이 남았던?"

"몰라요, 거기 있지도 않았는걸."

이렇게 로즈는 대꾸하며, 응접실에 서 있는 아버지를 남겨둔 채 위층으로 올라가 버렸다.

몇 분 뒤 그는 창가로 가서 마차가 오가는 도로를 내다보며 서 있었다. 시가는 불이 꺼졌는데도, 그는 초조한 듯 그것을 자꾸 손가락으로 만지작거렸다. 그러다가 창가를 떠나 응접실에서 서성거렸다. 이윽고 가정부가 와선 저녁식사 준비를 마쳤다고 일렀지만 그는 펠리시아가 올 때까지 기다리라고 말했다. 로즈는 아래층으로 내려와서 서재로 갔다. 그리고 여전히 스털링 씨는 안절부절못한 채 응접실을 왔다갔다 했다.

마침내 그는 걷는 일에 싫증을 내고, 의자에 몸을 맡기며 무슨 생각에 골몰할 때 펠리시아가 들어왔다.

스털링 씨는 일어나서 그녀를 마주 보았다. 펠리시아는 방금 마치고 온 모임에서 확실히 대단한 감동을 받은 모양이었다. 그렇지만 지금은 그 일에 관해 시시콜콜 떠벌이고 싶지 않았다. 그녀가 응접실에 들어왔을 때, 마침 로즈도 서재에서 나왔다.

"얼마나 많이 모였어?"

로즈가 물었다. 그녀는 몹시 궁금한 듯한 표정이었다. 하지만 그녀는 레이먼드 시에서 일어난 운동을 별로 달가워하지 않았다.

"한 백 명쯤."

펠리시아가 진지한 얼굴로 말했다. 스털링 씨는 놀라는 모습이었다. 펠리시아는 응접실을 나가려고 했지만, 스털링 씨가 그녀를 불렀다.

"너 정말로 그 서약을 지킬 작정이냐?"

그가 물었다.

펠리시아는 얼굴을 붉혔다. 뜨거운 피가 얼굴과 목으로 쏠리는 것 같았다. 그녀는 이렇게 대답했다.

"그 모임에 참석했다면, 아빠, 그런 질문은 묻지 않았을 거야."

그녀는 잠시 이곳에서 머무적머무적 있다가, 밥은 조금 나중에 먹겠다고 말하고 나서 엄마를 보러 위층으로 올라갔다.

펠리시아와 엄마 말고는 두 사람 사이에 무슨 말이 오갔는지 아무도 몰랐다. 다만 확실한 것은 주일 예배 뒤에 갖은 모임에서 브루스 목사님과 마주한 그 일군의 성도들 모두에게 뭔가 영적인 힘 같은 게 임했었다는 사실을 펠리시아가 엄마한테 이야기해줬으리라는 점이다. 또한 펠리시아에게 그러한 경험은 일찍이 겪어본 적 없었던 일이었고, 만약 어젯밤에 기도한 일이 없었다면 자기 엄마와 그 경험을 나누려는 생각은 전혀 엄두도 내지 못했으리라는 점도 확실했다. 이번 펠리시아의 경험과 관련하여 또 한 가지 사실이 분명해졌다. 마침내 아빠와 언니와 함께 식탁에 앉게 되었을 때 그녀는 이 두 사람에겐 저 모임에 대한 말을 그다지 하고 싶어하지 않는 듯했다. 마치 날씨 말고는 전혀 관심이 없는 사람에게 아름다운 황혼을 설명하기 망설이는 것처럼 그 모임에 대해 이야기하길 꺼려했다.

스털링 저택의 주일 하루가 저물어 갔고, 집 안 곳곳에 켜놓은 부드럽고 따스한 불빛이 커다란 창문을 새어나갈 무렵, 펠리시아는 자기 방의 불빛이 잘 비쳐들지 않는 한구석에서, 무릎을 꿇고 기도를 드렸다. 이윽고 그녀가 고개를 들고 불빛 쪽으로 얼굴을 돌렸을 때, 그 모습은 세속적인 삶에서 가장 중요한 문제를 이제 막 스스로 정한 성숙한 여인의 얼굴이었다.

한편 그날 저녁, 주일 저녁 예배를 마치고 나서, 브루스 목사는 아내와 함께 오늘 있었던 일들을 서로 이야기하고 있었다. 두 사람은 서약 운동과 관련하여 한마음 한뜻이었고, 다시 거듭난 그리스도의 제자로서 믿음과 용기로 충만한 채 새로운 앞날을 마주하고 있었다. 또한 이 서약의 결과로 자신들이나 교회에 어떤 일이 닥칠지 솔직한 대화를 나눴다.

이렇게 잠시 동안 말을 주고받고 있을 때 현관 벨이 울렸고 브루스 목사는 문을 열어주면서 탄성을 질렀다.

"자네, 에드워드 아닌가! 어서 들어오게."

풍채 좋은 사람이 현관 안으로 들어왔다. 그는 교단의 주교로 예사롭지 않은 키에 넓은 어깨를 하고 있었지만, 몸의 균형이 꽤 잘 잡혀 있어서 꼴사납거나 심지어 지나친 장신이란 느낌은 전혀 들지 않았다. 이 주교를 처음 만나보면, 아주 건강미 넘치는 사람이란 첫인상을 받지만, 곧이어 무척 인정 깊은 사람이란 사실도 알게 되었다.

주교는 응접실로 들어와서 브루스 목사의 아내와 인사를 나눴고, 얼마 뒤 아내가 나가자, 두 사람만 남게 되었다. 주교는 벽난로 앞에 놓인, 푹신한 안락의자에 앉았다. 아직 초봄이어서 공기 중에 제법 눅눅한 기운이 있었는데 불을 피운 벽난로 덕에 실내는 쾌적했다.

"캘빈, 오늘 교회에서 매우 중요한 조치를 취했다더군. 오후 늦게서야 그 소식을 들었네. 그래서 그 문제로 자네를 봐야겠다는 마음이 앞선 나머지 오늘 밤 이렇게 찾아온걸세."

마침내 이렇게 운을 떼며, 주교는 자신의 크고 검은 눈을 들어 대학 동창의 얼굴을 바라보았다.

"와줘서 기쁘이. 에드워드, 이 일이 뭘 뜻하는지 이해가나?"

하고 브루스 목사가 주교의 어깨에 손을 올려놓으며 말했다.

"그렇다고 생각해. 아니, 확실히 이해하고 있지."

주교는 깊이 생각하듯 느릿느릿 말했다. 그는 깍짓손을 한 채 앉아 있었다. 사람을 향한 헌신과 봉사 그리고 사랑이 그 흔적을 주름살로 남겨 놓은, 그의 얼굴 위로, 어떤 그늘이 하나 아른거렸는데, 벽난로 불빛 때문에 생긴 그늘은 아니었다. 또다시 주교는 눈을 들어 자신의 옛 친구를 바라보았다.

"캘빈, 우리는 항상 서로 잘 이해해왔지. 성직 활동에서 각자 다른 길을 걸어온 이래로 지금껏 우리는 기독교적 동료애로 여기까지 함께 왔네."

"사실이야, 그 점은 하나님께 감사해. 다른 누구보다 자네의 우정을 소중히 여긴다네. 그 우정이 의미하는 바를 언제나 잊지 않고 있지, 나에게 늘 과분했으니까 말야."

하고 브루스 목사는 자신의 애정을 감추거나 억누르려고 하지 않으면서 대답했다.

주교는 애정이 넘치는 표정으로 자기 친구를 쳐다보았다. 그러나 주교의 얼굴에 드리워진 그늘은 여전히 얼굴에 남아 있었다. 잠시 뒤 주교는 다시 입을 열었다.

"그리스도 제자의 길에 대한 새로운 시도는 자네와 자네의 목사 활동에 큰 위기를 가져올 거야. 예수님께서 하심직한 대로 매사에 처신하겠다고 하는 이 서약을 지킨다면, 물론 자네야 그렇게 하리라 믿지만, 굳이 예언자가 아니더라도 자네의 교구에 대단한 변화가 일어나리란 사실쯤은 미리 알 수 있을걸세."

주교는 친구를 부러운 표정으로 바라보더니 다시 말을 이었다.

"사실, 목사들과 교회들이 레이먼드 식으로 서약을 하고 그것을 실천해 나간다면, 지금 우리가 알다시피, 엄청난 기독교의 대격변을 어떻게 지켜볼 수 있을지 모르겠네."

주교는 마치 친구가 뭐라 말해주길, 무슨 질문이라도 하길 기다리듯이 말을 멈췄다. 하지만 브루스 목사는 주교의 마음속에서 맥스웰 목사나 자기가 씨름했던 바로 그 문제 때문에 타오르는 불길이 있음을 알아채지 못했다.

"자, 예를 들면, 우리 교회에서," 주교가 말을 이어갔다. "그렇게 서약을 하고 그에 따라 살아가려는 교인들이 많아질수록, 내가 두려운 바는, 그게 오히려 더 곤란한 문제라는 거야. 순교는 우리에게 구시대의 유물이나 다름없어. 지금 우리의 기독교는 무사안일을 실컷 즐기고 있어서 십자가처럼 거칠고 무거운 짐 따위는 어떤 것도 지려고 하지 않아. 예수님을 따르는 일이 뭘 뜻하겠는가? 그분의 발자취를 따라간다는 일이 뭘 의미하겠어?"

주교는 이제 혼잣말을 하고 있었고, 이 순간엔, 친구와 함께 있음도 의식하지 못하는 듯했다. 이제야 처음으로 브루스 목사는 주교의 그

진의가 어디에 있는지 퍼뜩 떠올랐다. 만약 주교가 레이먼드 식의 서약 운동에서 자신의 영향력을 크게 행사할 수 있다면 어떻게 될까? 시카고뿐만 아니라, 여러 대도시에서, 가장 귀족적이고, 부유하며, 상류층에 속하는 사람들이 그를 따르고 있었다. 주교가 이 새로운 제자됨의 길에 동참한다면 어떻게 될까!

이런 생각이 들자 브루스 목사는 주교에게 바로 말을 하려고 했다. 그는 한 손을 뻗어 오랜 우정의 표시로써 허물없이 주교의 어깨에 올려놓았고 아주 중요한 질문 하나를 물으려고 했다. 바로 그때 요란한 초인종 소리에 두 사람은 깜짝 놀랐다. 브루스 부인이 문으로 갔고 현관에서 누군가와 말을 주고받았다. 얼마 안 있어, 브루스 부인의 커다란 탄식이 터졌다. 주교가 일어났고 브루스 목사가 응접실 입구 앞에 처진 커튼 쪽으로 발걸음을 옮기고 있을 때, 브루스 부인이 커튼을 옆으로 밀쳐냈다. 그녀의 얼굴은 하얗게 질려 있었고 몸을 부들부들 떨고 있었다.

"오, 여보! 정말 끔찍한 소식이야! 스털링 씨가……. 오, 어떻게 말하지! 두 딸의 충격이 얼마나 클까!"

"대체 무슨 일인데?"

브루스 목사는 주교와 함께 현관으로 나갔고, 전갈을 가져온 스털링가의 심부름꾼을 대면했다. 모자도 미처 못 챙긴 걸로 봐서 그 사람은, 스털링 가와 친한 지인들 중에서 브루스 목사가 가장 근처에 산다는 사실을 알고, 그 소식을 듣자마자 이리로 달려온 것이 분명했다.

"스털링 씨가, 권총으로 자살을, 목사님, 얼마 전에 말이죠. 침실에서 자살했습죠. 스털링 부인은……."

"에드워드, 즉시 가야겠네. 나와 함께 가겠나? 스털링 씨 부부는 자네의 오랜 친구이기도 하잖나?"

주교의 얼굴은 몹시 창백했지만, 평소처럼 침착함을 유지했다. 그는 친구의 얼굴을 보고 대답했다.

"그럼, 캘빈, 나는 스털링 집안뿐만 아니라, 하나님의 뜻이라면, 인간의 죄와 슬픔이 있는 곳도 자네와 함께 갈걸세."

24장

어린 양이 어디로 인도하든지 따라가는 자며

브루스 목사와 주교가 스털링 저택에 들어갔을 때, 평상시엔 집 안에 잘 정돈되어 있었던 모든 것이 큰 혼란과 공포에 휩싸여 있었다. 아래층의 큰 방들은 텅 비어 있었지만, 위층에선 분주한 발걸음 소리와 알아들을 수 없는 소리가 들려왔다. 주교와 브루스 목사가 계단을 올라가려던 참에 한 가정부가 공포에 질린 얼굴로 아래층으로 내려왔다.

"펠리시아 아가씬 스털링 부인과 함께 있어요."

하고 그 가정부는 물음에 더듬더듬 답하더니, 갑자기 히스테릭하게 울음을 터트리고 나서 응접실을 지나 바깥으로 뛰어나갔다.

계단의 위쪽 끝머리에서 펠리시아가 두 사람을 맞이했다. 그녀는 곧바로 브루스 목사에게 다가와서 그의 두 손을 잡았다. 그때 주교는 자기 손을 그녀의 머리 위에 얹어놓았고 세 사람은 아무런 말없이 잠시 그렇게 서 있었다. 주교는 펠리시아를 어렸을 때부터 알고 지냈었다. 먼저 침묵을 깬 사람은 주교였다.

"이 힘겨운 시간에, 펠리시아, 하나님의 자비가 너와 함께하기를. 네 어머니는……"

주교는 말문이 막혔다. 제 친구의 집에서 이 초상집으로 부리나케 오는 동안, 자신의 과거 중에서 기억에 묻어두었던 젊은 시절의 가슴 아팠던 연애가 자기도 모르게 떠올랐었다. 그건 브루스 목사조차도 모르는 추억이었다. 한때 주교에겐 아름다운 카밀라 롤프 양을 향한 그 누구와도 나눠 가질 수 없는 사랑의 향을 젊음의 제단에 바쳤던 시절이 있었고, 그녀는 그와 백만장자 사이에서 한 명을 선택해야 했었다. 주교는 옛 추억 때문에 마음이 괴롭지는 않았지만, 그래도 여전히 기억 속에서 지울 순 없었다.

주교의 마저 못 물어본 질문에 대답하려는 양, 펠리시아는 몸을 돌려 어머니 방으로 들어갔다. 그녀는 아직 아무 말도 안 했지만, 두 사람은 놀라울 만큼 침착한 그녀의 모습에 놀랐다. 그녀는 어머니 방에서 다시 나왔고 그들에게 오라고 손짓했으며, 또 그 두 사람은 전혀 생각지도 못한 장면을 이제부터 보게 될지도 모른다는 기분에 젖어, 방 안으로 들어갔다.

로즈는 침대 위에 두 팔을 축 늘어뜨린 채 엎드려 있었고, 간병을 맡고 있던 클라라는 두 손으로 머리를 감싼 채 주저앉아, 두려움에 떨며 흐느끼고 있었다. 그런데 스털링 부인은 '바다나 육지 이 세상 그 어디에서도 찾아볼 수 없는 빛'을 그 얼굴에 띤 채, 침대 위에 조용히 누워 있어서 주교조차도 처음엔 누군지 알아보지 못했다. 곧이어, 브루스 목사와 더불어 그 엄청난 사실을 알아차리게 되자, 그는 비틀거렸고, 옛날 상처의 찌르는 듯한 고통이 그를 뚫고 지나갔다. 그러나 고통은 지나갔으며, 하나님의 자녀만이 소유할 수 있는 권리인 한결같은 침착함과 용기로써 그는 그 죽음의 방에 서 있었다.

다음 순간 아래층이 소란스러워졌다. 사건이 발생하자 거의 동시에 의사를 부르러 보냈었지만, 의사는 꽤 멀리 떨어진 곳에 살았기에, 겁먹은 가정부들이 연락을 취해서 출두한 경찰과 함께, 집 안으로 들어왔다. 게다가 그들과 같이 신문 기자 네다섯 명과 이웃사람 몇 명도 몰려왔다. 브루스 목사와 주교는 계단의 위쪽 끝머리에서 이런저런 사람들을 맞이했고, 꼭 필요한 사람들 말고는 다들 아래층으로 내려보냈다.

이들과 더불어 두 사람은 이튿날 여러 신문에 떠들썩한 기사로 실린 이른바 '스털링 가의 비극'으로 알려진 사실들을 죄다 접하게 되었다.

스털링 씨는 그날 저녁 9시 무렵에 자기 방으로 들어갔고 그것이 마지막으로 목격된 모습이었으며, 한 삼십 분쯤 뒤에, 그 방에서 총소리가 나자, 복도에 있던 가정부가 방으로 뛰어 들어가서, 제 손으로 자살하여, 바닥에 죽은 채 있는 그를 발견했다. 펠리시아는 그때 어머니 옆에 앉아 있었다. 로즈는 서재에서 책을 읽고 있었다. 그녀는 위층으로 달려 올라갔고, 집일꾼들이 아버지의 시신을 소파로 올려놓는 모습을 목도하더니만, 곧바로 비명을 지르며 어머니 방으로 달려가 침대에 쓰러져 기절하고 말았다. 스털링 부인도 처음에는 심한 충격으로 정신을 잃었었다. 하지만 아주 얼른 정신을 수습하고 나서 브루스 목사를 부르러 사람을 보냈다. 그런 뒤에 그녀는 남편을 봐야겠다며 고집을 부렸다. 펠리시아의 만류에도 불구하고, 그녀는 클라라에게 자신을 부축하라고 시킨 다음 복도를 지나서 남편이 있는 방으로 들어갔다.

그녀는 눈물 한 방울 흘리지 않고 남편을 바라보더니, 다시 자기 방으로 돌아와 침대에 누었다. 그리고 브루스 목사와 주교가 집으로 들어설 때쯤, 떨리는 입술로 자신과 남편을 위해 용서의 기도를 드린 뒤 숨을 거두었다. 펠리시아는 그녀 위로 몸을 숙이고 있었고 로즈는 여전히 침대 발치에서 의식이 없는 상태로 누워 있었다.

주일 밤 저 호화로운 대저택에 침입한 무자비한 죽음은 그토록 거대하면서도 재빨랐다! 그러나 스털링 씨의 사업과 관련된 일들의 전모가 드러나면서 비로소 그가 자살하게 된 배경이 설명되었다.

그는 어떤 투기한 일들이 실패하여 한동안 재정상의 파산 위험에 처해 있었는데 한 달 내로 재산을 모조리 날려버릴 형국이었던 것으로 알려졌다. 한평생 귀중히 여겨왔던 자신의 부가, 자신에게서 빠져나가는 모양을 지켜보게 되었을 때, 전 생애를 돈벌이에 분투해온 사람다운 교활함과 필사의 노력으로써, 마지막 순간까지 그 재앙의 날을 뒤로 늦춰왔다. 하지만, 주일 오후, 마침내 의심의 여지없이 자신이 완전히 파산했다는 소식을 받았다. 자기 것이라고 불렀던 바로 그 집, 자신이 앉았던 의자들, 마차, 자기가 먹는 음식을 담았던 그릇들은 일체 그가 순수한 노동의 정직한 일솜씨를 직접 제 몸으로 부려서 벌어들인 돈으로 산 것들이 아니었다.

그것들은 모두 인생의 진정한 가치관에 바탕을 두지 않은 속임수와 투기로 뒤범벅된 그 위에 올려진 것들이었다. 그는 누구보다도 그 사실을 잘 알고 있었지만, 그 같은 부류의 사람들이 으레 그렇듯이, 자기가 돈을 벌었던 그 방법 그대로 또한 손실을 막을 수 있으리라고 바랐었다. 그는 여타의 많은 사람들이 그랬던 것처럼 헛된 희망을 걸었던 것이다. 자기가 거의 거지나 다름없는 신세가 되었단 사실이 차츰 확실해지자, 그는 자살밖에 다른 탈출구를 찾을 수 없었다. 그것은 그가 살아왔던 그러한 삶에선 지극히 당연한 결말이었다. 그는 돈을 자신의 신으로 삼아왔다. 그 신이 자신의 작은 세계에서 모습을 감추자마자 그에겐 숭배할 대상이 더는 아무것도 없었다. 그리고 한 사람의 숭배 대상이 사라질 때 그는 삶의 의욕을 잃게 된다. 그리하여 백만장자였던 찰스 스털링 씨는 자살했다. 게다가, 진실로, 어리석은 사람처럼 죽었다. 왜냐하면 돈을 벌거나 잃는 문제는, 손실 또는 이득을 보는 투기 행위로는 결코 얻을 수 없는 저 영원한 삶의 무궁무진한 부에 비하면 아무것도 아니기 때문이다.

스털링 부인의 죽음은 충격 탓이었다. 그녀는 오랫동안 남편의 사업상 일을 캐묻지 않았지만, 남편이 재원을 마련하는 데 시달리고 있음을 알고 있었다. 몇 년째 그녀는 죽은 사람처럼 살아왔다. 롤프 가문의 사람들은 불가피한 불행을 맞아 다른 누구보다 잘 견뎌내는 듯한 인상을 매번 주곤 했다. 스털링 부인이 부축을 받아가며 남편의 시신이 뉘어 있는 방으로 들어섰을 때, 그녀는 그 오랜 가문의 전통을 예증해 보였다. 하지만 기력이 다한 육체는 그녀의 정신을 붙잡아들 수 없었고, 고통과 낙담의 숱한 나날을 보낸 끝에 찢길 대로 찢기고 지칠 대로 지친 그녀의 영혼을 그만 놔버렸던 것이다.

아버지와 어머니의 죽음, 그리고 파산이라는 이 삼중고의 영향은 곧바로 두 딸에게 뚜렷이 나타났다. 잇따른 사건들의 공포로 로즈는 망연자실하게 몇 주를 보냈다. 그녀는 동정이나 격려하는 어떤 노력에도 꼼짝달싹도 안 했다. 그녀는 자신의 실생활에서 아주 큰 비중을 차지했던 돈이 사라졌단 사실을 아직 깨닫지 못했다. 자기와 펠리시아가 이 집을 떠나야 하고 그래서 친척들과 친구들의 신세를 져야 한다는 말을 들었을 때조차도, 그 말이 무슨 뜻인지 이해하지 못하는 듯했다.

그러나, 펠리시아는 현실을 충분히 자각하고 있었다. 그녀는 무슨 일이 왜 일어났는지 사실 그대로 알고 있었다. 장례식을 치른 뒤 며칠 지나서 그녀는 사촌 언니인 레이첼과 함께 장래 계획을 상의했다. 윈슬로우 부인과 레이첼은 날벼락 같은 소식이 당도하자마자 그 즉시 레이먼드를 떠나 시카고로 왔으며, 다른 친척들과 더불어 로즈와 펠리시아의 앞날을 의논했다.

"펠리시아, 너와 로즈는 우리와 같이 레이먼드로 가야 해. 그렇게 하기로 정했어. 지금으로선 엄마가 다른 계획엔 귀담아 들으려고도 안 하셔."

하고 레이첼이 말했다. 그녀의 아름다운 얼굴이 사촌을 향한 사랑으로 빛나고 있었고, 그 사랑은 날마다 깊이를 더했으며, 게다가 그리스도 제자됨의 새 길을 함께한다는 사실을 공유함으로써 둘 다 그 사랑이 강렬해졌다.

"여기서 할 일을 찾지 못한다면 레이몬드로 갈게."

펠리시아가 말했다. 그녀는 생각에 잠긴 듯한 얼굴로 레이첼을 바라보았고, 레이첼은 상냥한 목소리로 이렇게 물었다.

"무슨 일을 할 수 있을 것 같은데?"

"아무것도 없어. 음악을 약간 배운 것밖엔 없어. 그런데 누굴 가르치거나 돈을 벌 수 있을 정도로는 아니야. 요리도 조금 배우긴 했지만.”

펠리시아가 살짝 미소 지으며 말했다.

"그러면 우리 집에서 요리하면 되겠네. 엄마는 부엌일엔 늘 애를 먹고 있거든.”

하고 레이첼이 말했다. 그녀는 이제부터 펠리시아가 먹고 자는 문제를 친척들한테 도움 받고 살아야 한다는 걸 잘 알고 있었다. 사실 로즈와 펠리시아는 아버지의 파산에도 약간의 유산을 물려받게 돼 있었지만, 투기꾼의 지독한 어리석음 탓에 아버지가 아내와 두 딸의 몫마저 싹다 말아먹었던 것이다.

"내가 할 수 있을까? 내가? 나와 로즈 언니의 생계를 위해서라면 어떤 일이든 영광스럽게 할 각오가 되어 있어. 불쌍한 로즈 언니! 언니는 이 고통스러운 충격에서 벗어날 수 없을 거야.”

펠리시아는 레이첼의 제안을 자못 심각하게 받아들인 듯이 대꾸했다.

“구체적인 얘기는 레이먼드에 가서 하자구나.”

레이첼은 스스로 일을 하겠다며 나서는 펠리시아의 열정 어린 자발성에 눈물을 보이며 말했다.

이렇게 해서 몇 주가 흘러 로즈와 펠리시아는 레이먼드 시에 있는 윈슬로우 가족의 식구가 되었다. 로즈에게는 쓰라린 경험이었지만, 자기 삶에서 일어난 엄청난 변화와 여러 가지 면에서 펠리시아와 사촌 레이첼의 짐이 된 자신의 처지를 곱씹으면서도, 그녀가 할 수 있는 일은 달리 없었기에 어쩔 수 없는 운명으로 받아들였다.

펠리시아는 곧바로 그리스도 제자됨의 새로운 분위기에 적응하여 뜻밖에 동료애를 느끼면서 마치 천국에 있는 듯한 기분이었다. 사실을 말하자면 윈슬로우 부인은 자기 딸 레이첼이 선택한 길을 탐탁지 않게 여겼지만, 그 서약 이래로 레이먼드 시에서 일어난 여러 가지 놀랄 만한 사건들이 너무나 감동적인 결과를 가져오자 윈슬로우 부인조차도 감명 받지 않을 수 없었다. 레이첼한테서, 펠리시아는 완벽한 동지애를 보았다. 그녀는 즉시 렉탱글에서 새로운 사역에 동참하게 되었다. 자신의 새로운 생활에 활기를 보이며 그녀는 이모 집에서 가사를 돕겠다고 고집을 부렸고, 얼마 안 지나 요리사로서 자신의 재능을 십분 발휘하여 버지니아가 렉탱글에서 조리 책임을 맡아달라고 넌지시 부탁할 정도였다.

펠리시아는 더할 수 없이 기쁜 마음으로 이 일을 시작했다. 평생 처음으로 다른 사람들의 행복을 위해서 가치 있는 일을 한다는 즐거움을 맛보았다. '예수님이라면 어떻게 하실까?' 하고 스스로 묻고 나서, 매사에 임하겠다는 그녀의 결심은 자신의 가장 깊은 천성을 일깨웠다. 그녀는 놀라울 만큼 성숙하고 강해졌다. 윈슬로우 부인조차도 펠리시아의 남다른 유능함과 아름다운 성품을 인정해야 했다. 이모는 백만장자의 딸이자, 가장 호사스러운 환경에서 자라난, 자기 조카딸이 이제 팔에, 또 가끔은 콧등에 밀가루를 묻힌 채 자신의 집 부엌을 돌아다니는 모습을 놀란 표정으로 바라보았다. 애초부터 펠리시아는 어떤 요리법을 기억하려고 애쓸 때면 자기도 모르게 코를 비비는 버릇이 있었기 때문이었다. 또 그녀는 그 결과에 대단한 관심을 보이며 여러 재료를 섞어서 다양한 요리를 만들었고, 윈슬로우 저택의 부엌과 렉탱글 복지관의 주방에서 팬과 주전자를 닦으며 가정부들이 보통 하는 일들을 했다. 맨 처음 윈슬로우 부인은 이렇게 충고했다.

"펠리시아, 이런 허드렛일을 하라고 네가 여기 나와 있어선 안 돼. 이 꼴을 차마 못 보겠구나."

"왜요, 이모? 오늘 아침 내가 만든 머핀이 맛없었어요?"

펠리시아는 순하게 물었지만, 속으론 웃었다. 자기가 만든 머핀에 이모가 사족을 못 쓴다는 사실을 알고 있었기 때문이다.

"무척 맛있었어, 펠리시아. 하지만 네가 우리를 위해 그런 일을 한다는 게 옳지 않은 듯싶구나."

"왜 내키지 않으세요? 그러면 내가 할 수 있는 일이 뭐죠?"

이모는 조카딸의 아름다운 얼굴과 마음 씀씀이를 헤아리며, 주의 깊게 펠리시아를 바라보았다.

"펠리시아, 이런 일을 언제까지 줄곧 할 생각은 아니겠지?"

"어쩌면 그렇게 할지도 몰라요. 시카고나 여느 대도시에서 근사한 식당을 차리고 싶은 꿈도 있고 또 렉탱글 같은 빈민가 지역의 불우한 가정을 찾아다니면서, 그 어머니들에게 올바른 조리법을 가르쳐드리고 싶어요. 내가 기억하기에 언젠가 브루스 목사님은 상대적 빈곤의 가장 나쁜 폐해 중에 하나는 형편없는 음식에 있다고 말씀하셨어요. 심지어 목사님은 어떤 범죄는 눅눅한 비스킷과 질긴 비프스테이크가 발단이 되어 일어날 수 있다고도 하신걸요. 난 로즈 언니와 나 자신의 생계를 꾸려가면서 동시에 다른 사람들도 도울 수 있으리라 확신해요."

25장

 브루스 목사가 그리스도 제자됨의 새로운 길에 대한 전언을 가지고 강대상에 선 지도 벌써 3개월이 흘렀다. 나사렛 애비뉴 교회는 그 3개월 동안 엄청난 흥분을 맞이했다. 캘빈 브루스 목사는 교인들의 성심이 얼마나 깊은 곳에서 흘러나오는지 전에는 결코 깨닫지 못했다. 그는 자신의 그 호소가, 그동안 판에 박힌 형식의 교회 생활과 교우 관계가 미처 제공하지 못했던 뭔가를 살면서 몹시 갈망해온, 예를 들어 펠리시아 같은, 남녀 성도들에게서 뜻밖의 호응을 얻었다고 겸손하게 고백했다.
 그러나 브루스 목사는 아직도 스스로 만족하지 못했다. 그를 아는 사람들이라면 다들 매우 놀라겠지만, 그는 자신의 기분이 어떻다거나 과연 무엇이 자기를 마침내 그 서약 운동으로 이끌었는지 설명할 수 없었다. 나사렛 애비뉴 교회에서 행한 이 서약 운동의 경과를 이해하는 데는 오히려 브루스 목사와 주교 간의 이번 대화를 말하는 게 훨씬 도움이 되리라. 두 친구는 먼젓번처럼 브루스 목사 집 서재에 앉아 있었다.

나사렛 애비뉴 교인들이 행한 서약 운동의 결과에 관해 한참 동안 서로 이야기를 나누고 나서 주교는 이렇게 물었다.

"오늘 저녁 내가 왜 왔는지 알고 있나?"

브루스 목사는 주교를 쳐다보았고 고개를 가로저었다.

"실은 고백하러 여기 온 거야. 예수님의 발자취를 따르겠다는 내 서약에 지금껏 충실하지 못했네. 그분의 발자취를 따른다는 일이 과연 뭘 뜻하는지 내 나름대로 생각한 바에 합당하게 말일세. 내가 마땅히 그래야 한다고 믿는 그 방식대로 따르지 못했어."

브루스 목사는 자리에서 일어나 서재를 서성거렸다. 주교는 두 손을 맞잡은 채 안락의자에 깊숙이 몸을 묻고 있었지만, 그의 눈은 어떤 중대한 결심을 하기에 앞서 별안간 광채로 빛났다.

"에드워드," 브루스 목사가 불쑥 말했다. "나도 내 자신의 모습에 만족할 수 없어, 역시, 내가 한 서약을 지키는 데 있어서 말야. 그렇지만 드디어 내 갈 길을 결정했네. 그것을 따르기 위해 나사렛 애비뉴 교회를 그만둬야겠어."

"그럴 줄 알았어." 주교는 차분하게 대답했다. "그리고 나 또한 주교를 사임해야겠다고 이 말을 하러 이 저녁에 온 걸세."

브루스 목사가 몸을 돌려 친구 쪽으로 걸어갔다. 두 사람은 모두 흥분을 가라앉히려고 애썼다.

"자네가 꼭 그렇게까지 할 필요가 있나?"

하고 브루스 목사가 물었다.

"그렇다네. 그 이유를 말해줌세. 아마도 자네와 비슷할 거야. 사실상,

똑같은 이유일 거라고 확신하지만."

　주교는 잠시 말을 멈췄고, 그러고 나서 차츰 격해지는 감정으로 말을 이어갔다.

　"캘빈, 자네는 내가 이 직책을 얼마나 오랫동안 맡아왔는지 알 테고, 또 이 일의 책임과 애로 사항이 어떤 것인지도 잘 알걸세. 그동안 내가 무거운 짐을 지지도 않고 슬픔도 모르는 채 살아왔다고 말하려는 건 아니야. 하지만 확실히 이 죄 많은 도시의 가난하고 자포자기한 사람들은, 그야, 내가 아주 편하게, 몹시 호사스러운 생활을 한다고 말하겠지. 아름다운 집에서 살고, 최고로 비싼 음식에 옷, 거기에 육체적 쾌락을 즐기며 살아왔어. 지금까지 해외여행은 최소한 열두 번은 다녀왔고, 오랜 세월 미술과 문학과 음악 그 밖의 여러 분야에 있는 최고의 사람들과 멋진 교제를 즐기며 살아왔네. 나는 돈 없이 산다거나 그 비슷한 처지에 놓인다는 게 뭘 뜻하는지 전혀 모르며 지내왔지. 그런데 요즈음 들어 다음과 같은 질문에 어떤 식으로든 답하지 않을 수 없었어. '내가 그리스도를 위해 어떤 고난을 감수한 적이 있었던가?' 하고 말이야. 바울도 주님을 위하여 자기가 어떤 큰 고난들을 받아들일 수 있느냐란 말을 들었어. 레이먼드 시의 맥스웰 목사가 예수님의 발자취를 따르는 일은 고난을 의미한다고 역설했을 때 그의 주장을 잘 이해한다네. 그런데 내가 감수해야 할 고난은 무엇이란 말인가? 내가 성직자랍시고 살아오면서 겪었던 사소한 시련과 성가신 일들은 고통이나 고난으로 언급될 가치도 없어. 바울이나 기독교 순교자들 또는 초대교회의 제자들과 비교해볼 때 난 호사스럽고, 죄 많은 생활을, 안락과 쾌락으로 가득한 삶을 살아왔어. 더는 이런 삶을 견뎌내지 못하겠네. 최근에 내 속에선 어디 이러한 삶이 예수님을 따르는 모습이냐고 주체할 수 없을 만큼 죄책감이 들곤 했어. 그동안 나는 그분의 발자취를 따르지 않고 살아왔던 거야. 이 도시의 가장 끔찍한 곳에서 사는 비참한 사람들의 육적이고도 영적인 실제 요구에 나 스스로 내 삶을 최대한 헌신하는 일 말고는 현재의 교회 제도와 사회 체제 아래선 이 죄책감에서 못 벗어날 것 같으이."

이제는 주교가 일어서서 창가로 걸어갔다. 집 앞의 거리는 대낮처럼 환했으며, 그는 지나가는 행인들을 물끄러미 쳐다보고 나서, 자신의 마음속에 화산과 같은 불이 얼마나 뜨겁게 타오르고 있는지 보여주듯 열렬한 말들을 쏟아냈다.

"캘빈, 우리는 정말 끔찍한 도시에서 살고 있어! 이곳의 고통, 죄악, 그리고 이기주의를 보면 내 가슴이 섬뜩할 정도야. 또 나는 신물 나는 그 공포와 수년간 싸워왔었네. 말하자면 내 공직의 자리가 주는 기분 좋은 호사를 내가 어쩔 수 없이 떠나게 되어 내 생활이 금세기의 현대 무신론주의와 접해야 할 때의 그 공포 말이야. 몇몇 대기업체에서 보이는 여성 노동자들의 열악한 노동조건, 이 도시의 어떠한 불행에도 나 몰라라 하는 거만한 상류층과 부유층의 잔인한 이기주의, 술집과 도박장의 무서운 저주, 실직자들의 비탄에 잠긴 소리, 교회를 향한 셀 수 없이 많은 사람들— 저들은 교회를 단지 값비싼 석재와 가구로써 외관을 꾸미고 안을 채운 커다란 건축물로 보며 목사란 작자를 호사나 즐기는 게으름뱅이로 보고 있어— 의 증오, 거짓 관념과 참된 관념이 뒤섞인 사람이 수없이 모여서 만들어내는 그 모든 엄청난 소동들, 교회에서 악을 과장하는 일과 여러 많은 원인이 합쳐져서 생긴 교회의 고충과 치욕, 이것들은 모두 내가 살아왔던 무사안일한 생활과는 달라도 너무 다른 사실이어서, 공포와 자책이 뒤섞인 감정으로 더욱더 내 마음을 채웠다네. 요즘에 내가 자주 귀담아 듣는 예수님의 말씀이 있는데, '이 지극히 작은 자 하나에게 하지 아니한 것이 곧 내게 하지 아니한 것이리라'란 이 말씀이야. 그러고 보니 어떤 방식으로든 실제로 고난을 자처하면서 내가 죄수나 절망한 사람이나 죄 많은 사람을 개인적으로 찾아갔던 적이 언제 있었겠는가? 오히려, 난 내 직책에 따르는 상투적이고 안이한 타성을 추구해왔고 내 성도들 중에서 부자이며, 품위 있고, 고상한 사람들로 이뤄진 동아리 안에서 살아왔었지. 이런 삶 어디에 고통이 있었겠는가? 예수님을 위해 무슨 고통을 겪었겠는가? 내 말을 이해하겠어, 캘빈."

주교는 갑자기 브루스 목사를 향해 몸을 돌리며 말을 이어갔다.

"요사이 난 채찍으로 나 자신을 때리고 싶은 마음이 들곤 했다네. 만약 내가 마틴 루터 시대에 살았다면 등가죽이 벗겨질 만큼 스스로 매질을 가했을 거야."

브루스 목사는 얼굴이 아주 창백해졌다. 결코 한 번도 주교가 이토록 열정에 사로잡혀 있는 모습을 보인 적도 없었고 이토록 열을 올리며 말을 한 적도 없었다. 갑자기 방 안에 정적이 흘렀다. 주교는 다시 의자에 앉더니 고개를 숙였다.

이윽고 브루스 목사가 말을 꺼냈다.

"에드워드, 자네의 말은 바로 내 심정을 이야기한 거나 다름없으이. 나도 몇 년 동안 그 비슷한 생활을 해왔었지. 내 생활도 제법 호사스러웠어. 물론, 교회 목사로 지내면서 아무런 시련과 낙담과 괴로움도 겪지 않았다고 말하려는 것은 아니야. 그렇지만 예수님을 위해 고난을 겪은 적이 있었다고는 말할 수 없어. '그리스도도 너희를 위하여 고난을 받으사 너희에게 본을 끼쳐 그 자취를 따라오게 하셨느리라.' 이 베드로서의 성경 말씀이 항상 나를 따라다니며 괴롭혔었네. 난 호사스럽게 살아왔어. 부족함이 뭘 뜻하는지 알지도 못했지. 또한 여행을 위한 여가도 즐기고 좋은 사람들과 교제도 나눴어. 나는 안일하고, 안락한 문명의 위안거리에 둘러싸여 있었네. 이 대도시의 죄악과 참상이 우리 교회와 내가 사는 이 집의 석벽에 파도처럼 들이치곤 했지만, 난 거의 눈썹 하나도 까딱하지 않았어, 그 벽이 너무나 두꺼웠기 때문이지. 그런데 이젠 이 상황을 더는 못 견딜 지경에까지 이르렀단 말일세. 지금 내가 교회를 비난하려는 게 아니야. 난 교회를 사랑해. 그러니까 교회를 저버리겠단 말이 아니란 말일세. 난 교회의 사명을 믿으며 교회가 무너지는 걸 전혀 바라지 않아. 무엇보다도, 내가 이제 막 취하려고 하는 조치에서 크리스천의 동료 의식도 팽개쳤다고 비난받고 싶지는 않으이. 그러나 마땅히 그분의 자취를 따라가야 하는 대로 내가 따르고 있다고 스스로 만족하기 위해서라도 나사렛 애비뉴 교회의 담임 목사직을 사임해야 한다고 느꼈네. 이러한 행동으로써 다른 목사의 잘잘못을 따지며 여타 사람들의 제자됨을 책망하려는 건 추호도 아니야. 그렇지만 자네가 느끼듯이 나도 그렇다고 느껴. 이 대도시의 죄악과 치욕 그리고 타락을 내가 몸소 그 가까이에서 접해봐야겠어. 그러려면 나사렛 애비뉴 교회와 직접적인 관계는 끊을 필요가 있다고 보네. 그 방법 말고는 내가 예수님을 위해 스스로 고난을 어떻게 자처해야 할지 모르겠어."

또다시 갑작스러운 침묵이 두 사람 사이에 감돌았다. 그들이 결심한 바는 결코 평범한 행동이 아니었다. 두 사람 모두 같은 생각의 과정을 거쳐 동일한 결론에 이르렀고, 둘 다 매우 신중했으며, 한 행동의 결과를 심사숙고하는 일에 무척 익숙했기 때문에, 자신들이 내린 결정의 그 중대성을 과소평가할 수 없었다.

"자네 계획은 무엇인가?"

하고 마침내 주교는 부드럽게 말하며, 매번 자기 얼굴을 더욱 돋보이게 만드는 미소를 지어 보였다. 이날 이후로 주교는 날마다 득의만면한 얼굴이었다.

"내 계획은," 브루스 목사가 천천히 대답했다. "간단히 말하자면, 이 도시에서 내가 찾을 수 있는 가장 궁핍한 곳 그 한복판에 들어가 거기서 사는 걸세. 아내도 나와 뜻을 완전히 같이하기로 했어. 우리의 사사로운 삶이 가장 중요하게 쓰일 수 있는 이 도시의 그런 지역을 찾아 살 곳을 마련하기로 우린 벌써 결정했다네."

"내가 마땅한 거처를 알아봐주겠네."

이젠 주교가 몹시 흥분해 있었다. 그의 반듯한 얼굴은 자신과 제 친구가 틀림없이 시작할 그 행동에 대한 열정으로 한껏 달아올랐다. 주교가 광범위한 영향력과 가능성을 지닌 계획을 잇달아 털어놓자,

능력과 경험에서 그에게 뒤지지 않는다고 여겼던 브루스 목사는 자기보다 더욱 위대한 영혼의 그 선견지명에 놀라지 않을 수 없었다.

그들은 밤늦도록 앉아 있었고, 마치 전인미답의 어느 처녀지를 함께 탐험할 계획을 세우는 것처럼 들떠 있었고 심지어 기뻐했다. 정말이지, 나중에 주교는 자기가 선택해서 스스로 희생의 삶을 살기로 마음먹은 그 순간에 마치 자신을 짓누르던 아주 무거운 짐을 누가 번쩍 들어 올려 가져간 듯 별안간 홀가분함을 느꼈다는 말을 여러 번 하곤 했다. 주교는 몹시 기뻐했다. 또한 브루스 목사도 똑같은 이유로써 기뻐했다.

드디어 정말로 실행할 수 있는 일로 구체화된 그들의 계획은, 전에 양조장 창고로 썼던 큰 건물을 임대해서, 그 건물을 개조하여 거기서 몸소 살겠다는 것에 지나지 않았다. 술집이 판을 치며, 불결하기 그지없는 셋집들이 즐비하고, 악덕과 무지와 수치와 가난이 끔찍한 모습으로 가득 차 있는 지역의 바로 그 중심부에서 말이다. 그것은 새로운 발상도 아니었다. 그것은 예수 그리스도께서 맨 처음 떠올리신 생각이었다. 그분께서 당신의 것이었던 부요함을 버리신 채, 죄의 몸을 입으심으로써 인류를 죄로부터 구원하시기 위해 우리에게 더욱 가까이 오시고자 당신의 아버지 집을 떠나셨을 때 품으신 생각이었다. 인보 사업은 현대에 생긴 것이 아니다. 그 기원은 베들레헴이나 나사렛만큼 오래됐다. 그리고 이런 특별한 경우— 주교와 브루스 목사에게서 보듯—에선 그리스도를 위해 고난을 자청한 이 두 사람의 열망을 충족시켜 줄, 이에 가장 근접한 사업이었다.

동시에 그들 두 사람의 마음속에서 솟아올랐던 갈망은 이제, 자신들을 둘러싸고 소음을 내며 돌아가는 이 거대한 도시의 그 심각한 물질적인 빈곤과 영적인 궁핍에 더욱 가까이 다가가고자 하는 열정으로 바뀌었다. 한 사람이 다른 사람의 고통을 함께하는 것과 거의 마찬가지로 그들이 저 일부가 되는 것 말고 어떻게 이 열정을 실현할 수 있겠는가? 실제로 그 같은 종류의 자기 부정 없이 어디에서 고난을 맞이하겠는가? 게다가 이 도시의 가장 깊은 고통과 죄악을 함께 나누려고 애쓰는, 이처럼 구체적이고, 실제적이며, 직접적인 방법을 취하지 않는다면, 그들 자신이나 아니 다른 어떤 사람에게도 과연 그 같은 자기 부정이 뚜렷이 일어나겠는가?

그래서 그들은 타인들의 잘잘못을 따지지 않고, 자기 자신을 돌아봤다. 두 사람은 예수님이라면 하심직한 행동 그대로 따르겠다는 자신들의 서약을, 그분께선 그러시리라는 제 나름의 정직한 판단에 따라 지켜가고 있을 따름이었다. 바로 그것이 두 사람이 약속했던 바였다. 만약 자기들이 그렇게 하기로 마음먹은 일을 마땅히 해야만 한다면 어떻게 그 결과를 두고 그들이 서로 다툴 수 있겠는가?

26장

그 사이에, 나사렛 애비뉴 교회는 이 교회가 생긴 이래로 일찍이 없었던 일을 겪고 있었다. 브루스 목사가 자신의 성도들에게 예수님이라면 하실 법한 일을 행하자고 했던 그 단순한 호소는 큰 반향을 일으켰고 그 여파가 줄곧 이어지고 있었다. 저 호소가 가져온 결과는 레이먼드 시 제일교회의 경우와 대단히 비슷했는데, 다만 다른 점이 있다면 여기 교인들이 훨씬 귀족적이며, 부유하고, 인습적인 사람들이란 사실뿐이었다. 그럼에도, 초여름 어느 주일 아침에 브루스 목사가 강대상에 서서 자신의 사직을 발표했을 때는, 온 도시에 심상찮은 화제를 불러일으켰다. 비록 당회와 협의를 했고, 목사가 작정한 계획이 그 위원들에겐 그리 놀라운 일도 아니었다고 해도. 그러나 주교도 또한 그토록 오랫동안 맡아왔던 자신의 직책에서 사임하고 은퇴한다는 사실이, 그것도 시카고에서 가장 형편없는 지역 한가운데로 들어가 살려고 한다는 이유로써 공식적으로 발표되자, 사람들의 놀라움은 절정에 달했다.

"왜냐 말이지? 브루스 목사와 내가 하려고 하는 일이 왜 그리 대단한 일로 보여야 할까? 마치 신학박사와 주교가 각자의 방식대로 길 잃은 영혼들을 구제하고 싶어한다는 사실을 한 번도 들어보지 못했다는 듯이 말이야. 만약 우리가 봄베이나 홍콩 아니면 아프리카의 어느 지역으로 가기 위해 우리 직책을 사임한다면, 교회와 교인들은 영웅적인 선교 행위라며 탄성을 질렀을 거야. 우리가 하고자 하는 방식대로 우리 도시의 불신앙자들과 타락자들을 구제하는 일에 일조하기 위해서 결국 우리의 인생을 바치겠다는 게 왜 그토록 대단한 일로 보여야 하지? 그러면 기독교 목회자 둘이 세상의 참상을 알아보고 실감해보려는 목적으로 그 가까이에서 기꺼이 또한 열심히 살고자 하는 일이 그렇게 엄청난 사건이란 말인가? 영혼을 구하는 일에서 인간애가 이렇듯 제 나름의 표현 형식을 찾는 게 그토록 희한한 일인가?"

소중한 친구 한 명이 눈물을 글썽거리며 자신을 애써 만류했을 때 주교는 이렇게 대답했다.

또 주교는 자신의 그 하려는 일을 그리 대단찮게 스스로 여겼을지 몰라도, 사람들은 줄곧 화제로 입에 올렸고 교회들은, 성직 사회에서 아주 저명한 두 인사가 자신들의 안락한 가정을 떠나, 괜찮은 사회적 지위를 자진해서 포기한 채 역경과 자기 부정, 그리고 실질적인 고난의 삶을 시작하려 한다는 사실에 잇달아 놀라움을 공표했다. 기독교국인 이 나라여! 예수님의 발자취를 따르고자 하는 사람들이 그분을 위해 실제로 고난을 감수하겠다고 표명하는 일이 몹시 해괴한 걸 본 양 매번 경악을 불러일으킨다는 사실은 우리의 기독교도 정신에 치욕이 아닌가?

나사렛 애비뉴 교회의 교인들은 대부분 서운해하며 담임목사를 떠나보냈지만, 그 서약을 거부했던 교인들 일부는 서운함보다는 안도하는 눈치였다. 브루스 목사는 많은 사람들에게서 존경을 받아왔는데, 그들 중에는 서약을 준수함으로써 자신들을 파산시킬지도 모를 그러한 정도로 사업을 혼란에 빠뜨린 사람들도 있었지만, 그들의 더욱 깊고, 선한 본심에서는 여전히 브루스 목사의 용기와 언행일치에 대한 존경을 품고 있었다. 오랜 세월 동안 그들은 브루스 목사를 친절하고, 보수적이며, 믿음직한 사람으로 알고 지냈지만, 이런 종류의 희생을 치른다는 관점에서 그를 다시 돌아본다는 건 어색한 일이었다. 이윽고 그 사실을 받아들이게 되자, 그들은 브루스 목사가 예수님을 추종한다는 것이 과연 무슨 의미인지 최근에 품게 된 자신의 확신에 충실한 모습을 보며 그에게 절대적인 신뢰를 보냈다. 나사렛 애비뉴 교회의 교인들은 브루스 목사에게서 촉발된 저 서약 운동의 충격을 결코 잊지 못했다. 그와 더불어 서약에 동참한 성도들은 교회에다 실로 성스러운 삶의 활기를 불어넣었으며, 지금도 그 생기를 더해주는 일을 줄곧 이어가고 있었다.

또다시 가을이 왔고, 도시는 겨울맞이 채비에 들어갔다. 어느 날 오후, 주교는 인보관을 나와 이 지역에서 새로 사귄 친구를 만나려고, 길모퉁이를 돌아가고 있었다. 네 블록쯤 걸었을 때 여느 상점들과는 달라 보이는 한 가게가 그의 관심을 끌었다. 이 지역은 주교에겐 여전히 꽤 낯설었고, 날마다 그는 생소한 장소를 발견하거나 예기치 못한 사람과 맞닥뜨렸다.

그의 주의를 잡아끈 곳은 중국인 세탁소 옆에 붙어 있는 작은 가게였다. 그 정면에 창문이 두 개 나 있었는데, 너무나 깨끗해서, 그 점이 가장 먼저 놀라웠다. 그 다음으로, 창문 안쪽엔 가격표가 달린 채 다양한 요리들이 먹음직스럽게 진열되어 있었다. 이것들을 보고 주교는 약간 놀랐는데, 그럴 만도 한 것이 예전에는 알지 못했던 이곳 사람들의 생활 실상에 이제는 여러 모로 익숙해져 있었기 때문이다. 그가 창문을 들여다보고 있을 때, 문이 열리더니 펠리시아 스털링이 나왔다.

"펠리시아!" 주교가 외쳤다. "나도 모르게 언제 내 교구로 온 거니?"

"어떻게 금세 저를 찾아내셨죠?"

펠리시아가 되물었다.

"저런, 것도 모르겠어? 이 구역에서 창문이 깨끗한 가게는 여기뿐이거든."

"저도 그렇게 생각해요."

하고 말하며 펠리시아는 듣기 좋은 목소리로 웃었다.

"그런데 내게 일언반구도 없이 어쩌자고 시카고로 돌아와선, 나도 모르게 내 교구에 어떻게 들어왔어?"

이렇게 주교가 물었다. 펠리시아는 그가 한때 알고 지냈던 아름답고, 청순하며, 교양을 갖춘, 세련된 속인과 무척 닮아 보여서, 그러한 그녀의 모습 속에서 그는 자신의 좋았던 그 옛 시절의 추억을 찾아볼 수 있었다. 비록 그렇긴 하지만, 그의 진심을 말하자면, 그 시절로 돌아가고 싶은 소망이 그에겐 전혀 없었다.

"그러니까, 주교님," 펠리시아가 말했다. "전 주교님이 얼마나 일에 파묻혀 계신지 알아요. 그래서 제 일로 주교님께 부담 드리고 싶지 않았어요. 그리고 게다가, 주교님을 도와드릴 일이 없을까 생각까지 한걸요. 정말로, 주교님을 찾아뵙고 조언을 구하러 막 길을 나서던 참이었어요. 저는 여기서 당분간 베스컴 부인과 함께 지낼 거예요. 판매원으로 일하시는 그 부인한테서 방 세 개를 빌렸고, 또 레이첼 언니의 제자도 한 명 같이 있어요. 버지니아 페이지 양이 바이올린 공부 과정을 후원하고 있는 학생이거든요. 그녀는 영세민 출신이에요."

그녀가 '영세민 출신'이란 말을 너무나 진지하면서도 무심코 사용해서 주교는 미소를 지었고, 펠리시아는 말을 이어갔다.

"저는 그녀를 위해 살림을 꾸려나가는 동시에 서민을 위한 정결한 음식을 개발하려고 해요. 저는 요리라면 자신 있고 제 나름 계획도 있으니까 주교님께서 저를 칭찬해주시고 이끌어주셨음 싶어요. 그렇게 해주시겠죠, 주교님?"

"그래 주고말고."

하고 주교는 대답했다. 펠리시아의 당돌한 모습과 남다른 활기, 열정과 뚜렷한 목적의식에 거의 당황스럽기까지 했다.

"마사는 인보관에서 바이올린으로 봉사할 수 있고 저는 제 요리 솜씨로 도울 일이 있을 거예요. 실은, 먼저 이곳에 자리를 잡고 얼마큼 결실을 본 다음, 그러고 나서 뭔가 실질적인 도움이 될 만한 것을 가지고 찾아뵈려고 했거든요. 이제 저는 스스로 생계를 꾸려갈 수 있어요."

"네가?" 주교는 약간 미심쩍다는 듯이 말했다. "어떻게? 저런 것들을 만들면서?"

"저런 것들이라니요!" 펠리시아가 토라져서 쏘아붙였다. "주교님, '저런 것들'이라 불리는 음식이 이 시를 통틀어 가장 맛있게 요리되고, 가장 정결한 먹을거리란 사실을 아셔야 해요."

"그 점은 의심하지 않지만," 주교가 두 눈을 반짝이며 급히 대답했다. "그러니까, '백문이 불여일견'이란 말은 괜히 있겠어."

"들어와서 한 번 들어보시죠!" 펠리시아가 큰소리쳤다. "가엾은 우리 주교님! 한 달 동안 제대로 된 식사 한 번 못해보신 얼굴이네요."

그녀는 주교를 재촉하며 가게 안의 작은 방으로 모셔갔다. 거기에는 단발에, 곱슬머리를 한 마사가 정신을 바짝 차리며 연주하는 음악의 곡조에 실수가 없도록, 바이올린 연습이 한창이었다.

"계속해, 마사! 이분은 주교님이셔. 내가 자주 말했었지. 여기 앉아 계시면 맛있는 이집트식 고기요리를 가져다 드릴게요. 주교님은 정말로 굶어왔던 사람 같아요."

그래서 그들은 펠리시아의 즉석요리로 점심을 먹었는데, 거짓말을 하나도 안 보태고 말해서, 몇 주 동안 식사를 제대로 할 겨를도 없이 바빴던 주교는 전혀 뜻밖의 별미를 맛보는 즐거움을 누렸으며 그 요리 솜씨에 놀라움과 만족감을 드러낼 수 있었다.

"저는 적어도 주교님이 공회당 큰 연회에서 드셨던 요리들만큼 훌륭했다고 말씀하실 줄 알았었어요."

하고 펠리시아가 장난스럽게 말했다.

"네 말이 맞구나! 이것과 비교하면 대강당의 연회 음식은 허섭스레기일 뿐이야, 펠리시아. 우리 인보관으로 네가 꼭 와줘야겠어. 우리가 하는 일을 네게 보여주고 싶구나. 네가 여기서 이렇게 생계를 꾸려가는 모습을 보다니 그저 놀라울 따름이야. 네 계획이 뭔지 이제 이해할 듯싶어. 틀림없이 넌 우리한테 도움이 될 거야. 그런데 정말로 이곳 사람들이 맛있는 음식의 진가를 알도록 거들며 여기서 살아가겠다는 건 아니지?"

"정말 그렇게 할 거라구요." 펠리시아는 심각하게 대꾸했다. "이것이 저의 복음인걸요. 그래도 따르지 말아야 해요?"

"오냐, 오냐! 네 말이 맞다. 네 마음을 하나님께서 축복해주시길! 내가 사임했었을 때," 이 말을 하면서 주교는 싱겁게 웃었다. "사람들은 내가 '새 여자'에 빠진 게 아닌가 하고 이러쿵저러쿵 말들이 많았단다. 네가 그 여자라면, 여기서 당장 개종하라면 하겠구나."

"아부가 너무 심한 거 아녜요! 하지만 주교님이 헤어나오지 못하는 곳이 있다면, 시카고의 빈민굴일 테지요."

이렇게 말하며 펠리시아는 또다시 웃었다. 그리고 지난 몇 개월 동안 도처에 널린 죄악을 감내하느라 무겁기만 했던 주교의 마음은, 그 웃음소리에 즐거워졌다! 듣기 좋은 웃음소리였다. 기분이 참 좋았다. 마치 하나님의 웃음소릴 듣는 것 같았다.

펠리시아가 인보관을 가보고 싶어해서, 주교와 함께 그리로 돌아갔다. 이윽고 인보관을 보게 되자 펠리시아는 적잖은 돈과 상당한 머리를 써서 이룩한 그 결과에 깜짝 놀랐다. 두 사람은 인보관 여기저기를 거닐며 끊임없이 이야기를 나누었다. 그녀는 생기 넘치는 열정의 화신이었고, 주교는 마냥 들뜨고 신 나 있는 그녀의 모습을 보고 놀라워했다.

그들은 지하실로 내려갔고 주교가 출입문을 열자 안에서 대패질 소리가 들려왔다. 방은 작았지만 목공소처럼 공구들이 잘 갖춰져 있었다. 머리에 종이 모자를 쓰고 셔츠에 멜빵바지를 입은 한 청년이 휘파람을 불며 대패질을 하고 있었다. 그는 두 사람이 들어오자 쳐다보며, 모자를 벗었다. 그렇게 하다가, 그의 새끼손가락에 붙은 꼬불꼬불한 대팻밥 하나가 머리에 달라붙었다.

"이쪽은 펠리시아 스털링, 그리고 여긴 스티븐 클라이드." 주교가 말했다. "클라이드는 일주일에 두 번씩 오후에 여기 와서 우릴 돕고 있어."

바로 그때 위층에서 누군가 주교를 불렀고 주교는 잠시 실례한다며, 펠리시아와 젊은 목수를 남겨둔 채 자리를 떴다.

"전에 우리 만난 적 있죠?"

펠리시아가 스티븐을 바라보며 숨김없이 말했다.

"네, '저 속세'에서, 주교님의 말을 빌리면요."

이렇게 청년은 대답했고, 대패질하던 널빤지에 올려놓은 그의 손이 조금 떨리고 있었다.

"맞아요." 펠리시아가 우물쭈물 말했다. "다시 만나서 정말 반가워요."

"그렇죠?" 기쁨의 빛이 이 젊은 목수의 이마에 감돌았다. "마음고생이 많았겠지요, 그때 아니 그때 이후로……."

이렇게 말하고 나서 그는, 자기가 그녀의 상처를 건드렸을까 봐, 그렇잖으면 고통스러운 기억을 되살렸을까 봐 걱정이 앞섰다. 하지만 펠리시아는 그 모든 일을 벌써 극복하고 있었다.

"그래요, 그리고 그쪽도 마찬가지였겠죠. 어떻게 여기서 일하게 됐나요?"

"이야기하자면 길어요, 스털링. 아버지가 파산해서 내가 일할 수밖에 없는 처지가 됐어요. 나한텐 오히려 잘된 일이죠. 주교님은 매사에 깊이 감사하라고 말씀하시지요. 그러려고 해요. 지금은 아주 행복하답니다. 언젠가 유용할 듯싶어서, 무역일도 배워뒀고, 지금은 호텔에서 야간조 직원으로 일하고 있죠. 나사렛 애비뉴 교회에서 당신이 서약을 했던 그 주일 오전에, 나도 다른 교인들과 더불어 서약했거든요."

"그랬나요?" 펠리시아가 천천히 말했다. "반가운 말이네요."

그때 주교가 돌아왔고, 곧바로 주교와 펠리시아는 젊은 목수를 남겨둔 채 작업실에서 나왔다. 이 두 사람 가운데 어느 한 명은 스티븐이 대패질을 하면서 여느 때와 달리 더 크게 휘파람을 불고 있다는 사실을 알아차렸다.

"펠리시아," 주교가 말했다. "스티븐 클라이드와 전부터 아는 사이였어?"

"네, '속세'에 있을 때요, 주교님. 나사렛 애비뉴 교회에 같이 다녔어요."

"아!" 주교가 감탄사를 뱉었다.

"우린 정말 좋은 친구 사이였어요."

하고 펠리시아가 덧붙였다.

"그 이상은 아니었고?"

주교가 불쑥 물었다.

펠리시아의 얼굴이 순간 빨갛게 달아올랐다. 그녀는 주교의 눈을 솔직하게 바라보며 이렇게 대꾸했다.

"진짜 정말로, 그 이상은 아니에요."

'이 둘이 서로 좋아하게 된다 해도 자연스러운 일이야, 하지만…….'

하고 주교는 마음속으로 생각했다. 그리고 이런 생각이 드니까 왠지 심란해졌다. 그 느낌은 고인이 된 카밀라에 대한 옛 고통과 거의 비슷했다. 그러나 고통은 지나갔고, 펠리시아가 돌아가고 나서, 잠시 뒤 혼자 있게 되자 주교는, 두 눈에 눈물이 고인 채, 펠리시아와 스티븐이 서로 좋아하게 되길 그저 바라는 심정이었다.

"아무튼," 그는 현명하고, 착한 사람답게 혼잣말을 했다. "연애란 것도 인간사에 속한 일 아닌가? 사랑은 나보다 훨씬 더 나이 많고, 게다가 더욱 지혜롭거든."

이다음 주에, 주교는 인보관 역사에서 빼놓을 수 없는 경험을 하게 되었다. 그는 파업 중인 재단공들의 어떤 집회에 참가했다가 아주 밤늦게 인보관으로 돌아오는 길이었는데, 두 손으로 뒷짐을 쥔 채 걷고 있었다. 그때 길에서 떨어져 있는 폐쇄된 공장의 낡은 울타리 뒤쪽으로부터 남자 두 명이 튀어나와서, 주교를 막아섰다. 한 남자는 주교의 얼굴에 권총을 들이댔고, 다른 한 명은 틀림없이 울타리에서 뜯어왔을 뾰죽빼죽한 막대기로 주교를 위협했다.

"두 손 들어, 어서 빨리!"

하고 권총을 든 남자가 소리쳤다.

27장

의가 주의 앞에 앞서 행하며 주의 종적으로 길을 삼으리로다

주교는 으레 돈을 많이 가지고 다니지 않아, 막대기를 든 남자가 주교의 주머니를 뒤져서 동전 몇 개만 나오자 욕을 퍼부었다. 그가 욕설을 멈추지 않자, 권총을 든 남자가 가차 없이 이렇게 말했다.

"시계라도 빼! 빼앗을 수 있는 건 다 가져가자구!"

막대기를 든 남자가 막 시곗줄을 잡아채려고 할 때 이쪽으로 다가오는 사람 발자국 소리가 들려왔다.

"울타리 뒤로 숨어! 아직 반도 뒤지지 못했는데! 입 닥치고 가만히 있어, 안 그랬다간 알지……."

권총을 든 남자가 총을 쏘는 시늉을 했고, 그의 짝패가 주교를 골목길로 끌고 가서, 부서진 울타리 틈에 밀어넣었다. 세 사람은 발자국 소리가 잦아들 때까지 어둠 속에 서 있었다.

"자, 그런데, 시계는 챙겼어?"

권총을 든 남자가 물었다.

"아니, 시곗줄이 손목에 걸려서 말야!"

다른 한 명이 또다시 욕설을 내뱉었다.

"그럼 끊어버려!"

"안 돼! 끊지 말아요. 이 시곗줄은 나의 제일 친한 친구가 준 선물이오. 제발 부탁하니 끊지 말아줘요."

하고 주교가 말했다. 잡히고 나서 처음으로 한 말이었다.

주교의 목소리를 듣더니 권총을 든 남자가 마치 총 맞은 것처럼 갑자기 깜짝 놀라는 것이었다. 재빨리 그는 권총을 들지 않은 손으로 주교의 얼굴을 저쪽 골목에서 비추는 희미한 불빛을 향해 돌리고는, 동시에 더욱 바짝 다가갔다. 그러고 나서, 그의 짝패가 놀랄 만큼, 거칠게 말했다.

"시계는 그냥 놔둬! 돈을 뺐었잖아. 그거면 돼!"

"됐다고! 고작 50센트야! 너는 셈도 못하냐?"

막대기를 든 남자가 다시 무슨 말을 꺼내기 전에 주교의 머리를 겨누고 있던 총구가 그 남자에게로 돌려졌다.

"시계는 됐어! 그리고 돈도 도로 집어넣어 둬. 우리한테 잡혀 있는 이 분은 주교, 주교라구, 알아먹겠어?"

"그게 뭐라구! 대통령도 잡히면 별거야, 만약……."

"말했잖아, 돈을 돌려주라고, 그렇잖으면 5초 내로 네 놈 머리통에 구멍을 내고 말 거야. 살려달라고 해봤자 아무 소용도 없을걸!"

하고 총을 든 남자가 말했다.

막대기를 든 남자는 일이 이렇게 이상하게 돌아가는 것에, 마치 자기 동료의 의도를 헤아리기라도 하듯이, 잠깐 동안 망설이는 것 같았다. 그러더니 그는 동전을 잽싸게 주교의 주머니에 도로 집어넣었다.

"손을 내려도 됩니다, 주교님."

 그는 천천히 권총을 내리며, 여전히 제 동료한테 눈을 떼지 않고서, 퉁명스럽지만 존경심을 담아 말했다. 주교는 두 팔을 서서히 내리면서, 그 두 남자를 꼼꼼히 살펴봤다. 흐릿한 불빛으로는 얼굴을 알아보기가 어려웠다. 이제 주교는 확실히 자유로운 몸이 됐지만, 꼼짝도 하지 않고 그 자리에 서 있었다.

"가도 됩니다. 우리 때문에 여기 더 안 있어도 괜찮아요."

 두목인 양 행동했던 남자가 몸을 돌리더니 돌덩이 위에 걸터앉았다. 다른 남자는 심술궂은 표정으로 서서 막대기로 땅을 마구 파대고 있었다.

"당신들 때문에 내가 계속 이러고 있는 거요."

 하고 주교가 대꾸했다. 그는 부서진 울타리에서 삐죽 나온 나무판자 위에 앉았다.

"우리 같은 패들을 좋아하나 봐. 하긴 가끔 우릴 뿌리치고 떠나는 걸 힘들어 하는 사람들도 있거든."

 막대기를 든 남자가 상스럽게 웃었다.

"입 닥쳐!" 다른 남자가 소리쳤다. "우린 지옥행이야, 제길, 그만하면 됐어. 우리에겐 말야, 우리 자신이나 악마보다 더 나은 사람이 필요하다구."

"괜찮다면 내가 어떤 도움이라도 되고 싶소."

 주교가 부드럽게, 더욱이 사랑을 담아 말했다. 돌덩이에 걸터앉은 남자가 어둠 속에서 주교를 빤히 쳐다보았다. 잠시 침묵이 흐르고 나서 그는 애초에 걸어 잠갔던 마음을 열어 보이기로 결심한 사람처럼 느릿

느릿 말을 꺼냈다.

"혹시 전에 나를 봤던 기억이 나는지요?"

"아니요," 주교가 말했다. "불빛이 썩 밝지 못해서 당신 얼굴을 제대로 못 봤습니다."

"이제 알아보겠지요?"

그 남자는 갑자기 모자를 벗더니 앉아 있던 자리에서 일어나 주교에게로 걸어갔다. 그리하여 둘은 서로 거의 맞닿을 만큼 가까이 있게 되었다.

그 남자의 머리숱은 새까맸는데 그 정수리의 손바닥쯤만한 자리에만, 머리카락이 희었다.

주교는 그 모습을 본 순간 깜짝 놀랐다. 15년 전의 기억이 되살아났다. 그 남자가 기억을 떠올리게 해주었다.

"81년인가 82년 어느 날에 한 남자가 주교님 댁을 찾아가 제 아내와 자식을 뉴욕의 셋집에서 화재로 잃었다고 하소연했던 일이 있었지요?"

"네, 지금 기억나기 시작했어요."

다른 남자도 흥미가 당긴 듯싶었다. 그는 막대기로 땅 파는 짓을 멈추고 가만히 귀를 기울였다.

"그날 밤 주교님이 절 댁으로 데려가셨고 이튿날 종일토록 제 직업을 알아봐 주신 일을 기억하세요? 그리고 창고 관리인으로 일자리를 얻는 데 성공했을 때, 주교님이 당부하셔서서 제가 술을 끊겠다며 약속한 일도 기억나세요?"

"이제 기억납니다. 당신이 약속을 지켰길 바랍니다."

그 남자는 잔인하게 웃었다. 그런 뒤 갑자기 분노가 치밀어 오르는지 주먹으로 울타리를 힘껏 쳤고 그 손에서 피가 흘렀다.

"지켰냐고요? 일주일도 못 돼 취해버렸죠! 그 후로 쭉 술을 마셔왔습니다. 하지만 난 주교님이나 주교님의 기도를 결코 잊은 적이 없어요. 내가 주교님 댁을 찾아간 그 다음날 아침, 식사를 마치고 나서 당신은 기도를 했고 나보고 들어와서 다른 사람들과 함께 앉으라고 했던 일을 기억하세요? 제기랄! 그런데 우리 어머니도 늘 기도를 했었지요! 내가 어렸을 때 어머니가 내 침대 곁에서 무릎을 꿇고 기도를 해주던 모습이 지금도 눈에 선합니다. 어느 날 밤 아버지가 들어와선 내 옆에서 기도하던 어머니를 발로 걷어차더군요. 그렇지만 난 그날 아침에 당신의 그 기도를 결코 잊지 않았습니다. 주교님은 우리 어머니가 했던 것처럼 날 위해 기도해주었고, 초인종을 울렸을 때 내가 누더기 옷을 걸치고 꼴사나운 모습에 거의 반쯤 취해 있었는데도 주교님은 그걸 전혀 마음 쓰지 않았어요. 오, 그동안 내가 어떻게 살아왔는지! 술집은 내게 집이자 안식처이고 나를 위한 생지옥이나 다름없었습니다. 하지만 그 기도가 언제나 내 마음에 걸렸어요. 술을 마시지 않겠다고 했던 내 약속은 채 두 주일을 못 넘기고 산산이 깨져버렸고, 내게 구해준 일자리마저 잃고 나서 이틀 후에 경찰서에까지 끌려갔습니다. 그래도 주교님과 주교님의 기도를 결코 잊지 않았어요. 그 기도가 나한테 어떤 효험이 있었는지 잘 모르겠지만, 여하튼 그 기도를 잊지 않고 있었지요. 그래서 난 주교님을 해치지 않을 거며 다른 누가 주교님을 해치도록 그냥 놔두지도 않을 겁니다. 그러니까 맘대로 가도 됩니다. 그게 다예요."

주교는 미동도 하지 않았다. 어디에선가 교회 시계탑에서 새벽 1시를 알리는 종소리가 울렸다. 그 남자는 모자를 쓰고 또다시 돌덩이 위에 걸터앉았다. 주교는 뭔가 고심하는 모습이었다.

"일을 안 한 지 얼마나 됐소?"

하고 주교가 물었고, 서 있던 다른 남자가 대꾸했다.

"'강도짓'을 빼고, 버젓하게 일한 것만 치자면 6개월이 넘었습죠. 이 짓도 꽤 고달픈 직업입니다요, 특히 오늘처럼 밤에 일할 때 허탕치는 날은 더욱 그렇습죠."

"내가 당신들 둘을 위해 좋은 일자리를 찾아준다고 생각해봐요. 이 일을 그만두고 새롭게 시작할 거요?"

"뭐하러요?" 돌덩이에 걸터앉은 남자가 시무룩하게 말했다. "수백 번씩 마음을 고쳐먹었어요. 그때마다 더욱 절망스러워질 뿐이에요. 악마에게 진작에 저당 잡힌 몸이거든요. 너무 늦었습니다."

"아니오!"

주교가 말했다. 그리고 전적으로 탄복하는 청중 앞에서는 일찍이 느껴보지 못했던 영혼을 구하고자 하는 소망이 자신의 마음속에서 아주 강렬히 불타오르고 있었다. 그는 아까 그 기막힌 상황이 벌어지고 있는 동안에도 거기 앉아 있는 내내 이렇게 기도드렸다.

'오, 주님! 당신의 영광을 위해 이 두 사람의 영혼을 저에게 허락해주소서. 이들의 구원을 간절히 원합니다. 이들을 저에게 주옵소서!'

"늦지 않았소!" 주교가 거듭 말했다. "하나님이 당신들 두 사람에게 무엇을 원하고 계신지 아십니까? 내 바람은 그렇게 중요하지 않아요. 하지만 이런 경우에 그분도 나와 똑같이 원하실 겁니다. 실로 당신들 두 사람은 그분께 무한한 가치를 지닌 존재들입니다."

이때 한 가지 놀라운 기억이 마치 어느 누구도 이러한 상황에 처하리라고 전혀 알 수 없었듯이 그런 식으로 주교를 찾아와서 호소하는 데 도움을 주었다. 주교는 자신의 집을 그 남자가 찾아왔던 날로부터 지금 이 순간까지 아주 바쁘게 여러 해를 보냈음에도 그 남자의 이름을 기억해냈다.

"번즈."

하고 주교가 말했고, 그는 이 두 사람에게서 형언할 수 없는 애정과 함께 연민을 느끼며 말을 이어갔다.

"당신과 여기 당신의 친구가 오늘 밤 우리 집으로 함께 간다면 내가 좋은 일자리를 구해주겠소. 나는 당신들을 믿고 신뢰할 거요. 당신들 두 사람은 아직 젊은 편에 속해요. 하나님이 왜 당신들을 놓쳐야 합니까? 위대하신 하나님 아버지의 사랑을 받는 것은 굉장한 일이에요. 내가 당신들을 사랑하는 것은 보잘 것 없습니다. 하지만 당신들이 이 세상에 사랑이 있다는 것을 다시 느끼고 싶다면, 형제들이여, 내가 당신들을 사랑한다고 말할 때, 당신들은 믿게 될 겁니다. 그리고 우리의 죄를 위해 십자가에 못 박혀 돌아가신 주님의 이름으로 당신들이 영광스러운 인간의 삶을 놓치는 모습을 차마 볼 수 없습니다. 자, 용기를 내세요! 그 삶을 위해 다시 노력하세요, 그러면 하나님이 도와주실 겁니다. 하나님과 당신들과 나 외엔 아무도 오늘 밤 이 일을 알 필요가 전혀 없어요. 당신들이 하나님께 용서를 빈 그 순간에 하나님이 당신들을 용서하셨습니다. 그게 사실임을 알게 될 겁니다. 갑시다! 함께 싸웁시다, 당신들과 내가. 영생을 얻는 일은 싸울 가치가 있습니다. 그리스도는 죄인들을 도우시기 위해서 이 땅에 오셨습니다. 당신들을 위해 할 수 있는 일을 하겠소. 오, 하나님, 저에게 이 두 사람의 영혼을 허락하소서!"

그리고 주교는 하나님에게 기도하기 시작했고 그 기도는 두 사람을 향한 호소로 이어졌다. 그는 자신의 울적한 감정을 기도 말고는 풀어낼 길이 없었다. 주교가 기도를 시작한 지 얼마 안 되어 번즈가 제 얼굴을 두 손에 파묻더니, 흐느꼈다. 번즈는 자기 어머니의 기도가 생각났던 것일까? 그 어머니의 기도가 주교의 기도에 그 힘을 보태고 있었다. 그런데 또 다른 한 사람은, 주교와 아무런 면식도 없어서인지, 더욱 굳은 얼굴에, 훨씬 심드렁한 마음으로, 처음엔 무덤덤하게 울타리에 기댄 채 서 있었다. 그러나 기도가 계속되자, 그 기도에 그는 마음이 뭉클해졌다. 성령의 힘이 그의 우둔하고, 잔인하며, 추악한 삶에 몰아치듯 임하였는지는 기록하는 천사의 그 불멸의 기록을 보지 않고서는 알지 못하리라. 다만 다메섹으로 가는 길 위에서 바울에게 갑자기 나타났던, 그리고 맥스웰 목사가 예수님의 발자취를 따르자고 성도들에게 제안했던 그날 오전에 제일교회에 강림했던, 또 나사렛 애비뉴 교회의 신도들에게 걷잡을 수 없이 일어났던 그 똑같은 불가사의한 임재하심이, 이제 이 대도시의 위험한 길모퉁이에서 또한 죄에 빠진 이 두 사람의 본성 위에서도 이뤄져서, 양심의 가책과 안 좋은 기억과 하나님에 대한 원망을 모조리 사라지게 만든 것 같았다. 이 기도를 통해서 몇 년 동안 그들을 에워싼 채 하나님과의 성스러운 소통을 단절시켰던 그 껍질이 깨져버린 듯싶었다. 그리고 두 사람은 스스로 이 사실을 깨닫고 몹시 놀라워했다.

주교가 기도를 마쳤을 때, 맨 처음에 그는 무슨 일이 일어났는지 알아채지 못했다. 그건 그 두 사람도 마찬가지였다. 번즈는 여전히 무릎 사이에 머리를 숙인 채 앉아 있었다. 울타리에 기대어 있던 사람은 두려움, 뉘우침, 놀라움 그리고 어떻게 표현해야 할지 모르겠는 기쁨의 어렴풋한 빛이 한데 뒤섞인 새로운 감정을 얼굴에 띠며 주교를 바라보고 있었다. 주교가 일어섰다.

"갑시다, 형제들이여. 하나님은 좋으신 분입니다. 오늘 밤은 인보관에서 지내고, 약속한 대로 일자리를 알아봐주겠소."

두 사람은 말없이 주교를 뒤따랐다. 그들이 인보관에 도착했을 때는 새벽 2시를 넘겼다. 주교는 그들을 안으로 들이고 방으로 안내했다. 문을 닫아주고 주교는 방문 앞에서 잠시 서 있었다. 큰 키에, 좋은 풍채로 복도에 서 있는 주교의 창백한 얼굴을 성스러운 영광의 광채가 비추고 있었다.

"하나님의 축복이 함께 하길, 나의 형제들이여!"

이렇게 주교는 축복의 말을 남긴 채 자리를 떠났다.

28장

번즈가 인보관에서 관리인 보조라는 새 일자리를 얻게 된 그 첫날 오후에, 그는 인보관의 현관 계단을 쓸고 있었다. 그때 그는 잠시 하던 일을 멈추고 주위를 둘러보았다. 제일 먼저 눈에 띈 것은 좁은 골목길 바로 맞은편에 있는 맥줏집 간판이었다. 그가 서 있는 곳에서 빗자루를 뻗으면 거의 닿을 수 있는 정도였다. 길거리 건너편에도 큰 술집이 두 군데 있었고, 조금 더 떨어진 곳에도 술집이 세 군데나 더 있었다.

그런데 갑자기 제일 가까운 맥줏집에서 문이 열리더니 한 사람이 나왔다. 동시에 두 사람이 그 안으로 들어갔다. 맥주의 강한 술 냄새가 계단에 서 있는 번즈의 코를 찔렀다. 그는 빗자루를 꽉 쥐고서 다시 계단을 쓸기 시작했다. 그는 한쪽 다리는 현관에 올려두고 다른 쪽 다리는 그 바로 아래 계단을 딛고 있었다. 그런 식으로, 한 계단씩 내려가며 비질을 했다. 서리가 내렸을 정도로 날씨는 쌀쌀했지만 그의 이마에선 땀방울이 맺혔다. 그 술집 문이 또다시 열리고 남자 서넛 명이 나왔다. 한 아이가 들통을 들고 그 안으로 들어갔고, 얼마 뒤 맥주를 일 리터쯤 들통에 받아서 나왔다. 그 아이는 번즈 바로 아래쪽 보도로 걸어갔는데, 맥주의 술 냄새가 그를 자극했다. 그는 한 계단을 더 내려가서, 필사적으로 비질을 계속했다. 빗자루를 어찌나 힘껏 움켜잡았던지 손가락이 다 시퍼레졌다.

그런데 별안간 번즈는 한 계단을 올라가서 방금 쓸었던 곳을 다시 청소했다. 그런 식으로 안간힘을 다해 그는 현관 위로 다시 올라설 수 있었고 맥줏집과는 가장 멀리 떨어진 저 한구석으로 가서 비질을 하기 시작했다.

"오, 하나님!" 그는 울부짖었다. "주교님이 지금 돌아와 주기만 해도!"

주교는 브루스 목사와 함께 어딘가로 외출해서, 번즈가 아는 사람은 여기에 아무도 없었다. 그는 2~3분쯤 구석을 쓸었다. 그의 얼굴은 갈등으로 일그러졌다. 그는 차츰 계단 쪽으로 다시 옮겨오더니 그 아래로 내려가기 시작했다. 그가 보도 쪽으로 눈길을 돌리자 아직 청소하지 않은 계단이 하나 남아 있는 것이 보였다. 그 모습은 비질을 마무리하자면 거기까지 내려가야 한다는 그럴듯한 핑계를 대주는 것 같았다.

지금 그는 보도에 내려서서, 얼굴은 인보관을 향하고 길 건너편 술집을 비스듬히 등진 채, 마지막 계단을 쓸고 있었다. 그 계단을 열두 번이나 청소했다. 얼굴에서 땀방울이 굴러 발밑으로 뚝뚝 떨어졌. 조금씩 그는 자기가 술집과 가장 가까운 저 계단 쪽으로 이끌려가고 있음을 느꼈다. 이제는 마치 맥주 거품이 사방에서 일어나듯 맥주와 럼주의 그 술 냄새를 맡을 수 있었다. 그것은 가장 깊은 지옥의 끔찍한 유황 냄새나 다름없었고, 어느 거인의 손에 의해 자기가 그 냄새 나는 곳으로 더욱 가까이 질질 끌려가는 것 같았다.

이제 그는 보도 한복판까지 와 있고, 여전히 비질을 하고 있었다. 그는 인보관 앞쪽 자리를 청소하고 나서 심지어 길가 하수도까지 가서 그 주위도 쓸었다. 그는 모자를 벗고 소매로 얼굴을 문질렀다. 입술은 핏기가 없었고 이빨은 딱딱 부딪혔다. 그는 마치 중풍에 걸린 사람처럼 온몸을 와들와들 떨었고 벌써 술에 취한 듯이 앞뒤로 비틀거렸다. 육신 안의 그의 영혼은 덜덜 떨었다.

마침내 그는 좁은 길에 깔린 작은 판석을 밟고 지나가서, 막 술집 앞에 선 채, 간판을 바라보았고, 또 창문을 통해 그 안에 큰 피라미드 형태로 쌓아올린 위스키와 맥주병 더미를 노려보았다. 그는 혀로 입술을 축였고 한 발짝 내딛으며, 남의 눈을 살피듯 주위를 둘러보았다. 그때 문이 벌컥 열리더니 누군가 나왔다. 또다시 강하게, 코를 자극하는 그 술 냄새가 차가운 공기를 타고 전해졌으며, 그는 손님이 닫은 술집 문을 향해 한 발을 더 옮겼다. 그가 문손잡이에 손가락을 가져간 순간, 키 큰 사람이 길모퉁이를 돌아 나왔다. 주교였다.

주교는 번즈의 팔을 잡아채서 보도 쪽으로 끌고 나왔다. 술이 마시고 싶어서 광포해진 그는 비명을 지르며 악다구니를 썼고 제 친구한테 사납게 덤벼들었다. 처음에 그는 자기를 파멸에서 구해준 사람이 누구인지 정말 몰랐던 듯싶었다. 그는 주먹으로 주교의 얼굴을 쳤고 그 볼에 큰 상처가 났다. 주교는 말 한 마디도 꺼내지 않았다. 하지만 그 얼굴에는 장엄할 정도로 슬픈 표정이 감돌았다. 주교는 번즈를 어린아이인 양 들더니 정말로 그를 안고서 인보관 계단을 올라 그 안으로 들어갔다.

그는 번즈를 복도에 내려놓은 다음 문을 닫고 문 쪽을 등지고 섰다.

번즈는 무릎을 꿇은 채 흐느끼며 기도하고 있었다. 비록 번즈가 홀쭉하고 몸무게가 많이 나가지는 않았지만, 주교는 그 자리에서 한껏 숨을 몰아쉬며 서 있었다. 주교는 이루 말할 수 없는 연민을 느꼈다.

"기도하세요, 번즈. 결코 기도해본 적이 없는 사람처럼 기도해보세요! 당신을 살릴 수 있는 건 기도밖엔 아무것도 없습니다!"

"오, 하나님! 저와 함께 기도해주세요. 저를 구원해주세요! 오, 저를 지옥에서 구해주세요!"

하고 번즈가 울부짖었다. 복도에서 그의 곁에 무릎을 꿇고 주교는 오직 자신이 드릴 수 있는 기도를 했다.

기도가 끝난 후 두 사람은 일어섰고 번즈는 자기 방으로 들어갔다. 이날 저녁에 그는 공손한 어린아이처럼 방에서 나왔다. 그리고 주교는 이 경험을 통해 자신의 몸에 주 예수의 상처 자국을 지니게 되었고, 더욱 성숙해졌다. 진실로 그는 예수님의 발자취를 따라간다는 것의 그 의미가 뭔지 배웠다.

그렇지만 술집은 그대로였다! 그 술집은 제자리에 있었고, 다른 술집들도 번즈를 잡으려고 쳐놓은 많은 덫처럼 거리를 따라 늘어서 있었다. 그 남자가 이 저주받을 술 냄새에 얼마나 오래 버텨낼 수 있을까? 주교는 현관으로 나가봤다. 온 도시의 공기 속에 맥주 냄새가 배어 있는 것 같았다.

"얼마나 오래, 주님, 얼마나 오랫동안 이 냄새를 맡아야 할까요?"

그는 기도했다. 브루스 목사가 나왔고, 이 두 친구는 번즈와 그가 받은 유혹을 화제 삼아 이야기를 나눴다.

"우리 인보관과 인접한 이 부동산의 소유자가 누구인지 어디 알아보았나?"

"아니, 그럴 시간이 없었어. 그럴 가치가 있다고 자네가 생각한다면 이제라도 알아보겠네. 하지만 이 대도시의 술집들을 상대로, 에드워드, 우리가 무엇을 할 수 있겠나? 마치 종교계나 정치조직처럼 저들은 확고하게 뿌리내리고 있단 말일세. 어떤 힘이 술집을 없앨 수 있겠는가?"

"하나님께서 때가 되면 그렇게 해주실 거야, 당신께서 노예제도를 없애주신 것처럼 말야. 그동안 우리는 인보관 인근에 술집을 누가 임대해줬는지 알아보자구."

주교는 근심스럽게 대꾸했다.

"내가 알아봄세."

브루스 목사가 말했다.

이틀 후 브루스 목사는 나사렛 애비뉴 교회에 다니는 한 신도의 사무실로 찾아가서 잠시 면담을 요청했다. 그는 자신의 옛 성도에게서 진심 어린 환영을 받았다. 그 성도는 목사를 자기 사무실로 기쁘게 맞이하며 시간에 얽매이지 말고 말씀하시라고 권했다.

"그러니까, 내가 찾아온 이유는 주교와 내가 지금 거처하는 인보관과 이웃한 건물에 대해 알아볼 게 있어서입니다. 솔직히 묻겠습니다, 이 문제를 놓고 바보처럼 머뭇거리기엔 우리 두 사람에겐 너무나 인생이 짧고 그리고 너무나 중요한 일이기 때문입니다. 클레이튼 씨, 당신이 소유한 그 건물을 술집에 임대하는 일이 올바르다고 생각하세요?"

브루스 목사의 질문은 그가 이미 말했던 바처럼 단도직입적이고도 강경했다. 옛 성도에게서 그 효과는 곧바로 나타났다.

이 대도시에서의 사업 운영현황을 보여주는 그림 아래 앉아 있던 클레이튼 씨는 얼굴에 뜨거운 피가 몰렸다. 그러더니 그 얼굴은 창백해졌고, 그는 두 손에 머리를 묻었다. 그가 다시 머리를 들었을 때 그 얼굴에서 주르륵 눈물이 흘러내리는 모습을 보고 브루스 목사는 깜짝 놀랐다.

"목사님, 그날 아침에 저도 다른 사람들과 함께 서약한 사실을 알고 계세요?"

"네, 기억합니다."

"그렇지만 목사님은 제가 그 일로 서약을 지키지 못해서 얼마나 마음이 괴로웠는지 모르실 겁니다. 그 술집 임대는 그동안 제게 악마의 유혹이었지요. 현재로썬 제 부동산 중에서 가장 높은 투자 수익을 내고 있거든요. 목사님이 여기에 오시기 바로 전까지만 해도 저는 그 생각을 하면서 양심의 가책으로 고통 받고 있었습니다. 세속의 작은 이익 때문에 제가 따르기로 서약한 바로 그리스도를 부정하는 꼴이 되었으니 말이죠. 예수님이라면 그러한 목적으로 건물을 임대해주시지 않으리라는 사실을 저도 잘 알고 있었습니다. 브루스 목사님, 더는 아무 말도 안 하셔도 됩니다."

클레이튼 씨는 손을 내밀었고 브루스 목사는 그 손을 맞잡고 힘차게 흔들었다. 잠시 뒤 그는 사무실을 떠났다. 그러나 그가 클레이튼 씨가 겪었던 그 마음의 싸움에 관해 모든 사실을 알게 된 것은 시간이 한참 지난 뒤였다. 그 싸움은 성령께서 그리스도를 본받겠다는 서약을 성도들에게 허락하신 저 잊지 못할 주일 아침 이후 나사렛 애비뉴 교회에서 일어났던 사건의 일부일 따름이었다. 주교와 브루스 목사조차도, 비록 그들이 지금은 성스러운 충동 그 자체에 직접 이끌려 움직이고 있었지만, 그때에는 미처 알지 못했던 사실이 있었다. 그것은 성령께서 대단히 열심히 이 죄 많은 도시 전체를 걱정하고 계시며, 희생과 고난의 부르심을 받아 이에 응할 제자들을 기다리고 계시고, 오랫동안 둔감하고 냉담한 채로 있었던 마음들을 다독거려주시며, 사업가들과 축재자들이 더 많은 부를 얻겠다고 한탕에 정신이 팔려 있을 때 그들의 불안감을 일깨우시고, 이 도시가 생긴 이래 일찍이 교회에서 찾아볼 수 없었던 감동을 교회에 불러일으키고 계시다는 사실이었다. 주교와 브루스 목사는 인보관에서 생활한 지 얼마 안 됐지만 벌써 놀라운 일들을 몇 가지 지켜보았다. 이윽고 그들은 자신들이 이 세상에서 가능하리라고 짐작했던 것보다 훨씬 더 위대하고, 더욱 놀라운 성스러운 힘의 현현을 보게 되었다.

 한 달도 채 지나지 않아 인보관과 이웃한 술집이 문을 닫았다. 술집의 임차 계약기간이 끝났고, 클레이튼 씨는 술장사하는 사람에게는 세를 주지 않았을뿐더러, 주교와 브루스 목사에게 인보관 사업을 위해 사용하라고 그 건물을 제공하기도 했다. 현재 인보관 사업은 그 규모가 아주 커져서 처음에 그들이 빌린 건물로는 애초에 계획된 다양한 일들을 충분히 감당할 수 없었기 때문이었다.

 이 사업들 가운데 가장 중요한 한 가지는 펠리시아가 제안한 식품

위생 분야였다. 클레이튼 씨가 술집 건물을 인보관에서 쓰도록 한 지 한 달이 못 되어 펠리시아는 이쪽 분야로 취업을 원하는 여자들을 위해 요리는 물론 가사 과정도 가르치는 부서의 책임자로서, 그동안 타락한 영혼들이 차지하고 있었던 바로 그 장소에서 일하게 되었다. 그녀는 지금 인보관에서 묵고 있으며, 브루스 부인과 이곳 출신인 다른 젊은 여자들과 함께 한 식구를 이뤘다. 바이올리니스트인 마사는, 주교가 우연히 그 둘을 처음 만나게 된 장소에 그대로 살면서, 음악을 가르치기 위해 정해진 날 저녁에 인보관을 방문했다.

"펠리시아, 네 계획을 전부 말해보렴."

어느 날 저녁에 주교가 말했다. 마냥 과중한 일에 시달리다가 아주 모처럼 짬을 내어, 주교가 브루스 목사와 더불어 쉬고 있었는데, 마침 펠리시아가 또 다른 건물에서 나와 인보관으로 들어왔었다.

"글쎄요, 저는 여성들의 가사도우미 문제를 오랫동안 생각해왔었거든요."

펠리시아는 지혜로운 표정으로 말했다. 그 모습에 브루스 부인이 미소를 지으며 이 젊은 아가씨의 열정 어리고, 생기 넘치는 아름다움을 바라보았다. 펠리시아는 그리스도를 본받는 삶을 살겠다고 서약함으로써 새사람으로 거듭났었다.

"그리고 그 문제를 두고 어떤 결론을 내렸어요, 남자 분들은 납득이 안 갈 수도 있겠지만, 사모님은 절 이해하실 거예요."

"우리의 옹졸함을 인정하마, 펠리시아. 계속 말해보렴."

하고 주교가 수긋하게 말했다.

"제 계획은 이래요. 저 술집 건물은 일반 가정집처럼 꾸밀 수 있는 방을 몇 개나 만들 수 있을 만큼 커요. 제 계획은 그 큰 공간에 여러 방을 배치한 다음, 나중에 가사도우미로 취업하길 원하는 여성들에게 가사일과 요리를 가르쳐주는 거예요. 그 과정을 6개월로 잡으면 되고요. 그 기간 동안에 제가 간단한 요리법에서, 청결 유지, 신속한 가사 처리, 그리고 이 일을 좋아할 수 있도록 교육하겠어요."

"잠깐만, 펠리시아!" 주교가 불쑥 끼어들었다. "지금은 기적의 시대가 아니란다!"

"그러면 우리가 한 번 그걸 만들어 봐요." 펠리시아가 대답했다.

"이 계획이 불가능한 일처럼 보인다는 걸 알지만, 저는 해보고 싶어요. 그 과정을 밟고 싶어하는 여자들을 스무 명이나 알고 있고, 또 만약에 우리가 그녀들에게 단체정신 같은 어떤 마음을 굳건히 세워줄 수 있다면, 그것으로도 그녀들한테 아주 가치 있는 일이 되리라고 확신해요. 이미 저는 식품 위생이 많은 가정에서 혁명을 일으키고 있다는 사실을 알고 있거든요."

"펠리시아, 네가 제안한 일의 반만 이룰 수 있어도, 그것은 이 공동체의 축복일 거야." 브루스 부인이 말했다. "네가 그 일을 어떻게 해낼 수 있을지 모르겠다만, 네가 애쓰는 한, 하나님의 축복이 함께할 거야."

"우리도 축복해주마!"

브루스 목사와 주교도 이렇게 외쳤다.

그리하여 펠리시아는 날마다 더욱더 실천에 힘쓰고 남 돕기를 마다하지 않는 그리스도 제자됨의 열정으로 자신의 계획을 실행하는 일에 뛰어들었다.

펠리시아의 계획은 모든 예상을 뒤엎고 성공을 거두었다. 그녀는 대단한 설득력을 발휘했으며, 자기 수강생들에게 놀라울 만큼 빠르게 갖가지 집안일을 가르쳤다. 머지않아, 펠리시아의 요리학교 졸업생들은 도시 전역에서 주부들의 칭찬을 받게 되었다. 이 인보관의 역사가 글로 남겨지진 않았지만, 만약 기록되었다면 펠리시아의 역할이 아주 굉장히 컸었다는 사실을 알 수 있었으리라.

겨울이 깊어지면서, 기독교계의 눈에 비친 세계의 여느 대도시처럼, 시카고에서도 부자들과 가난한 사람들 사이에 극명한 차이가 두드러졌다. 그 둘 사이에 교양, 품위, 사치, 안락, 그리고 무지, 악행, 궁핍과 빵을 얻기 위한 처절한 몸부림의 현격한 대조를 이뤘다. 누구에게는 힘겨운 겨울이었지만 다른 누구에게는 즐거운 겨울이었다. 겨울 내내 파티, 리셉션, 무도회, 만찬 모임, 연회, 축제, 잔치가 그러한 유례를 찾아볼 수 없을 만큼 쉼 없이 이어졌다. 오페라와 극장이 이토록 상류층 인사들로 붐볐던 적도 한 번도 없었다. 그리고 다른 한편에서는, 이제껏 이렇게 잔인하고, 이처럼 매서우며, 이만큼 살인적일 정도로 극심한 궁핍과 고통에 이른 적이 결코 없었다. 겨울바람이 호수를 넘어 그리고 인보관 근처 셋집들의 얇은 벽을 뚫고 이토록 매몰차게 불어온 적도 일찍이 없었다. 가장 절박하고도 끔찍한 상태에 처한 도시 주민에게 음식과 땔감 그리고 의복의 긴급 지원이 이처럼 아주 절실했던 적도 없었다. 매일 밤마다 주교와 브루스 목사는 자원봉사자들과 함께 물질적 궁핍으로 고통당하는 사람들을 남녀노소 막론하고 찾아다니며 도와주었다. 교회, 자선단체, 시 당국, 그리고 여러 비영리 조합에서 막대한 양의 음식과 의복 그리고 거액의 돈을 기부했다. 하지만 그리스도의 제자들이 몸소 도움의 손길을 펼치는 모습은 찾아보기 힘들었다. 때가 되면 자기가 받은 은사를 가치 있게 만들도록 고통 받는 사람들을 스스로 찾아가서 각자 받은 은사대로 그들에게 돌려주라는 주 예수 그리스도의 명령에 순종하는 제자들은 도대체 어디에 있단 말인가? 이러한 현실에 맞닥뜨리게 되자 주교는 그 어느 때보다도 가슴이 부글부글 끓어올랐다. 사람들은 돈을 기부하지만 자기 자신을 희생하려고들 하지 않았다. 게다가 그 돈은 그것이 없다고 해서 그들이 아쉬워하진 않기 때문에 진정한 희생을 의미할 수 없었다. 그들은 자기들이 줄 수 있는 가장 손쉬운 것을, 다시 말하면 자기들한테 가장 덜 고통스러운 것을 내놓았을 따름이었다. 여기에 무슨 희생이 있는가? 이것이 예수님을 따르는 삶인가? 이것이 항상 예수님과 동행하는 삶인가? 주교는 자신의 귀족적이며, 더할 나위 없이 부유한 성도들을 일부 찾아갔었고, 교회에 다니는 사치스러운 계급 중에서 고통 받는 사람들을 위해 정말로 생고생을 감수할 남녀 신자들이 얼마나 적은지 알고는 오싹 소름이 끼쳤다. 낡은 옷가지를 주는 게 자선인가? 교회 자선단체에서 나온 모금원이나 간사에게 10달러짜리 지폐를 건네는 게 자선인가? 직접 가서 손수 선물을 전할 수는 없는 일인가? 리셉션이나 파티 또는 음악회에 참석하는 대신, 대도시의 병자들을 스스로 찾아가서 그들의 곪을 대로 곪아 있는 불결하고, 죄 많은 상처를 손수 싸매줄 수는 없는 일인가? 꼭 어떤 단체를 거쳐서 편리하고도 손쉽게 자선을 베풀어야만 하겠는가? 과연 하기 싫은 일을 대행시키려는 목적으로 사랑이 사랑의 단체를 조직하는 게 가능한 것일까?

   그 혹독한 겨울 내내 주교는 죄악과 고통에 처한 사람들 속으로 더욱 깊숙이 뛰어들면서 이 모든 질문들을 물어보았다. 그는 기쁜 마음으로 자신의 십자가를 지게 되었다. 하지만 많은 사람들이 몸소 실천하는 사랑을 따뜻한 마음씨의 몇몇 사람들이 하는 일로 떠넘기는 것엔 분노가 치밀었다. 그렇지만 성령께선, 조용하면서도, 강력하게, 거역할 수 없는 힘으로, 교회를 통해서, 심지어 골치 아픈 사회 문제를 전염병을 피하듯이 기피하던 귀족적이며, 부유하며, 안일함을 좋아하는 교인들 사이에서도, 여전히 역사하고 계셨다.

29장

인보관의 아침식사 시간은 하루 중에서 한 시간 온 식구들이 한자리에 모여 서로 정을 나누며 한숨 돌리는 시간이었다. 또 일종의 오락 시간이기도 했다. 이 시간에 사람들은 상대의 말을 악의 없이 재치 있게 받아치거나 진짜 재밌는 우스갯소리와 유쾌한 농담을 즐겼다. 주교는 자기가 아는 최고의 이야기를 들려주었다. 브루스 목사는 가장 흥미진진한 일화를 꺼내놓았다. 이 제자들의 동아리는 자기들을 언제나 에워싸고 있는 불우한 상황에도 불구하고 건강한 웃음을 잃지 않고 있었다. 사실, 주교는 유머의 능력도 다른 은사와 마찬가지로 하나님께서 주신 선물이며 자기의 경우에는 자신을 짓누르는 무서운 압박을 위한 안전 밸브나 다름없다고 자주 말하곤 했다.

이 특별한 아침에 그는 다른 사람들을 위해 조간신문에서 추려낸 기사를 읽어주고 있었다. 별안간 그는 읽기를 중단했고 그의 얼굴은 곧바로 굳어지며 슬픈 표정으로 바뀌었다. 사람들이 다들 그를 쳐다보았고 식탁 위에 정적이 내려앉았다.

"화물차에서 석탄 한 덩어리를 훔치다가 총에 맞아 죽었다! 그의 가족은 얼어 죽을 처지에 놓여 있었고 그는 6개월 동안 실직 상태에 있었다. 여섯 명의 아이와 아내가, 웨스트사이드 소재의, 방 세 칸짜리 오두막집에서 비좁게 살고 있었다. 한 아이는 벽장 안에서 누더기로 휘감겨 있었다!"

이것은 주교가 천천히 읽어 내려간 머리기사의 주요 내용이었다. 계속해서 그는 총을 맞은 경위와 기자가 그 가족의 셋집을 방문한 내용의 기사를 자세히 읽어주었다. 주교가 읽기를 마치자, 식탁 주위에 침묵이 흘렀다. 웃음꽃을 피우던 아침식사 시간은 이 짤막한 비극적 이야기로 해서 자취를 감추고 말았다. 대도시의 소음이 인보관 근처에서 떠들썩하게 들려왔다. 인간 생활의 끔찍한 흐름이 거대한 물줄기를 이루며 인보관을 지나가고 있었고, 일자리가 있는 사람들은 수많은 군중과 섞여서 서둘러 일터로 가고 있었다. 그러나 수천 명의 사람들은 그 물결 한가운데로 떠내려가면서, 마지막 희망을 꽉 움켜쥔 채로, 몸으로 일할 수 있는 혜택이 그들에겐 돌아오지 않았기 때문에 글자 뜻 그대로 풍요의 나라에서 죽어가고 있었다.

그 사건을 두고 여러 말들이 많았다. 인보관 신참자들 중에 한 명인, 목사가 되려고 준비 중인 한 청년은 이렇게 말했다.

"왜 그 남자는 자선단체에 도움을 청하지 않았을까요? 아니면 시 당국에라도요? 아무리 최악의 상황이라도 크리스천으로 가득한 이 도시가 먹을거리와 땔감 없이 살아가는 사람을 알면서도 그냥 놔두지는 않았을 겁니다."

"맞네, 나도 그렇게 생각해." 브루스 목사가 말했다. "하지만 우리는 그 남자의 사정을 알지 못하고 있어. 그는 도움을 아주 빈번하게 청했을지도 몰라, 끝내, 스스로 어떻게 해보겠다고 마음먹은 그 절망적인 순간에 앞서서 말이야. 올 겨울에 그런 경우를 몇 번 보았거든."

"이 사건의 무서운 진실은 그게 아니야." 주교가 말했다. "여기에 두려운 점은 그 남자가 6개월 동안 일자리를 구하지 못했다는 그 사실에 있어."

"그런 사람들은 농촌으로 가는 게 낫지 않을까요?"

하고 목사 후보생이 물었다.

식탁에 앉아 있던 어떤 사람이 그 질문에 답했는데 그는 귀농 취업에 대한 특별 연구를 했던 사람이었다. 그 연구자의 말에 따르면 농촌에서 일자리를 제공할 수 있는 곳 중 안정적인 고용을 보장하는 데는 극히 드물고, 그리고 거의 모든 경우에 그 일자리는 가족이 딸리지 않은 남자들에게 돌아간다고 했다. 만약 어느 남자의 아내와 자식이 아프다고 가정해보자. 어떻게 이사하거나 농촌으로 옮겨올 수 있겠는가? 몇 안 되는 세간을 옮기는데 필요한 푼돈의 이사 비용마저 어떻게 감당할 수 있겠는가? 특히 충격으로 사망한 그 남자가 어디 다른 데로 가지 못한 이유는 그 외에도 셀 수 없이 많았으리라.

"참, 그 부인과 아이들요, 얼마나 놀랬을까요! 어디 산다고 그랬죠?"

브루스 부인이 말했다.

"그러니까, 여기서 세 블록밖에 떨어져 있지 않아요. 일명 '펜로즈 구역'이라고들 하죠. 펜로즈 씨가 그 구역의 주택들을 절반이나 소유하고 있거든요. 그 임대주택들은 이 도시에서 가장 형편없습니다.

게다가 펜로즈 씨는 교회 신자라는군요."

"맞아, 그는 나사렛 애비뉴 교회에 다녀."

브루스 목사가 가라앉은 목소리로 대꾸했다.

주교는 거룩한 분노의 화신 같은 모습으로 식탁에서 일어섰다. 그의 입에서 좀처럼 나오지 않았던 맹비난의 말이 터져 나오려는 순간, 초인종이 울렸고 인보관 식구들 중 한 사람이 문으로 갔다.

"브루스 목사님과 주교님께 제가 뵙기를 청한다고 전해주십시오. 저는 클라렌스 펜로즈라고 합니다. 브루스 목사님은 저를 아실 겁니다."

식탁에 앉아 있던 인보관 식구들은 그 말을 똑똑히 들었다. 주교와 브루스 목사는 서로 의미 있는 표정을 주고받았고 곧바로 두 사람은 식탁에서 일어나 복도로 나갔다.

"이쪽으로 들어오세요, 펜로즈 씨."

하고 브루스 목사가 말했다. 그리고 두 사람은 방문객을 응접실로 안내하고 나서, 문을 닫았고 방에는 그들 셋만 있었다.

클라렌스 펜로즈는 시카고에서 가장 고상한 인물들 가운데 한 사람이었다. 그는 막대한 부와 사회적 위상을 지닌 명문가 출신이었다. 그는 어마어마한 부자인데다가 도시 곳곳에 많은 부동산을 소유하고 있었다. 오랫동안 그는 브루스 목사의 성도였었다. 그는 아주 심상치 않은 기색을 얼굴에 띠며 두 성직자들과 대면했다. 그의 얼굴은 몹시 창백했고 말할 때마다 입술이 떨렸다. 클라렌스 펜로즈 씨가 이토록 낯선 감정에 이끌렸었던 적은 일찍이 없었다.

"이번 충격 사건 말입니다! 알고 계시겠죠? 기사는 읽으셨나요?

그 가족은 제 임대주택에서 살고 있었습니다. 정말 터무니없는 사건이에요. 그렇지만 그 일로 여기 찾아온 것은 아닙니다."

그는 어눌하게 말했고 근심 어린 얼굴로 두 사람의 얼굴을 바라보았다. 주교는 여전히 준엄한 표정이었다. 주교는 유한계급에 속하는 이 고상한 사람이 만약 자신의 개인적인 안락과 사치를 얼마쯤 희생하고서 제 소유의 임대주택에서 사는 세입자들의 생활 조건들을 개선시키고자 했다면, 셋방살이의 공포를 덜어주기 위해 많은 일을 할 수 있었을 테고, 어쩌면 이러한 비극적인 사건을 막을 수 있지 않았을까 하는 생각을 떨쳐버릴 수 없었다.

펜로즈 씨가 브루스 목사에게로 몸을 돌렸다. "목사님!" 하고 그는 외마디 비명을 질렀고, 마치 공포에 떠는 아이 같은 목소리로 이렇게 말했다.

"제가 너무나 이상한 경험을 했는데 신의 조화라고밖에는 도저히 설명할 길이 없어서 그걸 말씀드리고자 왔습니다. 목사님도 기억하시겠지만 저도 예수님이라면 하심직한 행동 그대로 따르기로 서약한 사람입니다. 그 당시 제 딴엔, 정말 바보 같았지만, 크리스천의 의무를 다해왔다고 생각했습니다. 저는 교회와 자선단체에 헌금을 후하게 했습니다. 하지만 어떠한 고난에도 제 자신을 내어준 적은 없었지요. 그 서약을 한 이후로 저는 완벽하게 이중적인 삶을 살아왔던 셈입니다. 제 딸내미, 다이애나도 또한 저와 함께 서약했단 사실을 아실 테죠. 요즘 들어 다이애나는 가난한 사람들과 그들이 사는 곳에 대해 부쩍 많은 질문을 제게 물어왔습니다. 저는 대답하지 않을 도리가 없었죠.

어젯밤 딸의 질문 하나가 제 아픈 곳을 건드렸습니다! '가난한 사람들이 사는 집들은 아빠의 것이죠? 그 집들도 우리 집처럼 멋지고 따뜻한가요?' 어린아이니까 이런 질문을 한다는 걸 아실 겁니다. 저는 고통스럽게 잠자리에 들었습니다. 하나님께서 제 양심을 향해 화살을 쏘셨다는 걸 이젠 알아요. 그런데 어제는 잠들 수가 없었죠. 심판의 날이 제 눈앞에 펼쳐지는 것 같았습니다. 심판관 앞에 서 있는 듯했죠. 저는 이 몸을 입고 살면서 행하였던 제 행동들을 고하라는 음성을 들었습니다. '육신의 감옥에 갇혀 있는 죄 많은 영혼들을 나는 얼마나 많이 찾아가 보았는가? 내가 맡은 청지기란 직분으로 과연 난 무엇을 해왔는가? 겨울에는 동태가 되고 여름에는 엿가락이 되는 셋방살이 사람들은 어떠한가? 집세를 받는 일 말고 그들에게 관심을 기울인 적이 있었나? 나의 고난은 어디에 있는가? 예수님이라면 그동안 내가 해왔던 대로 그리고 지금 하고 있는 대로 하셨을까? 나는 내가 한 서약을 저버린 것일까? 내가 소유한 그 돈과 교양과 사회적 영향력을 나는 어떻게 사용해왔던가? 인류에게 은총이 되도록, 고통 받는 사람들을 구원하도록, 고뇌에 지친 사람들에게 기쁨을 그리고 낙담한 사람들에게 희망을 가져다주기 위하여 그것을 사용했는가? 나는 많은 것을 누려왔었다. 하지만 나는 얼마나 많이 베풀어왔는가?'

이 모든 질문들이 마치 두 분과 제 자신을 지금 보는 것처럼 똑똑히 각성 상태에서 환상으로 제게 다가왔습니다. 저는 그 환상을 차마 끝까지 다 볼 수 없었어요. 수난 받으시는 예수님께서 책망하듯 손가락으로 저를 가리키시는 모습이 제 마음속에서 혼란스러운 영상으로 보였고, 또 그 외의 나머지 것들은 안개와 어둠에 가려져 있었습니다. 저는 꼬박 24시간 동안 한숨도 자지 못했어요. 오늘 아침 제가 맨 처음 본 것은 석탄 야적장에서 일어난 총격 사건에 대한 기사였습니다. 저는 아직껏 떨쳐버릴 수 없는 공포를 느끼면서 그 기사를 읽었지요. 저는 하나님 앞에서 떳떳하지 못한 놈입니다."

펜로즈는 씨는 갑자기 말을 멈췄다. 주교와 브루스 목사는 그를 엄숙하게 바라보고 있었다. 대도시의 커다란 불행에 무관심하며 예수님을 위해 고난 받는다는 것의 의미를 거의 모르는 채, 지금껏 무사태평한 상류층 생활에 마냥 길들어져 있었던, 자기만족에 빠져 있고, 고상하며, 세련된 이 사람의 영혼을 성령의 그 어떤 힘이 움직였을까? 예전에 맥스웰 목사의 제일교회와 나사렛 애비뉴 교회를 불어갔던 그러한 성령의 숨결이 방 안으로 불어왔다. 주교는 펜로즈 씨의 어깨에 손을 얹으며 이렇게 말했다.

"형제여, 하나님이 줄곧 당신 곁에 가까이 계셨습니다. 그분께 감사드립시다."

"예! 그리고 말구요!"

펜로즈 씨는 흐느꼈다. 그는 의자에 앉아서 고개를 숙였다. 주교가 기도했다. 그런 뒤 펜로즈 씨가 조용히 말했다.

"그 집에 저와 함께 가주시겠습니까?"

승낙의 뜻으로 두 사람은 코트를 입었고 그와 함께 고인의 유가족이 사는 집으로 갔다.

그것은 클라렌스 펜로즈에겐 새롭고 낯선 생활의 시작이었다. 그가 한 가정의 비참한 셋집에 발을 들여놓으면서 책을 통해서나 접했지 몸소 겪어보지 못했던 절망과 고통을 난생처음 맞닥뜨리게 된 그 순간부터, 그는 새로운 삶을 시작하게 되었다. 그가 자신의 서약에 따라 예수님이라면 하심직한 대로 자기 소유의 임대주택들을 어떻게 처리해나가기 시작했는지를 이야기하자면, 새로 책 한 권을 써도 되리라. 만약 예수님이 시카고나 세상의 여타 대도시에서 임대주택을 많이 소유하고 계시다면 그 집들을 어떻게 처리하셨을까? 이 질문에 진실하게 대답할 수 있는 사람이라면 클라렌스 펜로즈가 어떤 일을 시작했는지 쉽게 알 수 있으리라.

바야흐로 겨울 추위가 최고조에 달할 즈음 예수님의 발자취를 따르며 살기로 서약했던 제자들의 이 이야기 속에 등장하는 그 모든 사람들의 삶과 관계된 많은 일들이 이 도시에서 일어났다.

그중에서도 불가사의하게 발생한 듯한 우연한 사건이 하나가 있었다. 어느 날 오후 펠리시아는 펜로즈 구역에 있는 빵집에 견본용으로 전해주려고 음식 바구니를 들고 인보관을 막 나서던 참이었다. 그녀가 보도에 들어서자 때마침 지하실에 있는 목공실 문을 열고 밖으로 나온 스티븐 클라이드와 만나게 되었다.

"그 바구니를 내가 들게 해줘, 제발."

그가 말했다.

"왜 '제발'이란 그런 말을 해?"

펠리시아는 바구니를 건네주고 함께 걸으며 물었다.

"실은 그렇게 말고 다른 식으로 말하고 싶었어."

이렇게 대답하며, 스티븐은 수줍어하지만 스스로도 놀랄 만큼 대담하게 펠리시아를 바라보았다. 왜냐하면 그는 그녀를 맨 처음 보았던 그날부터, 게다가 특히 그녀가 주교와 함께 목공실로 들어왔던 그날 이후로 날마다 더욱더 그녀를 사랑하게 되었기 때문이다. 그리고 몇 주가 지나면서 지금껏 그들은 서로 친구로 지내왔었다.

"다른 식이라니?"

펠리시아가 순진하게 아무것도 모른다는 듯이 물었다.

스티븐은 자신의 잘생기고, 멋진 얼굴을 완전히 펠리시아 쪽으로 돌리고는 우주 만물 가운데 최고의 것을 가지게 될 사람의 표정을 하고서 그녀를 응시한 채 이렇게 말했다.

"그러니까……, 내가 하고 싶었던 말은 이거야, 바구니는 내가 들게, 사랑하는 펠리시아."

이 순간 펠리시아는 자기 인생의 그 어느 때보다 가장 아름답게 보였다. 그녀는 심지어 그에게 눈길조차 돌리지 않고 몇 걸음을 앞서 걸었다. 그녀가 이미 얼마 전부터 제 마음을 스티븐에게 주었다는 사실은 비밀도 아니었다. 마침내 그녀가 몸을 돌리고 수줍게 입을 열었는데, 그녀의 얼굴은 장밋빛으로 붉게 물들었고 시선은 부드러웠다.

"그럼, 왜 그렇게 말하지 않았어?"

"그래도 돼?"

스티븐은 소리 질렀고, 하마터면 들고 있던 바구니를 잠깐 떨어뜨릴 뻔했다. 그러자 펠리시아가 이렇게 고함쳤다.

"돼! 오 저런, 떨어뜨리면 안 돼!

"아무렴, 세상에서 정말 귀한 물건을 떨어뜨려선 안 되지, 사랑하는 펠리시아."

하고 스티븐이 말했다. 그는 이제 공중에 둥둥 떠다니는 기분으로 몇 블록을 걸었고, 함께 걷는 내내 두 사람은 우리 독자들에게 알 권리가 없는 오직 둘만의 이야기를 나눴다. 다만 사실로써 여기에 밝혀둘 것은 그날 저 바구니는 제 목적지에 도착하지 못했다. 그리고 그 길 반대편 방향에서, 때마침 주교가 펜로즈 구역으로부터 조용히 걸어 오고 있는 중이었는데, 인보관과 동떨어진 조금 한적한 어느 장소에서 다음과 같은 귀에 익은 목소리가 들려왔다.

"어서 말해봐, 펠리시아, 언제부터 날 좋아하기 시작했어?"

"목공실에서 당신을 만난 그날 당신 귀 바로 위쪽에 작은 대팻밥 하나 걸려 있는 모습을 보고 그만 사랑에 빠져버렸어!"

하고 펠리시아는 웃으며 말했는데, 그 목소리는 너무나 맑고, 너무나 순수하고, 너무나 달콤해서 듣기에 더없이 좋았다.

"그 바구니를 가지고 어딜 가는 게냐?"

주교는 짐짓 근엄하게 말하려고 애썼다.

"우린 이걸…… 펠리시아, 이것을 어디로 가져가던 길이었지?"

"주교님, 우리는 이것을 집에 가져가서……."

"요리를 하려구요."

스티븐이 그녀의 말을 받아서 말했다, 펠리시아를 구하려는 듯이.

"그래?" 주교가 말했다. "나도 초대해줬으면 좋겠구나. 펠리시아의 요리 솜씨가 어떤지 잘 아니까."

"주교님, 주교님! 정말로, 주교님은 가장 영광스러운 손님이 되실 거예요. 주교님도 좋죠?"

하고 펠리시아는 말했고, 자신의 행복함을 굳이 감추려들지 않았다.

"그야, 좋고말고."

주교는 펠리시아의 말뜻을 이해한다는 듯 대답했다. 그런 뒤 주교는 잠시 침묵을 지키더니 부드러운 목소리로 말을 이었다.

"하나님, 두 사람을 축복해주소서!"

주교는 두 눈에 눈물이 글썽한 채 마음속으로 기도하면서 가던 길을 갔다, 기쁨 속에 두 사람을 남겨둔 채.

그렇다. 간고를 겪어 질고를 아시는 분이자 모든 죄악을 짊어지신 예수님 당신의 제자들도 또한 이 세상에 속하는 사랑의 바로 그 거룩한 힘으로 살아가며 노래해야 하지 않을까? 그렇다, 진실로! 그리고 이 두 사람은 손에 손을 마주 잡고 이곳 도시에서 펼쳐진 인간 비애의 이 거대한 사막을 헤쳐나가며, 서로 용기를 북돋우고, 세상의 슬픈 경험을 더 큰 사랑으로 받아들이면서, 서로에 대한 사랑 덕에 예수님의 발자취를 더욱 가까이 따를 테고, 그들 소유의 집이 있다면 그곳에서 집 없는 사람들과 더불어 살아감으로써 수많은 불쌍한 사람들에게 더 많은 신의 은총을 가져다줄 것이다. '그러므로' 우리 주 예수 그리스도께서 말씀하셨다. '남자는 부모를 떠나 제 아내와 한 몸을 이루리라'고. 더욱이 펠리시아와 스티븐은, 하나님께서 신성한 축복으로써 스스로 허락하신 세속적인 사랑으로 말미암아, 그리스도를 따르면서도, 더욱 깊고 진실한 봉사와 헌신으로 그분을 사랑할 것이다.

이 러브 스토리가 인보관에서 생긴 지 얼마쯤 뒤에 레이먼드 제일 교회의 헨리 맥스웰 목사가 레이첼 윈슬로우, 버지니아 페이지와 롤린, 알렉산더 파워즈, 그리고 마쉬 총장과 함께 시카고를 방문했는데 이 일은 인보관의 큰 기쁨이 되었다. 주교와 브루스 목사는 인보관 강당에서 놀라운 모임을 주최했고, 이 행사에 맥스웰 목사와 레이먼드 시의 성도들이 초청되어 온 것이었다.

그날 밤 인보관 강당에는 실직자들, 하나님과 인간에 대한 믿음을 잃어버린 불쌍한 사람들, 무정부주의자들과 무신론자들, 그리고 자유사상가들과 여타 사람들이 모였다. 모임이 시작되었을 때 헨리 맥스웰 목사와 그 일행은 이 도시 전체에서 가장 최악이며, 가장 절망적이고, 가장 위험하며 타락한 인물들을 대표할 만한 사람들과 마주했다. 그리고 성령께서는 이기적이며, 쾌락을 사랑하고, 죄로 얼룩진 이 거대한 도시에 변함없이 역사하고 계셨고, 앞으로 어떤 일이 기다리고 있을지 모르지만, 이 도시는 하나님에게 맡겨져 있었다. 그날 밤 모임에 참석한 모든 사람들은 목사 후보생이 문 위에 반짝반짝 빛나는 투명액자로 달아놓은 인보관 표어를 보았다.

"예수님이라면 어떻게 하실까?"

이 문간에 맨 처음 들어섰을 때, 헨리 맥스웰 목사는 남루한 행색의 젊은이가 레이먼드 제일교회의 주일 오전예배에 나타나 애달픈 호소로써 자신에게 던졌던 저 질문을 처음으로 생각해본 그 당시보다 더 깊은 감동을 느꼈다.

30장

예수께서 이 말을 들으시고 이르시되, 네가 오히려 한 가지 부족한 것이 있으니 네게 있는 것을 다 팔아 가난한 자들을 나눠 주라. 그리하면 하늘에서 보화가 네게 있으리라. 그리고 와서 나를 좇으라 하시니

헨리 맥스웰 목사는 오늘 밤 인보관 강당에 들어찬 영혼들에게 말하기 시작하면서 자기가 이제껏 살아오며 이러한 청중들과 마주한 적이 없었다는 사실을 깨달았다. 확실히 레이먼드 시에는 이처럼 다양한 부류의 사람들이 없었다. 심지어 렉탱글이 최악의 상태였을 때조차도 교회와 모든 종교가들의 손길이 아예 미치지 않으며 기독교적 영향권에서 완전히 벗어나 있는 사람들은 그다지 많이 없었다.

무슨 말을 할 것인가? 그는 이 점에 대해서 벌써 마음에 정해놓은 바가 있었다. 그는 레이먼드 시에서 일어난 서약 운동으로 말미암은 몇 가지 결과를 알아듣기 쉬운 말로 설명했다. 강당에 모인 사람들은 다들 예수 그리스도에 관해서 얼마큼 알고 있었다. 그들은 모두 예수님이 어떠한 분이신지 제 나름대로 어떤 생각을 갖고 있었고, 또 겉으로 비춰진 모습인 기독교의 교회중심주의나 사회제도에 대해 아무리 반감을 품게 되었다고 할지라도, 그들은 정의와 진리를 판별하는 어느 기준을 여전히 지니고 있었다. 그리고 그들 가운데 비록 그 숫자는 적지만 몇 명은 갈릴리 촌뜨기인 예수에게서 배운 바를 아직도 잊지

않고 있었다.

그래서 그들은 맥스웰 목사가 "예수님이라면 어떻게 하실까?" 하고 말했을 때 관심을 보였다. 레이먼드 시에서 있었던 이야기를 끝마친 다음, 그는 이 질문을 일반적인 사회 문제에 적용하여 말하기 시작했다. 사람들은 그의 말을 경청했다. 오히려 경청 그 이상이었다. 정말로 흥미로워했다. 맥스웰 목사가 말을 이어가자, 강당 곳곳에서 사람들은 얼굴을 앞으로 쭉 내민 채 그에게 집중했다. 그 광경은 노동자들이나 길거리 행인들이 한 번 어떤 일에 아주 대단한 관심을 보일 때 말고는 교회 청중들에게서나 여느 장소에선 좀처럼 찾아보기 힘든 모습이었다. 맥스웰 목사가 힘주어 말했다.

"예수님이라면 어떻게 하실까요? 이 질문이 교회 표어뿐만 아니라 사업가나 정치가, 신문인, 노동자, 상류층 인사들의 표어가 된다고 가정해 봅시다. 이러한 행동 기준에 따라 이 세상을 대변혁시키려면 얼마나 오래 걸릴까요? 이 세상의 문제는 무엇일까요? 그것은 이기주의에서 비롯되는 고통입니다. 지금까지 예수님처럼 이기주의를 성공적으로 극복한 사람은 아무도 없었습니다. 만약 사람들이 결과에 상관없이 그분을 따른다면 이 세상은 바로 당장 새로운 삶을 누리게 될 것입니다."

맥스웰 목사는 병들고 죄 많은 사람들로 가득한 강당 안에서 그들의 진지한 관심을 줄곧 붙잡아두는 것이 얼마나 대단한 일인지 전혀 모르고 있었다. 주교와 브루스 목사는, 자리에 앉아 강연을 지켜보면서, 많은 청중들의 얼굴을 둘러보기도 했다. 종교적 믿음을 경멸하고, 사회 질서를 증오하며, 극도로 편협하고 자기만 알았던 그들의 얼굴들에서,

설사 인보관 쪽에서 노력한다고 했지만, 세상의 방치와 무관심 탓에 더더욱 커져가던, 그들 마음속의 원망이 서서히 누그려져가기 시작하는 모습을 바라보며 놀라워했다.

또 한편으로, 겉보기엔 맥스웰 목사에게 존경을 표하고 있었음에도, 어느 누구도, 심지어 주교조차도, 오늘 밤 이 강당 안을 가득 채운 그 감동의 정체가 무엇인지 알 수 없었다. 이 모임의 소식을 듣고 초대에 응한 사람들 중에는 오늘 오후 인보관 앞을 지나가다가, 모임 공고를 보고는, 호기심에서 또는 매서운 겨울바람을 피해 보겠다고 안으로 들어온 실직자들도 이삼십 명 섞여 있었다. 오늘 밤은 무척 추웠고 술집은 사람들로 미어터졌다. 그러나 인구 3만 명 이상의 이 구역 전체에서, 술집을 예외로 둔다면, 이 인보관의 깨끗하고, 순수한 믿음의 문 말고는, 활짝 열린 문은 그 어디에도 없었다. 집이나 직장 또는 아무런 친구도 없는 사람들이 술집으로 안 간다면 어디로 가겠는가?

이런 종류의 공개 모임 뒤엔 자유토론 시간을 갖는 것이 인보관의 관례였고, 맥스웰 목사가 강연을 끝내고 자리에 앉자, 오늘 밤 사회를 맡은 주교가 일어나서 여기에 있는 사람은 누구든지 자유롭게 질문을 할 수 있으며, 자기 생각을 털어놓거나 자신의 신념을 밝혀도 좋다고 알렸다. 또 발언자는 누구든지 절차상 정해놓은 간단한 규칙을 지켜야 하며, 참가 인원수 문제 때문에, 여기에 다들 동의한다면, 3분으로 제한한 발언 시간을 지켜야 한다고 양해를 구했다.

이러한 공개 모임에 참석한 경험이 있는 다수의 사람들은 즉시 "찬성이요! 동의요!" 하고 외쳐댔다.

주교가 자리에 앉자, 곧바로 강당 가운데쯤에서 한 사람이 일어나서 이렇게 말하기 시작했다.

"오늘밤 맥스웰 목사님이 하신 말씀이 저에게 아주 깊이 와 닿았단 말을 하고 싶습니다. 저는 잭 매닝을 알고 있는데, 그 친구가 맥스웰 목사님의 사택에서 죽었다고 들었습니다. 저는 필라델피아의 한 인쇄소에서 2년 동안 그의 옆자리에서 함께 일했었지요. 잭은 좋은 친구였어요. 한 번은 제가 어려움에 처해 있었을 때 잭이 5달러를 빌려주었고 저는 그 돈을 갚을 기회를 얻지 못했지요. 인쇄소의 경영 사정 탓에 해고당해서, 그는 뉴욕으로 떠나갔고, 이후로 그를 다시 볼 수 없었거든요. 라이노타입 인쇄기가 도입되자 저도 실직하고 말았습니다, 바로 잭처럼 말이죠. 그리고 여태 그 상태를 못 면하고 있습니다. 발명품은 좋은 것이라고들 말합니다. 저는 꼭 그렇다고 보진 않아요. 그건 제 편견일 수도 있겠죠. 기계가 자신을 대신하게 돼서 안정적인 일자리를 잃게 된다면 누구나 당연히 그렇게 생각할 겁니다. 이 기독교적 정신에 관해 목사님이 하신 말씀은, 다 옳습니다. 하지만 저는 교회 신자들이 그러한 희생을 감수할 거라고 결코 기대하지 않아요. 지금껏 제가 지켜본 바로는 교인들도 다른 사람들과 마찬가지로 이기적이며 돈과 세속적인 성공에 탐욕스럽기 때문입니다. 주교님과 브루스 목사님 그리고 몇 분을 빼고서 말이죠. 그렇지만 사업과 돈벌이에 관한 한, 이른바 세속의 사람들과 교회 신도들 사이에 이렇다 하게 다른 점을 찾아볼 수 없었습니다. 그 점에서 둘 다 똑같이 나쁘다고 생각합니다."

"그건 그래!"

"당신 말이 맞아!"

"물론이지!"

이런 외침이 터져 나와서 발언자의 말이 잠시 중단됐다. 그리고 그가 앉자마자 이 첫 번째 발언자가 말하기 그 직전부터 발언권을 얻기 위해 기다리고 있었던 두 사람이 거의 동시에 말하기 시작했다.

주교는 두 사람에게 질서를 지켜 달라고 요청했고 그중 한 사람에게 발언권을 주었다. 줄곧 서 있던 그 사람은 열띤 목소리로 말하기 시작했다.

"저는 여기 모임에 참석한 것은 이번이 처음이자, 어쩌면 마지막이 될지도 모릅니다. 사실, 제 목숨 줄은 거의 다했어요. 저는 일자리를 얻기 위해 이 도시를 돌아다녔고 결국엔 병만 얻었습니다. 저 같은 처지의 사람들이 허다합니다. 말씀해주세요! 괜찮으시다면, 목사님께 질문을 드리고 싶습니다, 그래도 될까요?"

"맥스웰 목사님이 대답하셔야겠군요." 주교가 말했다.

"그러겠습니다." 맥스웰 목사가 재빨리 대답했다. "물론, 만족하실 만한 답변을 드릴지 장담할 수 없지만요."

"제 질문은 이겁니다."

그 사람은 몸을 앞으로 숙이며 짐짓 과장된 몸짓으로 긴 팔을 쭉 뻗었다. 건강하지 못한 상태임에도 그 동작은 꽤 자연스러웠다.

"예수님이 제 처지에 놓이신다면 어떻게 하실지 알고 싶습니다. 저는 두 달간 아예 일손을 놓고 있었어요. 저에겐 아내와 자식들 셋이 딸려 있고, 억만금보다 더 그들을 사랑하지요. 우리 가족은 제가 세계박람

회장에서 일하면서 그동안에 벌어둔 약간의 돈으로 겨우겨우 생계를 꾸려왔습니다. 저는 목수 일을 하고, 일자리를 얻기 위해 갖은 방법을 다 써봤습니다. 목사님은 '예수님이라면 어떻게 하실까?' 이 질문을 생활신조로 삼아야 한다고 말씀하셨죠. 그분이시라면 저처럼 실직했을 때 어떻게 하셨을까요? 저에겐 그걸 물어볼 사람이 달리 없습니다. 전 일하고 싶습니다. 예전처럼 하루 10시간씩 지치도록 일할 수만 있다면 어떤 대가도 치르겠어요. 일자리를 구하지 못한 게 제 책임입니까? 저도 살아야 하고, 제 아내와 자식들도 살아야 합니다. 그렇데 어떻게 살아야 하지요? 예수님이라면 어떻게 하셨을까요? 이것이 우리가 스스로 물어보아야 할 질문이라고 목사님은 말씀하셨잖아요."

맥스웰 목사는 자기한테 온통 이목을 집중하고 있는 뭇 얼굴들의 거대한 바다를 응시하며 앉아 있었고, 이 남자에게 답변해줄 말이 선뜻 생각나지 않을 것 같았다.

'오, 하나님!'

하고 그는 마음속으로 기도했다. 그런 뒤 이렇게 입을 열었다.

"이것은 인간의 행복을 바라시는 하나님의 그 모든 소망과는 정반대로 돌아가는 현 상태와 인간의 잘못들이 복잡하게 한데 뒤엉킨 총체적 사회 문제를 드러내는 질문입니다. 몸 건강하며, 일할 수 있고 그럴 열의도 있는 사람이 정직한 생계 수단을, 사실상 아무리 해도 구할 수 없어서, 구걸이나 친구들과 타인들에게 손을 벌린다든가, 자살이나 굶어죽는, 이러한 지경으로 내몰리는 것보다 더 끔찍한 상황이 어디 있겠습니까? '예수님이라면 어떻게 하셨을까요?'"

그것은 물어보는 사람 쪽에선 당연한 질문이었다. 설사 그 질문자가 예수님의 제자라고 쳐도, 그렇게 물어볼 수밖에 없는 질문이었다. 하지만 이러한 상황에서 대답해야만 하는 사람에게는 얼마나 난감한 질문이었겠는가?

이 모든 점을 맥스웰 목사는 더욱 곰곰이 생각했다. 다른 사람들도 모두 똑같이 생각하고 있었다. 주교는 괴롭고 슬픈 얼굴을 하고서 앉아 있었는데 그 질문이 얼마나 마음을 뒤흔들었는지 그의 표정에서 금세 알 수 있었다. 브루스 목사는 고개를 숙인 채 있었다. 서약을 하고 나서 교회를 떠나 인보관으로 들어온 이래로 인간의 문제가 이처럼 비극적으로 와 닿은 적은 일찍이 없었던 듯싶었다. 예수님이라면 어떻게 하실까? 이건 지독히 어려운 질문이었다. 그런데 저 질문을 던졌던 남자는 여전히 거기 서 있었다, 키다리에 깡마르고 소름 끼치는 모습으로, 시간이 흐를수록 더욱 절실히 그 대답을 듣고 싶다는 듯이 팔을 내뻗은 채로. 마침내 맥스웰 목사가 입을 열었다.

"지금 이 자리에, 예수님의 제자 분들 중에서, 이러한 상황에 처해 있으면서 예수님이라면 하심직한 그 행동대로 따르려고 애쓰셨던 분이 계신가요? 만약 계신다면, 그분이 저보다 이 질문에 더 잘 답변해주실 수 있을 겁니다."

한순간 강당 안은 침묵에 휩싸였고 그런 뒤에 강당 앞자리 쪽에서 한 사람이 천천히 일어났다. 그는 노인이었는데, 말할 때 보니까 자기 앞쪽 의자 등받이에 올려놓은 손이 떨리고 있었다.

"확실히 말하지만 저는 바로 그러한 상황을 여러 번 겪어왔었고,

그때마다 매번 기독교인답게 처신하려고 애썼지요. 내가 실직했었을 때, '예수님이라면 어떻게 하실까?' 하고 이 질문을 항상 했었는지는 잘 모르겠지만, 언제나 그분의 제자답게 살려고 노력했다는 건 분명히 알고 있습니다. 그랬습니다."

주교와 맥스웰 목사에겐 그 질문자의 무서운 절망보다 더욱 연민을 자아내는 슬픈 미소를 지으며, 노인은 말을 이어갔다.

"물론, 나는 구걸도 해봤고, 자선단체를 찾아다니기도 했었죠. 게다가 음식과 땔거리를 얻으려고 실직 중일 때 도둑질이나 거짓말을 빼놓고 안 해본 일이 없었습니다. 내가 먹고 살려면 하지 않을 수 없었던 그런 일들을 예수님이 하셨을지는 모르겠지만, 실직자였을 때 내가 고의로 나쁜 짓은 결코 하지 않았단 사실은 알고 있어요. 이따금씩 난 예수님이라면 거지 노릇을 하느니 차라리 굶어 죽었을지도 모른다고 생각해요. 하지만 잘 모르겠어요."

그 노인의 목소리는 떨렸고 그는 겁먹은 듯 강당 안을 이리저리 둘러보았다. 잠시 정적이 흘렀고, 주교 자리에서 세 칸 떨어진 곳에 앉아 있던 큰 덩치에, 검은 머리, 덥수룩하게 수염이 난 어느 남자가 성난 목소리로 불쑥 침묵을 깼다. 그가 말하는 순간 강당 안의 거의 모든 사람들이 바짝바짝 앞으로 몸을 숙였다. '예수님이라면 어떻게 하셨을까요?' 하고 물었던 질문자는 슬그머니 자리에 앉더니 자기 옆 사람에게 이렇게 속삭였다.

"저 치가 누구요?"

"저 사람이 칼센이죠, 사회주의 운동의 앞잡이인. 어디 무슨 말을 하나 들어봅시다."

칼센은 마음속 깊은 곳에서 치밀어 오르는 분노로 자신의 무성하고 뻣뻣한 수염을 떨면서 말하기 시작했다.

"죄다 헛소리요, 내 생각엔, 우리의 체제 전체가 잘못됐습니다. 우리가 문명이라 부르는 것은 그 속속들이 썩어 있어요. 그것을 감추거나 덮어버리려고 해봤자 아무 소용없습니다. 지금 우리는 셀 수도 없이 많은 무고한 남자들, 여자들과 아이들을 그저 죽음으로 몰고 가는 독점 기업들과 자본주의 탐욕의 시대에 살고 있어요. 저는 하나님의 존재를 믿지 않지만, 만약 하나님이 계신다고 한다면, 제가 감히 결혼하여 가정을 이루려고 하지 않았다는, 이 한 가지만은 하나님께 감사드립니다! 가정이라니! 지옥이라고 불러야 할 판인데! 지금 이 순간 저 남자가 책임지고 있는 아내와 세 자식들보다 더 중요한 게 어디 있을까요? 그런데 저 남자도 그러한 처지에 놓인 수많은 사람들 중에 고작 한 명일 뿐이에요. 또 한편으로 이 도시와, 이 나라의 모든 대도시에선 스스로 기독교인이라고 믿는 사람들이 헤아릴 수 없을 만큼 많습니다. 그들은 한껏 사치와 안일을 누리다가, 주일에 교회로 가서 예수님께 다 바치고 십자가를 짊어지며 언제나 그분을 따르면서 구원받겠노라고 그따위 찬송을 부릅니다! 그들 가운데 좋은 남녀 교인들이 없다고 말할 수 없지만, 오늘 밤 여기에서 우리에게 강연해주신 목사님께 내가 그 이름을 불러드릴 귀족주의에 물든 교회들 가운데 한 곳을 찾아가 그곳 교인들한테 오늘 밤 이 자리에서 언급하셨던 그러한 서약을 제안해보라고 하세요. 그러면 얼마나 빨리 사람들이 그를 바보나 괴짜 또는 광신자 취급하며 비웃는지 보게 될 겁니다. 오, 맞습니다! 그 방법은 근본적인 대책이 아닙니다. 그런 식으로는 아무런 성과를 이룰 수 없어요. 우리는 정치에서 새롭게 출발해야 합니다. 모든 것을 재정립할 필요가 있습니다. 나는 교회로부터 어떤 가치 있는 개혁이 나오리라고 기대하지 않아요. 교회는 민중과 한편이 아닙니다. 교회는 특권층과, 돈 많은 부자들을 편듭니다. 독점 기업들과 시장 독점은 교회에 다니는 가장 지체 높은 사람들의 것이에요. 계급의 관점에서 봤을 때 목사들은 그들의 노예입니다. 우리에게 필요한 것은 일반 민중의 권리에 입각하여, 사회주의의 보편적 토대 위에서 시작할 제도를……."

칼센은 3분 발언의 규정을 싹다 잊어버린 채 적어도 한 시간쯤 걸리는, 자신의 청중 앞에서 으레 해왔던 투로, 일반 연설로 들어가고 있었다. 그때 그 뒤에 앉아 있던 사람이 느닷없이 칼센을 끌어당겨 앉히고는 자기가 일어났다. 처음에 칼센은 화를 내며 작은 소란을 피울 것처럼 보였지만, 주교가 발언 규정을 상기시켜주자, 몇 마디 중얼거리더니 입을 다물었다. 이윽고 다음 발언자는 온갖 사회 병폐에 대한 진짜 구제책으로 단일세— 토지세를 유일한 국가조세수입의 원천으로 삼고 다른 모든 조세를 폐지하도록 제안되었던 방법, 편집자 주— 의 가치를 대단히 높이 사는 말로 시작했다. 이다음 차례의 발언자는 교회와 목사들을 신랄하게 공격했고, 철두철미하게 진정한 개혁을 이루는데 두 가지 커다란 장애물은 의회와 교회 조직의 파벌들이라고 단언했다.

이 사람이 자리에 앉자 한눈에 봐도 날품팔이 노동자임을 알 수 있는 남자가 벌떡 일어나서 기업들, 특히 철도회사를 향해 욕설을 마구 퍼부었다. 그에게 주어진 시간이 끝나고 이번엔 자기를 금속가공 노동자라고 소개한, 큰 덩치에 우락부락한 사내가 발언권을 요구했다. 그는 사회 문제의 치료책은 노동조합 운동에 있다고 선언하듯 말했다. 노동조합이야말로, 다른 무엇보다도 확실하게 노동자들의 황금시대를 가져올 것이라고 말했다. 그 다음 발언자는 그토록 많은 사람들이 일자리를 잃게 되는 이유를 몇 가지 제시하려고 애썼으며, 기계 발명품들은 마귀의 작품이라고 비난했다. 이 말로 그는 큰 박수를 받았다.

마침내 주교가 '자유토론 시간'의 종료를 알리고, 레이첼에게 찬송을 부탁했다.

레이첼 윈슬로우는 예수님이라면 하심직한 행동 그대로 따르겠다고 맨 처음 서약했던 그 주일 이후로 레이먼드 시에서 놀라운 한 해를 보내며 아주 강인하고, 건강하며, 겸손한 크리스천으로 바뀌어 있었고, 자신의 훌륭한 노래 솜씨를 고스란히 주님을 위한 봉사에 바쳐왔다. 오늘 밤 그녀가 이 인보관 모임에서 찬양을 부르기 시작했을 때, 주님을 위해 사용될 자기 목소리, 곧 지금은 주님의 것이라고 생각하는 자신의 목소리를 통해서, 놀라운 역사가 일어나게 해달라고 어느 때보다 간절히 기도했다.

그녀가 노래를 부르자 확실히 그녀의 기도는 응답되고 있었다. 그녀는 노래했다.

"들어보라! 예수님이 부르시는 음성을, 나를 따르라! 나를 따르라!"

헨리 맥스웰 목사는, 거기에 앉아서, 자신이 렉탱글의 천막 집회에 처음 참석했던 밤에 레이첼이 찬송으로 사람들을 조용하게 만든 사실을 다시 떠올렸다. 그 효과는 이곳에서도 똑같았다. 한결같이 주님을 섬기기 위해 받쳐진 아름다운 목소리는 그 위력이 얼마나 놀라운가! 레이첼의 천부적인 뛰어난 재능은 그녀를 이 시대의 최고 성악가들 가운데 한 명으로 만들 수도 있었으리라. 당연히 이곳에 모인 사람들은 결코 이러한 노래를 들어본 적이 없었다. 어떻게 들을 수 있었겠는가? 길거리에서 인보관 안으로 흘러 들어왔던 사람들은, 주교의 말마따나, '세상살이'에서 일반 서민이라면 결코 들어볼 수 없는 목소리에 완전히 도취되어 앉아 있었다. 이러한 노래를 들으려면 꽤 비싼 입장료를 지불해야 했기 때문이었다. 레이첼의 찬송가는 마치 구원의 기쁨을 미리 맛보게 해주듯이 자유롭고 기쁘게 강당 전체로 퍼져 나갔다. 칼센은, 검은 수염으로 덥수룩한 얼굴을 치켜든 채, 제 혈통 특유의 음악에 대한 깊은 사랑을 품고 그 노래에 빠져들었고, 눈물이 뺨을 타고 흘러내려 반짝반짝 수염을 적셨다. 그의 얼굴은 부드럽게 변했고 겉모습으로는 거의 고상해 보이기도 했다. 예수님이 자기와 같은 처지에 놓이신다면 어떻게 하셨을지 알고 싶어했던 실직 중인 남자는 자기 앞쪽 의자 등받이에 더러운 한손을 얹어놓고 앉아 있었는데, 입을 살짝 벌린 채로, 자신의 심각한 비극적인 상황을 잠시 동안 잊은 표정이었다. 그 찬송가는, 노래가 계속되는 동안엔, 음식이자 일자리이고 따뜻함이면서 또 한 번 자신의 아내와 자식들과 함께하는 것이었다. 교회와 목사들을 지독하게 비난했던 사람은 머리를 꼿꼿이 세우고 앉아서,

처음에는 딴청을 부리는 듯한 둔감한 표정이었다. 마치 교회나 예배 의식과 거의 무관했었던 어떤 행사에 이런 찬송이 끼어드는 것에 완강히 저항하듯이. 그러나 강당 안에 있는 모든 사람들의 마음을 뒤흔들고 있는 그 노래의 힘에 차츰 굴복하게 되면서, 슬픈 사색에 잠긴 표정이 그의 얼굴에서 감돌았다.

오늘 밤 레이첼이 찬송을 부르는 동안에 주교는 이런 말을 했다. 만약 죄를 짓고, 병들고, 타락하고, 인간성을 상실한 세상 사람들이 하나님께 헌신하는 프리마 돈나와 전문 테너와 알토와 베이스, 이들 성악가들의 찬양을 통해 복음을 듣게 된다면 다른 어떤 영향력보다 하늘나라의 도래를 훨씬 빨리 앞당길 수 있을 텐데라고.

'왜, 오, 과연 왜' 주교는 노래를 들으면서 마음속으로 외쳤다. '노래라는 세상의 위대한 보물은 가난한 사람들한테서 그토록 자주 동떨어져 있을까? 가장 성스러운 선율을 노래하거나 연주할 수 있는 사람들이 그 재능을 돈벌이 수단으로 아주 쉽게 여기기 때문은 아닐까? 이 세상에서 그런 재능을 부여받은 사람들 중에는 순교자가 나올 수 없단 말인가? 다른 은사처럼 이 위대한 은사를 베풀 수 없단 말인가?'

이윽고 헨리 맥스웰 목사는, 다시 이전처럼, 그리스도 제자됨이란 그 새로운 가치관이 보다 널리 퍼져 나가길 더더욱 바라면서, 렉탱글 집회에서 만났던 사람들을 떠올리고 있었다. 인보관에서 보고 들은 바를 통하여 그는 만약 이곳 크리스천들이 예수님이 명령하신 대로 일단 그분을 따른다면 이 도시의 모든 문제들이 해결되리라는 신념이 더욱 마음속 깊이 새겨졌다. 하지만 구세주께서 구원하시고자 오셨던, 무시당하며 죄로 물든 이 많은 사람들은 어떠한가? 그들은 자신들의 오해와 편협함, 비참함과 절망감, 이러저러한 이유 탓에 교회들을 유독 마구잡이로 비난하고 있지 않은가? 그런 생각이 맥스웰 목사의 가장 깊은 곳을 엄습했다. 그렇다면 교회가 주님에게서 너무 멀리 멀어져 있기 때문에 사람들은 주님을 더는 교회에서 찾지 않는단 말인가? 기독교 초기에 교회가 수많은 세상 사람들에게 영향을 미친 것과는 달리 오늘날 교회는 정녕 그 영향력을 잃어버렸는가? 사회주의 운동가가 말한, 교인들의 이기주의와 현실 도피와 귀족주의 탓에 사회를 개혁하고 민중을 구원하는 데 교회는 전혀 쓸모없다는 그 말은 얼마만큼 진실일까?

맥스웰 목사는, 지금은 레이첼의 찬송을 조용히 듣고 있지만, 이 강당 안에 상대적으로 적은 사람들이 그들과 같은 처지인 수많은 사람들을 대표하고 있다는 사실과, 그들이 교회와 목사보다는 오히려 술집이나 비어 가든에서 위안과 행복을 찾는다는 사실에 더욱더 소름이 끼쳤다. 확실히 그럴까? 만약 교회 신자들이 모두 예수님이라면 하심직한 행동 그대로 따르게 된다면, 그때에도 무수한 사람들이 일자리를 찾아 길거리를 헤매고, 수많은 사람들이 교회를 비난하며 셀 수도 없는 사람들이 술집에서 최고의 위안거리를 찾게 될까? 오늘 밤 이 강당에서 각자 제 나름대로 그럴듯하게 설명했던 이 인간 문제에 크리스천들은 과연 어디까지 책임이 있을까? 대도시 교회들이 예수님의 발자취를 따르는 일을, 그분을 위해 정말로 고난을 받으라고 하면, 거의가 그것을 거부할 거라는 말은 사실일까?

31장

맥스웰 목사는 시카고를 방문할 때 조만간에 레이먼드로 돌아가서 주일 아침에는 제일교회의 강단에 설 계획이었다. 그러나 금요일 아침 인보관으로 걸려온 전화 한 통을 받았는데, 시카고에서 가장 큰 교회들 가운데 어느 목사 한 분이 주일 오전 예배와 저녁 예배의 설교를 맡아 달라고 부탁했다.

처음에 그는 망설였지만, 성령께서 인도하시는 힘의 손길을 느끼고는, 결국 수락하고 말았다. 그는 스스로 품은 의문을 시험해볼 참이었다. 인보관 모임에서 교회를 향해 퍼부어졌던 비난이 과연 진실인지 거짓인지 알아보고 싶었다. 예수님을 위해 그 교회는 어디까지 자기 부정을 밀고 나갈 수 있을까? 그분의 발자취를 얼마나 가까이서 따라갈 것인가? 그 교회는 주님을 위해 기꺼이 고난을 감수할 것인가?

토요일 밤에 맥스웰 목사는, 거의 꼬박 지새다시피 기도했다. 이제까지 영혼을 다해 그렇게 씨름한 적은 한 번도 없었다. 레이먼드에서 가장 힘겨웠을 때조차도 이 정도는 아니었다.

사실상 그는 또 다른 새로운 종교적 체험에 첫발을 내딛고 있었다.

그리스도의 제자됨에 대한 자신의 정의가 이 시점에서 또 하나의 시험대로 올라가고 있었고, 그는 주님이라는 더 큰 진리 속으로 나아가고 있었다.

주일 아침에 그 대형교회는 사람들로 발 디딜 틈이 없었다. 지난밤을 철야기도로 보내고 나서 강단에 선 헨리 맥스웰 목사는 교인들이 보내는 엄청난 호기심에 주눅이 들었다. 그들은, 여느 교회들과 마찬가지로, 레이먼드 시의 서약 운동에 관한 소문을 들었었고, 브루스 목사의 최근 행동으로 말미암아 그 서약에 대한 일반 대중의 관심이 높아져 있었다. 이러한 호기심과 더불어 뭔가 더 깊고, 더 진지한 구석도 있었다. 맥스웰 목사도 그것을 느꼈다. 그리고 성령의 임재하심에서 자신의 살아 있는 힘이 온다는 사실을 알고 있었기 때문에, 그는 전하고자 하는 말을 이날 교인들에게 전했다.

맥스웰 목사는 시쳇말로 위대한 설교자는 아니었다. 그에겐 탁월한 설교자가 갖춰야 할 설득이나 재능이 없었다. 그러나 예수님이라면 하심직한 대로 행하겠다고 서약한 이래로, 진실한 웅변에는 필수불가결한 요소인 확실한 설득 능력을 지니게 되었다. 오늘 아침 신도들은 맥스웰 목사에게서 위대한 진리의 그 중심부에 깊이 들어갔다가 나온 사람만이 지닐 수 있는 완벽한 신실함과 겸손함을 느낄 수 있었다.

그 서약 운동으로 레이먼드 시에서 자신이 맡고 있는 교회에 일어난 여러 일들을 간단히 소개한 뒤에, 맥스웰 목사는 인보관의 공개 모임 이후 스스로 품어 왔던 질문들로 말을 이어갔다. 그는 영생을 얻으려면 무엇을 해야 할지 묻기 위해 예수님을 찾아온 어느 부자 청년에 대한 이야기를 설교 주제로 삼았다. 예수님은 그 부자 청년을 시험하셨다. '네게 있는 것을 다 팔아 가난한 자들을 나눠주라. 그리하면 하늘에서 보화가 네게 있으리라. 그리고 와서 나를 좇으라.' 하지만 부자 청년은 그 정도까지 고난을 감수하고 싶지 않았다. 예수님을 따라가는 삶이 그런 식으로 고난 받는 걸 뜻한다면, 차라리 포기하겠다고 생각했다. 그 청년은 예수님을 따라가고 싶었지만, 그 대가로 너무 많이 지불해야 한다면 그러고 싶지 않았던 것이다.

헨리 맥스웰 목사의 잘생기고, 사려 깊은 얼굴이 여간해선 마음이 움직이지 않았던 교인들을 감동시키는 호소력 짙은 열정으로 빛났고, 그는 이렇게 말을 계속했다.

"정말로, 정말이지 오늘날 교회가, 그리스도 당신의 이름을 따서 그 명칭을 붙인 교회가 고난을 치러야 하기 때문에, 물질적 손해를 감수해야 하기 때문에, 덧없는 이득을 희생해야 하기 때문에 예수님을 따르길 거부한다는 말이 사실입니까? 지난주 인보관에서 개최된 큰 모임에서 어느 노동운동가가 사회를 개혁하거나 구제하는 데 교회에겐 아무런 희망도 없어 보인다고 말했습니다. 무슨 근거로 과연 그런 말을 했을까요? 그것은 교회가 사람들의 고난과 궁핍과 죄악보다는 오히려 '제 자신들의 안락과 사치'를 더 많이 생각하는 남녀 교인들로 대다수 채워져 있다고 하는 가정 하에 나온 말이 확실합니다. 이 말은 어디까지 진실일까요? 우리나라 기독교인들은 자신들의 제자됨을 시험받을 준비가 되어 있습니까? 엄청난 부를 소유한 사람들은 어떤가요? 그들은 그 재산을 예수님이라면 하심직한 대로 사용할 준비가 되어 있습니까?

뛰어난 재능을 지닌 사람들은 어떤가요? 그들은 예수님이라면 틀림없이 하실 법한 그대로 사람들에게 그 재능을 바칠 각오가 되어 있습니까?

이 시대가 요구하는 것은 그리스도 제자됨의 새로운 정립이 아닐까요? 이 죄악으로 물든 대도시에 살고 계신 여러분들이야말로 저보다 더 잘 아실 테지요. 크리스천들의 도움을 필요로 하는, 육신과 영혼이 죽어가고 있는, 저 남자들과 여자들 그리고 아이들이 처한 그 끔찍한 상황을 개의치 않거나 염두에 두지 않으면서 여러분들은 자신들의 갈 길을 갈 수 있습니까? 전쟁보다는 술집이 확실히 수없이 더 많은 사람들을 죽이고 있다는 사실은 여러분들에겐 개인적으로 알 바 아니라는 겁니까?

건강하며 일하고 싶어하는 무수한 사람들이 이 도시와 여느 도시를 떠돌아다니며, 제아무리 일자리를 구해봐도 구할 수 없어서, 끝내 범죄나 자살로 내몰리는 것은 어떤 형식으로든 여러분들이 각자 고통을 통감해야 할 문제 아닙니까? 이 문제는 여러분들과 전혀 상관없는 일이라고 말할 수 있을까요? 저마다 스스로 돌아보십시오. 어디 한 번 생각보세요, 정말이지 만약에 이 나라의 모든 기독교인들이 예수님이라면 하심직한 그대로 행한다면, 사회 전체, 경제계, 또한, 우리의 상업 활동과 정부의 행정 활동을 영위하게끔 해주는 바로 정치 제도가 아주 바뀌어서 인간의 고통이 최소한으로 줄어들지 않을까요?

만약 이 도시의 교인들이 모두 예수님이 하심직한 대로 행하고자 애쓴다면 어떤 결과가 생길까요? 그 결과가 어떨지 시시콜콜 말씀드릴 수는 없습니다. 그렇지만 인간의 문제에 대한 적절한 해답을 곧바로 찾아내기 시작하리란 사실은, 쉽게 말씀드릴 수 있고, 또한 자명합니다.

그리스도 제자됨의 시금석은 무엇일까요? 그리스도께서 사셨던 시대와 지금이 다른가요? 우리가 살아가는 환경이 그 기준을 수정하고 변경시켰을까요? 만약 지금 여기에 예수님이 계신다면 바로 이 교회의 여러분들 가운데 몇 분에게 저 부자 청년한테 명령하셨던 바와 똑같이 명령하시고, 그분들에게 자신들의 재산을 다 내놓고서 글자 뜻 그대로 당신을 따르라고 하시지 않을까요? 만약 예수님이 어느 성도가 자기 재산을 구세주보다 더욱 생각한다는 확신이 드셨다면 예수님은 그렇게 명하셨을 거라고 저는 믿습니다. 제자됨의 시금석은 그때나 지금이나 동일합니다. 예수님은 지금 명하신 바와 같이 앞으로도 명하실 거라고 저는 믿습니다. 곧, 예수님이 이 땅에 사람으로 사시며 '누구든지 자기의 모든 소유를 버리지 아니하면 능히 내 제자가 되지 못하리라'고 말씀하셨던 그때처럼, 가까이서 당신을 따르며, 많이 고난을 받고, 혹독하게 자기를 부정하라고 말입니다. 좀 더 정확히 말하자면, 예수님을 위해 기꺼이 고난을 받지 않는다면, 그분의 제자가 될 수 없습니다.

이 도시에서 모든 교인들이 예수님이라면 하심직한 행동을 그대로 따르기 시작한다면 어떤 결과가 일어날까요? 그 결과들을 상세하게 말씀드리기란 쉽지 않습니다. 그러나 교회 신도들이 지금 행하고 있는 어떤 일들은 더는 행해지지 않으리란 사실을 우리는 다들 알고 있습니다.

부의 문제를 예수님이라면 어떻게 하실까요? 그분은 돈을 어떻게 쓰실까요? 어떤 원칙으로 돈의 사용을 잡도리하실까요? 예수님은 대단한 호사를 누리면서 사시고 그리고 고통 받는 사람들의 요구를 들어주기 위해 사용하시는 돈보다 열 배나 많은 돈을 당신 일신의 치장과 유흥을 위해 쓰시고 싶어하실까요? 예수님은 돈을 버시는데 어떻게 처신하실까요? 술집이나 다른 남사스러운 곳에서 임대료를 받으실까요, 그렇지 않으면 셋방살이하는 사람들한테는 집이라고도 할 수 없고 사생활이나 청결함도 보장되지 않는 임대주택을 지어 놓고 월세를 받으실까요?

예수님은 셀 수도 없이 많은 자포자기한 실직자들을 어떻게 대하실까요? 그들은 길거리를 헤매며 교회를 저주하고, 아니면 교회에 냉담합니다. 또 그들은 쓴맛이 나는 빵을 위해 쓰라린 투쟁을 벌여야 하는 처지에 빠져 있어요. 그 빵을 얻겠다고 필사적인 싸움을 치르곤 합니다. 예수님은 그들에게 전혀 무관심하실까요? 예수님은 상대적으로 쉽고 편한 길을 가시고자 할까요? 예수님은 내 알 바 아니라고 말씀하실까요? 예수님이라면 이러한 상황의 원인들을 없애야 할 책임에서 벗어나려고 스스로 변명하실까요?

과연 예수님이라면 어떻게 하실까요? 이윤 추구에만 급급한 문명의 복판에서 대기업체에 고용된 여성들이 영혼과 육신을 함께 꾸려가기엔 임금이 충분치 못해서 무섭고 아주 강한 유혹에 넘어가 그들 가운데 다수가 타락하며 펄펄 끓는 구렁텅이에 휩쓸려가는 모습을 보시면서 말입니다. 그리고 그들에 대한 기술 교육과 도덕적 훈련과 인격적 사랑이 아울러 행해져야 함에도 그 모든 기독교적 의무를 저버린 채 사업체가 그저 사업상의 필요로 수많은 청년들을 희생시키는 모습을 보시면요? 예수님이, 만약 그분이 우리 시대와 영리 추구적인 산업계의 일원으로서 지금 여기에 계신다면, 사업가는 다들 아는 이러한 사실들을 목격하실 때, 아무 감정도 못 느끼시고, 아무 일도 하지 않으시며, 아무 말도 하지 않으실까요?

예수님이라면 어떻게 하실까요? 예수님이 하심직한 일을 제자도 마땅히 행해야 하는 것 아닐까요? 제자는 그분의 발자취를 따라가라고 명령 받은 사람이 아닐까요? 이 시대의 기독교 정신은 그분을 위해 얼마나 많은 고난을 감수하고 있을까요? 안락하고, 편안하고, 화려하고, 우아한 삶을 그 대가로 치르면서까지 자기 부정을 추구할 수 있을까요? 이 시대에 자기희생보다 더욱 필요한 것은 무엇일까요? 선교 단체를 세운다거나 극빈자들의 곤궁함을 덜어주기 위해 돈을 조금 내놓는 일로 교회가 예수님을 따르는 의무를 다했다고 할 수 있을까요? 천만 달러를 가진 사람이 자선 사업에 그저 일만 달러를 기부하는 것이 무슨 희생입니까? 개인의 고난에 관한 한 그는 사실상 자신에게 아무런 피해도 없으니까 얼마쯤 내놓은 것 아닙니까? 대다수 교회에서 오늘날 그리스도의 제자들이 희생이라고 부를 수 있는 희생과는 아주 동떨어져서, 안이하고, 안일하며, 이기적인 삶을 살아가고 있다는 게 사실일까요? 예수님이라면 어떻게 하실까요?

그리스도의 제자됨에서 무엇보다 중요한 것은 자기 자신입니다. '주는 사람이 없는 선물은 아무것도 아니다'란 말도 있습니다. 다른 사람에게 고난을 대신하게 하는 기독교 정신은 그리스도의 기독교가 아닙니다. 크리스천인 사업가, 시민은 개개인 각자가 자기희생의 길을 따라 예수님의 발자취를 쫓으며 그분에게로 가야 합니다. 오늘날의 이 길은 예수님 당대의 저 길과 서로 다르지 않아요. 그것은 똑같은 길입니다. 저물어가는 금세기와 조만간 도래할 새로운 세기가 우리에게 요구하는 것은, 그리스도 제자됨의 재정립, 다시 말해서, 초대교회의 제자들이 모든 것을 버리고 말뜻 그대로 주님을 따랐던, 그 초기의, 단순하며, 사도다운 기독교 신앙으로, 예수님을 새로 따르는 일일 겁니다. 오로지 이러한 종류의 제자됨만이 그것을 극복하게 되리라는 희망을 갖고 이 시대의 파괴적인 이기주의에 맞설 수 있습니다. 지금은 그 이름뿐인 기독교 신앙이 널려 있어요. 진정한 신앙이 더 많이 필요합니다. 우리는 그리스도의 기독교 정신을 부활시켜야 합니다. 그동안 우리는, 예수님 당신이라면 인정하지 않으려고 하실, 게으르고, 이기적이며, 형식적인 제자로 부지불식간에 변해 버렸습니다. 우리가 '주여, 주여' 하고 소리칠 때 그분은 '나는 너를 전혀 모른다!' 하고 우리 대다수한테 말씀하실 겁니다. 우리는 십자가를 질 각오가 되어 있을까요? 이 교회에서 다음과 같은 찬송을 정말로 진실하게 부를 수 있을까요?

십자가를 내가 지고
주를 따라가도다

만약 우리가 이 찬송을 진실하게 부를 수 있다면, 우리는 그리스도의 제자라고 공언할 수 있겠지요. 하지만 크리스천이 된다는 것의 정의가 그저 하나님을 섬기는 특권이나 누리면서, 어떠한 자기희생도 없이 유복하게 살며, 유쾌한 친구들과 여러 가지 편한 것들에 둘러싸인 채

즐겁고, 느긋한 시간을 보내고, 허울 좋게 살아가는 동시에 큰 스트레스를 안기는 이 세상의 죄악과 골칫거리들을 너무나 고통스러워서 못 견디겠으니까 외면해버리는, 만약 그러한 삶을 우리가 기독교 정신으로 정의한다면, 확실히 우리는 예수님의 발자취를 따라가는 길에서 멀리 떨어져 있는 셈입니다. 길 잃은 인간들에 대한 번민으로 신음하시며 눈물 흘리시고 흐느끼면서 당신의 길을 가시는 예수님, 이를테면, 굵은 핏방울을 뚝뚝 흘리시며, 높이 세워진 십자가 위에서 '나의 하나님, 나의 하나님, 어찌하여 나를 버리시나이까?' 하고 절규하셨던 그분에게서 말입니다.

　우리는 그리스도의 참된 제자로 살아갈 각오가 되어 있을까요? 우리는 크리스천의 정의를 다시 생각해볼 준비가 되어 있을까요? 크리스천이 된다는 것은 무슨 말일까요? 그것은 예수님을 본받는 일입니다. 그것은 그분의 발자취를 따라가는 일입니다.

　헨리 맥스웰 목사가 설교를 마쳤을 때, 그는 잠시 교인들을 둘러보았다. 그들은 결코 잊지 못하겠다는, 또한 동시에, 이해할 수 없다는 표정을 짓고 있었다. 오늘 이 상류사회의 교회 안에는 숱한 세월을 안일한, 그 이름뿐인 기독교 신앙생활에 만족해하며 살아온 남녀 교인들이 셀 수 없이 앉아 있었다. 커다란 침묵이 이곳 신도들 위에 내려앉았다. 그 침묵을 통해서 이 자리에 있는 모든 영혼들은, 오랫동안 자신들에게는 생소하기만 한, 어떤 성스러운 힘을 의식하게 되었다. 교인들은 다들 맥스웰 목사가 예수님이라면 하심직한 행동 그대로 따를 자원자들을 자기들에게 요청할 것이라고 기대했다. 그러나 이번에 맥스웰 목사는 성령의 인도하심에 따라 전하고자 하는 말을 다 전했고 그 다가올 결과를 기다렸다.

그는 하나님의 임재가 청중 모두에게 더욱 가까이 머물러 있도록 부드러운 기도로 예배를 마쳤고, 사람들은 나가려고 천천히 자리에서 일어났다. 그때 다만 한 사람이 이러한 결과를 얻으려고 제아무리 애써왔더라도 불가능할 놀라운 광경이 벌어졌다.

큰 무리를 이룬 남녀 성도들이 맥스웰 목사를 만나보기 위해 강단 주위로 몰려들었고 자기들도 예수님이라면 하실 법한 대로 행하는 그 서약에 헌신하겠다며 그에게 약속했다. 그것은 자발적이고, 자연스러운 움직임이어서 맥스웰 목사는 전혀 예상하지 못한 이러한 결과에 넋이 나갔다. 하지만 지난밤에 바로 이것을 위해서 기도하지 않았던가? 그것은 그의 소망을 충족시키는 것 이상의 응답이었다.

이 움직임에 이어 기도식이 뒤따랐는데 레이먼드 시에서의 그 경험을 다시 일깨우는 감동을 주었다. 저녁에는, 오전 예배 때 서약했던 교회 성도들만큼이나, 봉사회 소속의 청년들이 한 사람도 빠지지 않고 앞으로 나와서, 진지하고, 엄숙하며, 공손하게, 예수님이라면 하심직한 행동 그대로 따르겠다고 서약했다. 맥스웰 목사는 무척 기뻤다. 그리고 이 자리가 끝나갈 무렵에 영적 세례의 깊은 물결이 여기 모든 사람들 위로 쏟아져서 이루 형언할 수 없을 만치 부드럽고, 환희에 넘치며, 공감하는 분위기를 이뤘다.

이날은 그 교회 역사상 가장 놀라운 날이었지만, 헨리 맥스웰 목사의 개인사에 있어서도 그에 못지않게 아주 뜻깊은 날이었다. 그는 아주 늦게서야 모임을 떠났다. 그는 자신이 묵고 있는 인보관의 자기 방으로 돌아와서, 한 시간쯤 주교와 브루스 목사와 함께 오늘 있었던 놀라운 사건들을 기쁘게 되새기고 난 뒤, 혼자 앉아 그리스도의 제자로서 자기가 겪고 있는 이 모든 체험을 다시금 숙고해보았다.

그는 잠자리에 들기 전에 늘 하던 대로, 기도를 드리려고 무릎을 꿇었고, 이 자세로 있는 동안에 각성 상태에서 그리스도의 참된 제자 됨이 언젠가 모든 기독교도들의 양식과 양심 속으로 제자리를 찾게 될 때 이 세상에 일어날 수도 있는 어떤 환상을 보았다. 그는 완전히 깨어 있었지만, 확연히 서로 다른 어떤 결과들을, 그러니까 한편에서는 미래에 있을 사실들을, 다른 한편에서는 사실이 되길 바라는 큰 열망들을 더할 나위 없이 똑똑하게 볼 수 있었다. 헨리 목사가 깨어 있을 때 본 환상은 다음과 같다.

가장 먼저, 그는 자신의 모습을 보았다. 자기가 레이먼드 시의 제일교회로 돌아가서, 앞으로는 기꺼이 이렇게 살겠다고 마음먹었던 것보다 훨씬 더 소박하게, 더욱 자기 부정을 하는 생활태도로 살아가고 있었다. 왜냐하면 도움이 필요해서 자신한테 정말로 매달리는 사람들을 도울 수 있는 방법을 보았기 때문이었다. 또한, 좀 더 희미하게 보이긴 했지만, 예수님과 그분의 처신에 대한 자신의 판단에 반대하는 세력이 갈수록 커져서 제일교회의 목사 직책상 자기에게 더 큰 고난이 닥쳐오는 모습도 보였다. 하지만 이것은 어렴풋한 영상이었다. 이 모든 환상을 통해 그는 "내 은혜가 네게 족하도다." 하고 말씀하시는 음성을 들었다.

두 번째로 레이첼 윈슬로우와 버지니아 페이지가 렉탱글에서 봉사 사역을 줄곧 해나가면서, 레이먼드 시의 지역 경계를 넘어 멀리까지 도움을 주는 사랑의 손길을 펼치는 모습이 보였다. 레이첼과 롤린이 결혼하는 것과, 이 두 사람은 주님의 쓰심에 온전히 헌신하며, 서로에 대한 사랑으로 더한층 강해지고 순수해진 열정으로 그분의 발자취를 따르는 모습이 보였다. 그리고 레이첼의 목소리는 절망과 죄악의 빈민가와 음지에서, 계속 울려 퍼졌고, 길 잃은 영혼들을 하나님과 천국으로 다시 한 번 인도했다.

세 번째로 마쉬 총장이 자신의 훌륭한 학식과 커다란 영향력을 발휘하여 도시를 정화하고, 시에 대한 자긍심을 높여주며, 자기를 존경할 뿐만 아니라 흠모하는 남녀 젊은이들에게 크리스천으로서 봉사의 삶을 살도록 고취시키면서, 교양이란 약자들과 무지한 사람들에 대한 큰 책임을 의미한다고 한결같이 그들을 가르치는 모습도 보였다.

네 번째로 알렉산더 파워즈 씨가 가정생활에서 고통스러운 시련을 겪는 모습이 보였는데, 아내와 친구들의 따돌림으로 그는 늘 슬픔에 잠겨 있었지만, 비록 사회적 명성과 부를 잃었다고 해도, 자신이 순종하기로 결심한 주님을 온 힘을 다해 섬기면서, 영광스럽게 자기 길을 꾸준히 가고 있었다.

다섯 번째로 상인인 밀턴 라이트 사장이 큰 실패를 겪게 되는 장면이 보였다. 미래에 그는 여러 가지 상황이 얽혀, 자신이 잘못하지도 않았는데, 사업상 큰 손해를 보게 되었다. 하지만 깨끗한 크리스천의 도의심으로 실패를 극복하고 예수님이 사업을 하신다면 어떻게 하실지 그 모범을 보이며 수많은 젊은이들에게 귀감이 되는 자리로 다시 올라섰다.

여섯 번째로 데일리 뉴스의 발행인인 에드워드 노먼 씨가, 버지니아의 기부금 덕에, 언론계에서 막강한 영향력을 행사하여 국정의 근본 방침을 만들어내고 실제로 국가 정책을 수립하는 국가의 실질적인 주요 인물로 어느덧 인정받는 모습이 보였다. 그는 기독교 신문의 위력을 날마다 보여주었고, 또한 그 서약을 했던 다른 제자들이 데일리 뉴스와 같은 기독교 신문들을 잇달아 창간하고 경영하는 일의 시초가 되었다.

일곱 번째로 주님을 부인했던 재스퍼 체이스가 보였다. 그는 차츰 냉정하고, 냉소적이며, 형식에 사로잡힌 삶을 살게 되었다. 사회적으로 성공한 소설들을 썼지만, 매번 작품에 임할 때마다, 자기가 주님을 부인했다는 사실이 떠올라서, 쓰라린 양심의 가책을 느끼는 모습이었다. 그는 사회적 성공을 통해 그런 것들을 없애보려고 했지만, 그렇게 할 수 없었다.

여덟 번째로 로즈 스털링이 보였는데, 그녀는 몇 년 동안 이모와 펠리시아에게 의존하며 살다가, 마침내 자기보다 훨씬 나이 많은 남자와 결혼했다. 부자의 아내가 되어 자기 삶의 전부인 물질적인 사치를 누리고 싶은 욕망 때문에 사랑하지도 않는 괴로운 관계를 받아들였던 것이다. 이러한 삶에 어둡고 무서운 그림자가 드리워지는 모습이 보였지만 자세히 보이지는 않았다.

아홉 번째로 펠리시아와 스티븐이 결혼해서 행복하게 살며, 아름다운 삶을 함께 꾸려가면서, 열정적으로, 고난을 당할 때에도 기쁜 마음으로 감수하고, 대도시의 침체되고 어둡고 무서운 곳에서 위대하고 강력하고 향기로운 봉사 활동을 이어가는 모습이 보였다. 그리고 자신들의 집에서 개인적인 보살핌을 통해 영혼들을 구했으며, 자기들 주위에 있는 모든 가엾은 사람들에게 헌신했다.

열 번째로 브루스 목사와 주교가 인보관 사역을 계속 해나가는 모습이 보였다. 인보관 정문 위에 걸린 '예수님이라면 어떻게 하실까?'라는 빛나는 표어가 매우 크게 보이는 듯했고, 인보관에 들어간 사람들은 모두 이 표어대로 예수님의 발자취를 따라가고 있었다.

번즈와 그의 동료 그리고 이들과 같은 처지에 있는 많은 사람들이, 구원을 받았고 또 차례로 그들이 다른 사람들을 위해 희생하면서, 하나님의 은혜로 자신들의 욕망을 이겨가며, 게다가 제아무리 가장 비천하고 타락한 사람일지라도 새롭게 태어나는 삶을 살 수 있다는 사실을 날마다 증명하는 모습이 보였다.

이윽고 이젠 환상이 사라지려고 했다. 맥스웰 목사가 무릎을 꿇고 기도하기 시작하자, 환상이 다시 나타나는 듯했고, 이번에는 미래의 현실보다는 미래를 향한 소망이 환상으로 나타나 보였다. 도시와 온 나라에 세워진 예수님의 교회가! 그 교회가 예수님을 따를 것인가? 레이먼드 제일교회에서 시작된 서약 운동이 나사렛 애비뉴 교회와 오늘 자신이 설교했었던 그 교회에서처럼 몇몇 교회에만 국한된 채, 피상적으로 사람들을 동요시키다가 깊고 넓게 뻗어나가지 못하고, 한낱 지역 운동으로 시들어버리는 것은 아닐까? 그는 그 환상을 보고 난 뒤에 또다시 고뇌에 휩싸였다. 그러나 그는 이 나라에서 예수님의 교회가 성령의 감화를 받아서 그 마음을 열고 예수님의 이름으로 그 안일과 자기만족을 뉘우치며 일어서는 모습을 보았다. 또한 '예수님이라면 어떻게 하실까?'란 표어가 모든 교회의 문 위에, 그리고 모든 교인들의 마음 위에 새겨져 있는 모습을 보았다.

예수님의 교회를 보여줬던 그 환상은 사라졌다. 그러고 나서 좀 전보다 더욱 선명한 환상이 하나 더 보였다. 전 세계의 기독교 봉사회 소속 청년들이 어떤 큰 대회에서 '예수님이라면 어떻게 하실까?'라고 씌어진 깃발을 들고 거대한 행렬을 이루며 행진하는 모습이 보였다. 그리고 그 남녀 젊은이들의 얼굴에서 고통, 실패, 자기 부정, 순교를 기쁜 마음으로 감수하겠다는 의지를 엿보았다. 또 이 환상이 서서히 흐려질 때, 그는 하나님의 아들이 자기와 자기가 살면서 만났던 그 모든 사람들을 향해 손짓으로 부르시는 모습을 보았다. 어디선가 천사들의 성가대는 찬송을 부르고 있었다. 수많은 사람들의 목소리와 위대한 승리를 알리는 외침도 들려왔다. 그리고 예수님의 형상이 더더욱 눈부시게 빛났다. 예수님은 저 길게 뻗은 계단 맨 꼭대기에 서 계셨다.

"그래요! 그래요! 오 나의 주님, 기독교 역사의 이 천년 왕국의 출현은 아직 때가 이르지 않았나요? 오, 빛과 진리로써 이 시대의 기독교를 깨우쳐주소서! 당신을 항상 따라갈 수 있도록 우리를 도와주소서!"

마침내 그는 천상의 일을 목격한 사람의 경외심을 안고 일어섰다. 일찍이 이런 예가 없을 정도로 인간의 힘과 아주 속된 인간의 죄를 느꼈다. 그리고 믿음과 사랑으로 손에 손을 잡고 그 길을 가고 싶다는 희망을 품은 채, 예수님의 제자, 맥스웰 목사는 잠자리에 들었고 기독교가 부흥하는 꿈을 꾸었다. 또 그 꿈속에서 예수님의 교회가 티나 주름 잡힌 것이나 이런 것들이 없이, 줄곧 그분을 따르며, 순종하는 마음으로 그분의 발자취를 좇아가는 모습을 보았다.

역자 후기

다시, 그 첫사랑의 기쁨으로 돌아가라!

기독교인이라면 성령의 임재를 처음으로 느꼈던 그날을, 그때의 말로 형언할 수 없는 기쁨과 따스함을 기억하리라. 육신과 영혼이 정화되고 다시 태어난 듯한 그 느낌을 잊지 못하리라. 내 힘만으로 할 수 없었던 것을, 성령의 도우심으로 할 수 있다는 자신감이 충만했던 일을 잘 알리라. 또 예수님을 모르고 길을 잃고 헤매는 영혼들을 위해 기도를 드렸던 일도 떠오르리라.

그러나 시간이 흐르면서, 생활에 찌들고 세상의 때가 묻으며 갈수록 자신감을 잃어가는 자신을 보게 된다. 의무적으로 기도를 하고 습관적으로 예배를 드리며 멍하게 앉아서 설교를 듣곤 한다. 교회라는 같은 울타리 안에서 성도들끼리 교제하며 안정감을 느끼며, 오늘도 주일을 온전히 지켰다는 자기만족감에 젖어 집으로 돌아가곤 한다.

길거리나 전철 안에서 노방전도를 하는 사람들을 보면, 이렇게 하지 못하는 자신이 부끄러우면서도 하나님께서 특별히 선택하신 사람들만이 그런 일을 할 수 있으리라고, 마침내 스스로 합리화하곤 한다. 중국이나 아프리카나 인도 등지에서 선교 활동을 펼치는 선교사들을 보며 자기는 그런 일을 할 그릇이 못된다고 변명하곤 한다.

이러한 종교적 무력감에 빠져 있는 기독교인들에게 〈예수를 따르는 사람들〉은 어떤 경종을 울려준다. 이 소설은 '성령의 임재'라는 저 첫 사랑을 잃어버린 채, 다만 크리스천이라는 믿음의 타성에 젖어 살아가는 사람들에게 놀라운 충격과 통절한 자기반성을 안겨준다. 레이먼드 시의 제일교회 성도들처럼 세상에 통용되는 일반 기준을 저버리고, '예수님이라면 어떻게 하실까?'란 이 질문에 솔직하게 답하며 살기는 결코 쉽지 않다. 하지만 물질문명과 물신주의가 갈수록 그 위력을 발휘하는 이 시대에, 우리 기독교인들에겐 꼭 절실한 물음이다.

〈예수를 따르는 사람들〉은 제 자신과 가족의 안위와 복락만을 위해 무작정 살아가는 크리스천 소시민들에게 잠시 주변을 돌아보는 계기를 마련해준다. 나는 하나님께서 보시기에 잘 살고 있는가? 나는 주님께서 기뻐하시는 일을 하고 있는가? 나는 자기 부정을 통해 자신의 편협한 이기주의를 극복하고, 그리스도께서 그 본보기를 보여주신 바와 같이, 기쁜 마음으로 자신의 십자가를 지며 고난을 감수할 수 있는가? 〈예수를 따르는 사람들〉은 스스로 답하기 어려운 여러 질문들과 만나게 해준다.

그 질문들은 불편하지만, 이윽고 예수님을 처음 알게 되었던 그 첫사랑의 기쁨을 다시 찾아가게끔 해준다.

지금 이 세상이 돌아가는 형편을 생각지 않고, 예수님이라면 하심직한 그대로 매사에 따른다는 것은, 사실 얼토당토않을지도 모른다. 하지만 어떻게 기독교가 오늘에 이르렀는지 생각해보라. 예수님의 제자들과 초대교회의 성도들이 그리스도의 발자취를 따르지 않았다면, 또한 온갖 정치적인 압제에도 굴하지 않은 선대 기독교인들의 희생이 없었다면, 우리나라뿐만 아니라 오늘날 전 세계에 이만큼 기독교가 전파되지는 못했을 것이다. 그들은 실로 '예수님이라면 어떻게 하실까?'란 이 질문에 온전히 응했던 사람들이다.

이제는 우리 차례다. 기독교의 앞날은 지금 우리에게 달려 있다. 현재의 안일하고 평안한 삶을 그대로 유지할 것인가? 아니면 기독교 부흥의 불씨가 됐던 레이먼드 시의 제일교회 성도들처럼 행동할 것인가? 〈예수를 따르는 사람들〉은 의기소침해 있고 무기력에 빠져 있는 성도들에게 하나님의 나라를 위해 다시 분발할 수 있도록 용기를 북돋워준다. 인류를 구원하시고자 십자가의 고난을 당하신 예수님의 사랑과 희생을 거듭 생각해보고, 자기 처지에서 가능한 한 그 사랑과 희생을 실천하며 사는 사람들이야말로 진정 '예수를 따르는 사람들'일 것이다.

What Would Jesus do?